工程建设企业创新创优实践与探索

主　编　赵国民
副主编　常　波　余　平　黄轩安
主　审　陈旭伟

中国建筑工业出版社

图书在版编目（CIP）数据

工程建设企业创新创优实践与探索 / 赵国民主编；常波，余平，黄轩安副主编. —北京：中国建筑工业出版社，2024.5
ISBN 978-7-112-29876-1

Ⅰ.①工… Ⅱ.①赵…②常…③余…④黄… Ⅲ.①建筑企业—工业企业管理—研究—浙江 Ⅳ.①F426.9

中国国家版本馆CIP数据核字（2024）第101520号

责任编辑：朱晓瑜
书籍设计：锋尚设计
责任校对：芦欣甜

工程建设企业创新创优实践与探索
主　编　赵国民
副主编　常　波　余　平　黄轩安
主　审　陈旭伟

*
中国建筑工业出版社出版、发行（北京海淀三里河路9号）
各地新华书店、建筑书店经销
北京锋尚制版有限公司制版
北京同文印刷有限责任公司印刷
*
开本：787毫米×1092毫米　1/16　印张：20　字数：421千字
2024年8月第一版　　2024年8月第一次印刷
定价：**98.00**元
ISBN 978-7-112-29876-1
（43030）

版权所有　翻印必究
如有内容及印装质量问题，请与本社读者服务中心联系
电话：（010）58337283　QQ：2885381756
（地址：北京海淀三里河路9号中国建筑工业出版社604室　邮政编码：100037）

本书编委会

主　编：赵国民

副主编：常　波　余　平　黄轩安

编　委：岑烈君　洪建江　潘国帮　郑长春　龚铜权
　　　　徐　键　褚晓淮　王红艳　陈可楠　史月霞
　　　　殷平雪　魏丽娟　项林利　朱仁奎　章国胜
　　　　王逸峰　孙洪计

主　审：陈旭伟

前言 FOREWORD

习近平总书记在党的二十大报告中强调"高质量发展是全面建设社会主义现代化国家的首要任务",而城市建设是推动高质量发展的重要载体,是创造高质量生活的重要载体,是全面建设社会主义现代化国家的重要载体,建设好城市、多盖好房子,能够切实增强人民群众获得安全感、幸福感和安居乐业的能力,将有力地促进社会进一步向高质量层次迈进。住房和城乡建设部倪虹部长在2023中国城市规划年会上提出"新征程上,我们要以党的二十大精神为统领,锚定全面建设社会主义现代化国家目标任务,要以努力让人民群众住上更好的房子为目标,从好房子到好小区,从好小区到好社区,从好社区到好城区,创造高品质生活空间。要深化住房供给侧结构性改革,建设好房子,完善住房功能,提升居住品质"。建设好房子,提升建筑整体品质,创造更好的城市环境,为全社会提供高品质的精品建筑,续写建筑产业优质发展的新篇章,必然成为城市工作者在新时期的一项重大使命和责任。

面对新时代大变局、大变革、大转型,稳中求进、以进促稳、先立后破成为我国当下发展的总基调,建筑业从容应对持续稳进发展,建筑业总产值增加值占国内生产总值的比重连年达到6%以上,建筑业支柱产业地位不断巩固。建筑业的高质量繁荣发展将有效推动城市建设大踏步向前,建筑业的发展水平直接影响到城市建设的质量和效益,而城市建设的需求也推动了建筑业的发展,建筑业与城市建设发展彼此相辅相成、相互促进。工程建设企业肩负着建筑业高质量发展重任,是城市建设的排头兵,不仅要优质完成项目建设任务,还要履行社会责任,为国家和社会做出应有的贡献。

工程建设企业要高质量发展,首先,要牢牢守好为社会提供高品质建筑产品的初心,质量是工程建设的核心和生命线,秉承"每建必优"的品质追求,建设出更多高质量的好房子。其次,要坚持创新引领,强化科技赋能。针对工程实体建设科学开展提质增效、攻坚克难等科技创新工作,充分发挥科技创新在建设过程中的支撑引领作用;在工程建造方式上,践行"要像造汽车一样去造房子"理念,加速发展智能建造、装配式建筑等新型建造方式,坚持系统化全要素谋划、标准化设计、工厂化生产、装配化施工、一体化装修、信息化管理、智能化应用,全面推动企业向工业化、数字化、绿色化转型升级发展,构建形成具有完整性、适用性、先进性和安全性的现代化工程建设技术体系。再次，要健全企业工程质量标准化及保证体系，强化企业标准引领作用，积极开展工程创优活动，树立质量标杆，创建品质示范工程，促进企业全面质量提升。最后，还需要增强企业从业人员整体素质，培养各层次专业技术及管理人才；大力开展企业建筑工人队伍职业培训教育，创建大师工作室，传承和发扬工匠精神，培育一批执着专注、精益求精的高职业素质大国工匠。

浙江新盛建设集团有限公司（正文中简称"浙江新盛集团"）自1969年成立以来，一直秉持着"建心者·筑天下"的企业使命，作为美好城市共建者，始终坚守"诚信立企，质量为先"的企业根基，在传承和创新中，开拓新领域，构建高品质，不断寻求可持续发展，坚持践行"共创·共享·共赢"的企业核心价值观，高度重视科技创新和质量管理工作，以匠心铸造精品工程，树立"每建必优"的建设质量追求，不断高标准推进技术质量管理精益化，相继获得了"全国用户满意工程""中国建设工程鲁班奖（国家优质工程）""国家优质工程奖""华东杯""全国建设工程项目施工安全生产标准化工地"等各类奖项一百余项，在创建优质工程的过程中，不断总结，积累汇总了大量的实践经验。本书是工程建设企业创新创优实践总结与经验分享，相信能为同行提供更有益的参考。本书由浙江新盛建设集团有限公司组织编写，公司董事长赵国民主编，杭州结构与地基处理研究会秘书长、拱墅区建管中心正高工、拱墅区城改办副主任陈旭伟作了全程指导审核，全书共2篇、10章，主要由企业综合管理部、技术部、工程部、BIM中心、项目部等部门负责人和技术骨干作为编委撰写完成。在此，借本书对他们无私的奉献和勤恳的工作表示衷心的感谢。

受到编委们水平和编撰时间的限制，书中定存在诸多纰漏之处。在此，敬请各位读者和专家给予批评指正，不吝提出宝贵意见，以供提升工程建设企业创新创优水平，促进工程建设行业高质量发展。

浙江新盛建设集团有限公司
2024年7月18日

第1篇 工程建设企业创新创优探索

第1章 工程建设企业创新创优的内涵 2
- 1.1 工程建设企业的概念 2
- 1.2 创新创优的含义 3
- 1.3 工程建设企业创新创优的意义 6

第2章 工程建设企业创新创优文化的形成 7
- 2.1 工程建设企业创新创优文化 7
  - 2.1.1 企业文化的内涵 7
  - 2.1.2 企业文化的意义 8
  - 2.1.3 工程建设企业文化特点 9
- 2.2 工程建设企业创新创优文化品牌建设 10
  - 2.2.1 企业文化建设存在的问题 10
  - 2.2.2 企业文化建设问题解决对策 14
  - 2.2.3 企业文化建设要点 16

第3章 工程建设企业创新创优发展存在的问题及应对策略 24
- 3.1 我国工程建设企业创新创优发展战略历史演变 24
- 3.2 我国工程建设企业创新创优存在的主要问题 27
- 3.3 我国工程建设企业创新创优问题的应对策略 29
- 3.4 我国工程建设企业创新创优的发展趋势 31

第4章 工程建设企业平台及体制机制建设 34
- 4.1 企业创新创优平台的构建 34
  - 4.1.1 创新创优平台的构建目标 34
  - 4.1.2 创新创优平台的关键要素 35
  - 4.1.3 创新创优平台的实施步骤 36
- 4.2 规章制度管理 39
  - 4.2.1 规章制度的制定原则 39

  4.2.2 制度分类 40
  4.2.3 企业创新创优制度制定 42
 4.3 知识体系建设 45
  4.3.1 知识体系建设的重要性 45
  4.3.2 知识体系的构成 45
  4.3.3 知识创新与分享 48

第5章 人才培养与团队建设 50

 5.1 人才梯度建设规划 50
  5.1.1 人才梯度建设的背景和意义 50
  5.1.2 人才梯度建设的目标 50
  5.1.3 人才梯度建设的实施策略 51
 5.2 创新创优环境建设 52
 5.3 产业工人培养 54
  5.3.1 我国新时代建筑产业工人队伍发展现状 54
  5.3.2 产业工人队伍打造 56
 5.4 工程建设企业"产、学、研、用"合作 59
  5.4.1 "产、学、研、用"合作模式 59
  5.4.2 "产、学、研、用"合作 61
  5.4.3 "产、学、研、用"合作注意事项 62
 5.5 经费的保障措施 63
  5.5.1 经费的主要来源 63
  5.5.2 企业经费保障 63
 5.6 激励机制 65
  5.6.1 激励机制的重要性 65
  5.6.2 激励机制的策略 65

第6章 精品标杆工程创建 68

 6.1 创建精品标杆工程的目的 68
 6.2 精品标杆示范工程项目选择 70
  6.2.1 精品标杆工程项目选择的关键要素 70
  6.2.2 精品标杆工程项目选择的实施策略 71
 6.3 如何创建精品标杆工程 72
 6.4 精品标杆工程的示范效益 74

第2篇　工程建设企业创新创优实践

第7章　工程创优策划 ... 78

7.1　工程创优策划的概念 ... 78
7.2　工程创优策划的目的 ... 80
7.3　工程创优策划的分类 ... 81
7.4　工程创优策划编制 ... 82
　　7.4.1　工程基本概况编写 ... 82
　　7.4.2　工程施工特点、难点及重点 ... 83
　　7.4.3　创优目标管理 ... 85
　　7.4.4　工程创优管理组织机构与职责 ... 87
7.5　施工深化及技术交底 ... 91
　　7.5.1　施工深化设计 ... 91
　　7.5.2　施工组织设计、施工方案及技术交底 ... 94
7.6　工程质量特色及亮点策划 ... 95
　　7.6.1　单位工程项目的策划要点 ... 95
　　7.6.2　工程质量特色及亮点策划 ... 103
7.7　科技创新及新技术推广应用策划 ... 107
　　7.7.1　科技创新 ... 107
　　7.7.2　工程项目新技术推广应用方法 ... 111
　　7.7.3　新技术应用示范项目创建 ... 116
　　7.7.4　BIM技术应用 ... 117
7.8　绿色施工策划 ... 132
　　7.8.1　组织管理 ... 133
　　7.8.2　策划管理 ... 134
　　7.8.3　目标管理 ... 135
7.9　工程资料策划 ... 136
　　7.9.1　工程资料特点 ... 136
　　7.9.2　工程资料策划要点 ... 137
　　7.9.3　工程资料的签认和审批 ... 138
　　7.9.4　工程资料的收集与整理 ... 138
7.10　工程创优管理保证措施 ... 138
　　7.10.1　建立工程创优领导班子 ... 138
　　7.10.2　坚持"优质样板先行"的管理制度 ... 139
　　7.10.3　工程的观感质量保证措施 ... 142
　　7.10.4　技术准备工作保证措施 ... 145

　　　　7.10.5　工程资料质量控制 145

第8章　工程质量细部策划 146
8.1　工程细部策划的要点 146
8.2　土建工程细部策划 149
8.2.1　地基与基础工程 149
8.2.2　主体结构工程 156
8.2.3　屋面工程 172
8.2.4　装饰装修工程 178
8.2.5　室外工程 195
8.3　安装工程细部策划 197
8.3.1　电气细部策划、质量控制 197
8.3.2　给水排水细部策划、质量控制 216
8.3.3　通风管道细部策划、质量控制 228
8.3.4　安装工程细部策划（样板先行） 233

第9章　工程建设创新创优策划实施 234
9.1　策划目标及计划分解 234
9.2　工程建设质量创优过程实施与管理 234
9.2.1　工程创优质量管理要点 234
9.2.2　工程创优实体质量控制要点 235
9.2.3　创优过程和要求 240
9.3　工程建设技术创新过程实施与管理 241
9.3.1　工程建设技术创新过程实施策略 241
9.3.2　工程建设技术创新可持续发展 242
9.4　工程建设全过程资料制作 246
9.4.1　工程资料总体要求 246
9.4.2　全过程工程资料制作内容 247

第10章　工程典型案例 252
10.1　运河亚运公园项目 252
10.1.1　工程概况 252
10.1.2　工程特点与难点 253
10.1.3　新技术应用和技术创新 255
10.1.4　绿色建造 258
10.1.5　工程质量情况 261
10.1.6　工程质量特色和亮点 270

10.2 运河中央公园项目 275
 10.2.1 工程概况 275
 10.2.2 工程实体质量亮点做法 276
10.3 华东师范大学附属杭州学校 285
 10.3.1 工程概况 285
 10.3.2 工程开竣工时间 286
 10.3.3 工程创优特色 286
 10.3.4 工程管理实施情况 287
 10.3.5 工程技术难点与新技术推广应用情况 288
 10.3.6 施工过程中的质量控制 290
 10.3.7 节能工程 297
 10.3.8 获奖荣誉及社会效益 298
10.4 其他优质工程 300

参考文献 307

后记 309

第1篇 工程建设企业创新创优探索

第1章 工程建设企业创新创优的内涵

1.1 工程建设企业的概念

工程建设是指土木工程、建筑工程、线路管道和设备安装工程、装饰装修工程等建设工程的新建、扩建和改建,是形成固定资产的基本生产过程及与之相关的其他建设工作总称。建设工程按自然属性可分为土木工程、建筑工程和机电工程三类,涵盖房屋建筑工程、铁路工程、公路工程、水利工程、市政工程、煤炭矿山工程、水运工程、海洋工程、民航工程、商业与物质工程、农业工程、林业工程、粮食工程、石油天然气工程、海洋石油工程、火电工程、水电工程、核工业工程、建材工程、冶金工程、有色金属工程、石化工程、化工工程、医药工程、机械工程、航天与航空工程、兵器与船舶工程、轻工工程、纺织工程、电子与通信工程和广播电影电视工程等[1]。工程建设企业是指从事工程建设经营范围,《中华人民共和国企业所得税法》及其实施条例规定的居民企业和非居民企业。

工程建设行业是我国国民经济的支柱产业之一,2022年全年国内生产总值1210207.2亿元,全国建筑业企业完成建筑业总产值311979.84亿元,占国内生产总值25%以上,建筑业经济体量大,对国民经济影响很大。自2013年以来,建筑业增加值占国内生产总值的比例始终保持在6.85%以上,为经济社会发展做出了突出贡献[2]。为规范建筑市场秩序,加强建筑活动监管,保证建设工程质量安全,促进建筑业高质量发展,2014年11月6日颁发《住房和城乡建设部关于印发〈建筑业企业资质标准〉的通知》(建市〔2014〕159号),并于2015年1月1日起实施,标准规定在我国依法取得工商行政管理部门颁发的《企业法人营业执照》的企业,并在中华人民共和国境内从事土木工程、建筑工程、线路管道设备安装工程、装修工程的新建、扩建、改建等活动,应当申请建筑业企业资质。建筑业企业资质等级标准是建筑业企业资质的一个分级标准,实行施工总承包、专业承包和劳务分包三种企业资质等级管理,其中施工总承包企业资质等级标准包括12个类别,一般分为四个等级(特级、一级、二级、三级);专业承包企业资质等级标准包括36个类别,一般分为三个等级(一级、二级、三级);劳务分包企业资质不分类别与等级。施工总承包企业资质包括建筑工程、公路工程、铁路工程、公路工程、港口与航道工程、水利水电工程、电力工程、矿山工程、冶金工程、石油化工工程、市政公用工程、通信工程、机电工程等。专业承包企业资质包括地基基础工程、起重设备安装工程、预拌混凝土、电子与智能化工程、消防设施工程、防水防腐保温工程、桥梁工程、隧道工程、钢结构工程、模板脚手架工程、建筑装饰装修工程、建筑机电安装工程、建筑幕墙工程、古建筑工程、城市及道路照明工程、公路路面工程、公路路基工程、公路交通工程、铁路电务工程、铁路铺轨架梁工程、铁路电气化工程、机场场道工程、民航空管工程及机场弱电系统工程、机场目视助航工程、港口与海岸工程、航道工程、通航建筑物工程、港航设备安装及水上交管工程、水工金属结构制作与安装工程、水利水电机电安装工程、河湖整治工程、输变电工程、核工程、海洋石油工程、环保工程、特种工程。

1.2 创新创优的含义

1. 创新

创新即扬弃旧的，创立或创造新的，亦作"剏新"。《南史·后妃传上·宋世祖殷淑仪》中最早提出"创新"，文中"今贵妃盖天秩之崇班，理应创新。"有首先的意思。创新是人的创造性实践行为，其本质是突破，是人们为了发展需要，运用已知的信息和条件，突破常规、发现创造某种新颖、独特的有价值的新事物、新思想的活动，这种活动为的是增加利益总量[3]。具体来说，随着社会技术的发展，以现有的思维模式提出有别于常规或常人思路的见解为导向，同时利用现有的知识和物质，在特定的环境中，本着为满足社会需求、提升生产劳动力或未来理想化需要，而改进或创造新的事物，包括但不限于各种产品、方法、元素、路径、环境等，并能获得一定促进社会发展的有益效果[4]。从企业的角度看创新，企业家为抓住市场潜在的盈利机会，以及技术的潜在商业价值，以获取利润为目的，从而对生产要素和生产条件进行新的组合，建立效能更强、效率更高的新生产经营体系，进而推出新的产品、新的生产（工艺）方法、开辟新的市场，获得新的原材料或半成品供给来源或建立企业新的组织，包括科技、组织、商业和金融等一系列活动的综合过程[5]。

创新融入政治、军事、经济、社会、文化、科技等各个领域，主要体现在学科领域、科技领域、行业领域、职业领域等四大领域，分别表现为知识创新、科技创新、技术创新和制度创新[6]。知识创新是技术创新的基础，是促进科技进步和经济增长的基石力量。"科学技术是生产力"是马克思主义的基本原理，在此基础上，1988年9月5日邓小平同志在会见来华访问的捷克斯洛伐克总统胡萨克时，首次提出了"科学技术是第一生产力"的重要论断。党的十八大以来，以习近平同志为核心的党中央高度重视科技创新工作，坚持把创新作为引领发展的第一动力，对其进行了系统谋划和全面部署。发展动力决定发展速度、效能、可持续性。对我国这么大体量的经济体来讲，如果动力问题解决不好，要实现经济持续健康发展和"两个翻番"是难以做到的。当然，协调发展、绿色发展、开放发展、共享发展都有利于增强发展动力，但核心是创新。抓住了创新，就抓住了牵动经济社会发展全局的"牛鼻子"。党的十九届五中全会，党中央立足新发展阶段，贯彻新发展理念，构建新发展格局，提出了坚持创新在我国现代化建设全局中的核心地位，把科技自立自强作为国家发展的战略支撑[7]。纵观世界历史进程，科技的进步对国家安全稳定、社会进步、经济发展、环境保护可持续具有巨大促进作用，对于一个国家的发展至关重要，对于人类的未来有着不可估量的作用和意义。而科学技术创新可以更好地理解为科技创新与技术创新，主要包括自然科学知识的新发现和技术工艺的创新两个方面。具体来说，科学技术创新是人类进一步认识世界、改造世界的实践过程，根据创新革新程度可以将科学技术创新划分为三个层次：第一层次是通过基础研究不断增加和积累新的科学和技术资源；第二层次是通过研究和开发活动，将现有的技术资源有效且创造性地转变成技术成果；第三层次是通过对技术成果的经济开发，将科学技术转变为现实的生产力。科技创新主要包括前两个层次，技术创新主要包括后两个层次。在现代社会，大专院校、各相关研究机构是基础科学技术创新的基本主体，而企业是应用工程技术、工艺技术创新的基本主体。

创新，是工程建设企业的灵魂，主要体现在工程技术与管理的创新，并且强调工程管理的艺术方面的创新，艺术性是管理变化创新的灵魂。建筑业企业应推进现场工程管理信息的集成化建设，并且不断改进现场工程管理。从古至今，人类社会的发展进步都离不开创新。从最早的土木工程到现代的BIM技术，从传统的施工方法到现在的智能化施工，都是人类不断创新的结果。对于工程建设企业来说，创新意味着对新技术、新工艺、新材料的不断探索和研发，意味着对管理方式、组织结构、服务模式的持续改进和创新。只有不断创新，才能在市场竞争中占据优势，立于不败之地。工程建设企业创新应遵循"科技是第一生产力"的原则，充分发挥科技在施工生产中的先导、保障作用。科技创新将有效促进工程建设企业生产力的提高，降低工程成本，减轻工人的操作强度，提高工人的操作水平和工程质量，满足建设工程的结构功能和使用功能。在施工中将新技术、新工艺、新材料、新设备应用到工程上去，并对管理模式进行创新，实现工程降本提质增效的目标，确保工程质量和施工安全[8]。

2. 创优

创优即创优争先，把产品、服务、效益、质量等创造得更加卓越。创优，是工程建设企业的目标，优质工程是工程建设企业的核心竞争力，是企业信誉和口碑的体现；只有创优，才能赢得客户的信任和市场的认可，实现企业的可持续发展。创优，不仅要求企业在工程建设过程中严格把控质量关，还要求企业在管理、服务等方面追求卓越。优质工程的背后，是企业技术水平的体现，是企业管理水平的展示，是企业服务质量的保证。当今时代，创优不仅要有敢创一流、勇立潮头的勇气，还要有永不懈怠的精神，创优争先有路奉献为径，服务发展无涯用心作舟，以"工作争先、服务争先、业绩争先"为目标已经成为这个时代工作者的创优精神集中体现。

工程质量发展是工程建设企业兴企之道、强企之策，是工程建设企业的核心价值导向。建设企业创优活动核心是以创建优质工程开展系列有组织工作，创建优质工程就是工程建设企业交付的优质工程产品和使用维保服务。我国建筑行业在不同地区和时期发布的优质工程的评价条件都有所不同，但主要综合考虑工程的设计优秀、技术先进、节能高效、绿色环保、施工质量优良和经济效益显著等各方面情况。

3．工程建设企业创新创优

工程建设企业创新创优是指企业在经营过程中不断探索新的方式、方法、模式等，以创造更好的结果和效益。是坚持走创新驱动、精益管理、铸造优质工程发展道路的体现，从"质量保生存"到"质量谋发展"，再到"质量促转型"，从"工程质量管理"到"质量体系管理"再到"卓越绩效管理"，一手抓优质工程创建，一手抓质量问题治理，不断完善质量管理体系，强化质量工作的事前策划、过程管控和结果考评。工程质量的不断提升，为企业的健康发展奠定了坚实的基础。

在工程建设企业中，创新创优主要体现在技术创新和管理创新两个方面。技术创新包括新工艺、新技术、新材料的研发和应用；管理创新则包括组织结构、管理制度、管理方式等的优化和改进。创新创优是工程建设企业发展的重要动力来源，是基于企业的实际情况发挥创造性思维的行为，是创优争先活动的延伸。然而，创新创优并非易事。对于工程建设企业来说，要实现创新创优，需要克服诸多困难和挑战。首先，需要转变观念，树立创新意识。企业上下要充分认识到创新创优的重要性，摒弃传统思维模式，敢于尝试新的方式和方法。其次，需要加大投入力度，提高技术研发和管理创新能力。企业要不断完善技术研发体系和管理创新体系，提高员工的技术水平和管理能力。最后，需要完善人才培养机制，引进优秀人才。企业要建立完善的人才培养机制和激励机制，留住对企业有重大贡献的优秀人才，建立岗位绩效薪酬激励机制，完善吸引优秀人才的求才政策，形成以培训、岗位锻炼为主导的育才方法，推进岗位上人与事的有效结合的用才机制，最大限度发挥人才个体的聪明才智和积极性，营造尊重知识、尊重人才的良好企业氛围，发挥他们的优势和潜力，为企业生存与发展奠定基础[9]。

创新创优相辅相成，只有坚持创新，才能与时俱进，永葆活力；只有坚持创优，才能保持一流，勇立潮头。创新创优应从工程实践中遇到的具体且实际的现实问题或者在有潜在应用需求的瓶颈问题中出发，提炼出具有深刻理论意义和广泛应用价值的科学及技术问题，由此产生的科技成果可以指导并引领一大批类似工程的实践，从而达到"源于工程、服务工程、高于工程、引领工程"的目的。实践，不仅是创新的源泉，也是检验创新成果正确性和先进性的重要标准。在创新创优的道路上，一些工程建设企业已经取得了显著的成果。

1.3 工程建设企业创新创优的意义

随着科技的不断进步和市场竞争的日趋激烈，创新创优已成为工程建设企业持续发展的重要保障。企业创新是动力之源，是立身之本，是企业生生不息的发展动力。我国工程建设企业目前面临"大而不强，富而不贵"的发展挑战。建筑业整体规模体量大，建筑总产值高，但相对发达国家的建筑工程质量、效益等方面还存在一定差距，主要由于创新创优的力度和能力还有所欠缺；再加上建筑行业在文化驱动、创新引领、数字赋能等方面的水平还不是很高，这也严重制约了建筑业高质量发展的速度。

创新创优就是为了让企业具有创新创造力，应对不断变化的外部环境，因时而变，应时势变化、与时俱进、常变常新；同时精益求精，永葆争做一流的活力，让企业永立不败之地，将眼光放到企业以外，要放眼全国乃至全世界，提升企业标准，增强企业生存竞争能力。在工程建设领域，创新创优可以帮助企业研发出更具创新性、更高效、更环保的技术和工艺，提高工程建设的效率和质量，降低成本和风险，从而赢得更多的市场份额和客户的信任。在制度层级上，始终围绕企业工程建设能力为核心对象开展，从企业及项目部两个层级维度，打造精品优质工程。企业负责建立完善的组织架构、管理制度和标准，项目部做好精细执行。企业应对创新创优活动进行统筹管理，认识上要树立新观念，管理上要有新思路，技术上要积极开展专利、工法、质量控制（QC）、微创新等活动，解决工程实际问题。在工程质量管理过程中要不断优化工艺，优化管理手段，优化控制措施，优化工序。集中力量抓好科技进步工作，积极采用"新材料、新技术、新工艺、新设备"四新技术，以及科技创新、绿色环保和建筑节能等的推广和应用。

工程建设企业是工程建设行业的重要组成部分，其创新创优成果对整个工程建设行业的进步和发展具有重要的助推作用。工程建设企业要以创新创优作为引领企业发展的第一动力和着力点，带动企业竞争力、控制力、影响力和抗风险能力的提升，把企业发展战略提升到贯彻落实国家优质发展理念、体现新发展理念、引领企业发展的高度；打造具有核心竞争力的一流建筑企业，为满足人民日益增长的美好生活贡献中坚力量，是工程建设企业以创新创优引领和推动企业高质量发展的历史使命。

2.1 工程建设企业创新创优文化

2.1.1 企业文化的内涵

从广义上讲，文化是物质财富和精神财富的总和，是人类社会历史实践过程中创造的；从狭义上讲，文化是社会的意识形态，是与之相适应的组织和制度。而企业文化则是由所有企业成员的意志、特性、习惯和科学文化水平等因素在企业内部的相互作用影响下产生的结果，其性质不同于文教、科研、军事等组织。在20世纪80年代初，美国哈佛大学教育研究院教授泰伦斯·迪尔和麦肯锡咨询公司顾问艾伦·肯尼迪在长期的企业管理研究中积累了丰富的资料，他们在6个月时间里对80家企业进行了详尽的摸底调查，并撰写《企业文化：企业生存的习俗和礼仪》一书。该书在1981年7月出版后，就成为最畅销的管理学著作，之后被评为20世纪80年代最有影响的10本管理学专著之一，成为论述企业文化的经典之作[9]。它用丰富的事例指出：杰出的、成功的企业都具有强大的企业文化，即共同为全体员工所遵守，却往往是约定俗成的自然行为规范，而非约定俗成的书面行为规范；并有各种仪式和风俗习惯用于宣传和强化这些价值观。决策的产生，企业内部的人事任免，小到员工的举止、衣着、喜好、生活习惯，都是由既非技术也非经济因素的企业文化这一要素造成的。在两个其他条件都相差无几的企业中，由于其文化的强弱，对企业发展所产生的后果是完全不同的。

企业文化以企业为本，是企业在中长期经营管理过程中创造形成的具有共同使命、愿景、价值观、工作习惯、制度规范和道德准则的集体特色精神属性财富，其核心是企业价值观。企业文化具有独特性、可继承性、相融性、人本性、整体性和创新性，它是企业的精神与灵魂，是企业市场生存、有力竞争和持续发展的源泉，为企业壮大提供不竭动力。

具体来看，企业文化可以分为三个层次。首先，是表面层次的企业物质文化，它是由企业创造的产品和各种物质设施等构成的器物文化，能够给人以直观的感觉，是企业最容易被外部捕捉发现的部分。其次，是中间层次的规范制度文化，是企业领导体制、组织机构和管理制度的规范性具体体现，企业规范制度文化的基础是企业物质文化，当企业达到一定企业物质文化必定能产生与之相适应的制度文化。最后，是最高层次的企业精神文化，是企业在长期的生产经营过程中逐渐积累形成且被认可的共同精神意志。企业文化集中体现了一个企业经营管理的核心主张和关键价值要素，其核心是企业价值观。

2.1.2 企业文化的意义

企业文化能够塑造品牌亲和力、团结企业凝聚力、赢得更多社会支持和认同，从而增强企业核心竞争力。企业文化建设是提升企业整体素质的系统工程，为企业健康持续发展提供了强大的内在驱动力，是企业长寿发展、基业长青的根本。企业核心竞争力的关键在于企业文化牵引和驱动，企业文化与企业发展持续协同适应，在困难时期，企业文化可以凝心聚力，助力大家达成共识，推动企业上下勠力同心、攻坚克难。企业文化是企业通过大量知识资产和人文积累迭代的核心精神财富，企业价值观和使命感为全体员工有准则地工作指明了目标和方向。通过对企业文化的提炼和传播，让一群来自不同地方的人共同追求同一个梦想，让大家清楚地认识到企业是全体员工共同的企业，并为之共同努力奋斗，从而激发员工的使命感、归属感[10]。企业繁荣发展将为社会做出更大的贡献，同时肩负更多的社会责任，企业也将获得更多的社会认可；员工们以企业的社会责任感和认可度引以为豪，会更积极努力地进取。随着企业的发展，员工的福利待遇也会更好，成就感也会越大，获得的集体荣誉和个人幸福感更多。

企业文化建设在企业发展中起到了巨大的作用，主要表现在以下几个方面：

一是凝聚作用。企业文化作为一个企业的核心所在，可以培养职工的团队意识，为员工提供一个共同的方向，增强企业的凝聚力。当企业员工拥有共同利益和共同目标时，它会促使人改变原来只从个人角度出发的价值观念，潜意识地产生一种强烈的向心力，达到自觉地关心企业，承担企业的责任和目标。企业文化又像一根纽带，把职工和企业的追求紧紧联系在一起，使每个职工产生归属感和荣誉感，尤其在企业危难之际和创业开拓之时更显示出巨大的力量。

二是激励作用。企业文化注重研究的是人的因素，强调尊重每一个人，相信每一个人，凡事都以职工的共同价值观念为尺度，能最大限度地激发职工的积极性和创造性。坚信每一位员工都有无限可能，激发员工的内驱力，同时及时鼓励员工不断突破自我。这是浙江新盛集团文化训练营所追求的，也是集团企业文化不断传承教给每一个人的宝贵经验。

三是协调作用。企业文化的形成使企业职工有了共同的价值观念，对很多问题的认识趋于一致，增强了他们相互之间的信任、交流和沟通，使企业的各项活动更加协调。如浙江新盛集团"快乐工作，幸福生活"的家文化就让员工之间有了家的温暖，相互之间也能更好地敞开心扉，通过协调作用减少能量内耗，有效提升了工作效率。

四是约束作用。企业文化对职工行为具有无形的约束力，经过潜移默化形成一种群体道德规范和行为准则，实行外在约束和自我约束的统一，培养职工对企业的忠诚度。如浙江新盛集团"新盛匠造每建必优"的理念让每一位员工都将质量安全放在第一位，始终坚持保质保量保时效完成任务，对项目能负责、对工作能用心、对企业有信心。

五是促进作用。企业文化可以促进职工素质的提高，职工素质是企业文化建设的基础，企业文化塑造的过程，也是对职工从思想、文化、业务等方面培训和提高的过程。广大职工素质的提高有赖于企业有计划、有针对性、长期不懈的系统教育，除了做好党的方针政策教育外，要把企业精神贯穿于各项教育之中，并针对行业特点开展职业思想、职业道德、职业技能和职业纪律教育。企业文化和员工能力之间的促进是相互的。浙江新盛集团始终坚持将培养新员工放在重要位置，也正因此，集团有着源源不断的新鲜血液，迸发新的活力。

六是塑形作用。企业文化可以树立企业形象，提高社会知名度和美誉度。一个企业要在社会上树立良好的企业形象，不仅要靠质量过硬的产品和周到的服务来实现，更需要这个企业在长期的生产经营活动中不断总结自我，提炼成一种特色文化，通过不断的宣传自我、展示自我，提高企业的知名度和市场占有率，增强职工的荣誉感、自豪感和责任感[11]。优秀的企业文化既能向社会大众展示企业成功的管理经验、良好的经营状况和高尚的精神风貌，又能为企业塑造良好的整体形象，优秀的企业文化成为企业巨大的无形资产。浙江新盛集团一直坚持着"建心者·筑天下"的企业使命，积极承担社会责任，尽到每一份责任和义务。此外，集团"共创·共享·共赢"的核心价值观也塑造了浙江新盛集团乐于合作、共创共赢的优秀合作伙伴形象，为集团树立了良好的信誉口碑。

2.1.3 工程建设企业文化特点

工程建设企业根据行业特征、地域特点和企业个性等要素构建自身企业文化，并随着企业发展逐渐适应完善，最终形成具有自身特色的企业文化品牌。工程建设企业文化可以融合工程质量、现场安全文明施工、人与环境保护、绿色科技建造、职业健康安全、精神风貌、品牌意识和社会责任等相关理念，形成企业自身的文化系统。优良的企业文化势必成为工程建设企业向社会展现企业创名优、上水平、树品牌、增信誉、展担当的重要途径之一，为企业持续有竞争力的发展提供源源不绝的助推力。

在我国，各种背景和规模的工程建设企业都具有与其相适应及不断协调发展的企业文化，且独具特色。中国建筑集团有限公司是我国最大的工程建设企业，其是1982年组建的中央管理企业，也是我国专业化发展最久、市场化经营最早、一体化程度最高、全球规模最大的投资建设集团之一，作为央企其企业文化兼顾了社会责任和发展要求，以"拓展幸福空间"为使命，秉承"品质保障、价值创造"的核心价值观和"忠诚担当、使命必达"的中国建筑精神。历经40余年发展，中国建筑集团有限公司全面贯彻新发展理念，服务构建新发展格局，推动高质量发展，奋力创建世界一流企业，为推进中国式现代化、全面建成社会主义现代化强国不断奋进，取得了巨大成就。浙江新盛建设集团有限公司（简称"浙江新盛集团"）创建于1969年，至今已有55年的发展历史，是一家民营特级施工总承包企业。浙江新盛集团一直秉承专而精、小而特、每建必优的经营理念，始终践行"建心者·筑天下"的企业使命，本着"成为提供建设项目综合解决方案的服务者，建设领域的领导者"的企业愿景，弘扬"共创·共享·共赢"的核心价值观。近年来，浙江新盛集团坚持创新发展主旋律，积极探索EPC新经营模式，深入研究和应用建筑工业化、BIM、智慧建筑等新技术，并通过跨界整合，构建产业链平台、工程总承包管理平台，强化差异化竞争优势；以转型升级为主线，不断提升管理成熟度，实现企业新跨越，向建筑业的领航者迈进。随着企业文化建设完善及创新发展，浙江新盛集团的规模、实力、地位不断增强，品牌知名度和社会美誉度逐年提升。

工程质量和品牌信誉一直是建筑企业的核心竞争点之一。不同规模和背景的企业在发展过程中，逐步建立完善的企业文化，与企业具有高度的匹配性，同时促进企业长期的发展战略规划实现，企业规模不断壮大时，企业文化将展现更多的社会责任及市场雄心，最终形成良好的互相促进作用。随着我国"建设更多好房子"的口号提出，工程建设企业为了顺应市场变化，获取更多的市场份额，其管理重点越发侧重围绕质量、成本、工期、技术创新和客户满意度等方面展开，越来越重视诚信经营，重视工程质量，重视品牌建设。

2.2 工程建设企业创新创优文化品牌建设

2.2.1 企业文化建设存在的问题

文化的力量是不可估量的，具有物质力量无法企及的巨大能量。作为企业，有效地发挥文化力量，可以为企业创造生产力、提高竞争力、增强吸引力和形成凝聚力。当前，我国正在掀起企业文化建设的第二次高潮，企业文化建设再次引起国人的高度重视。回顾我国20世纪80年代以来的企业文化建设历程和发展现状，尤其是以国有企业为代表的企业文化发展，可以发现很多喜人的成果。然而，在取得成绩的同时，我们应当充分审视企业文化的发展之路，解决其中存在的问题、矛盾、偏向和误区，坚持建设好以"企业文化"为核心的企业精神。

1. 企业文化建设形式化

企业文化建设的口号化、文体化、表象化，是文化发展中最容易遇到的僵化问题。

其中，最为常见的就是"口号化"。把企业文化建设和喊口号画上等号，在企业的走廊、办公室或是各车间的墙上都贴满形形色色、五花八门的标语口号，是很多企业在文化建设过程中很容易犯的一个通病。在引人注目的地方进行宣传固然不可少，但是企业文化看重的不是文字或海报的呈现，而应是发挥企业文化强化凝聚力和激励作用，让员工内心产生共鸣。有些人认为，只要企业口号响亮，企业文化建设就会一帆风顺，企业价值观就能顺理成章地深入每一个人的心里。事实上，两者并非充要关系，企业口号不能全部反映企业文化的真实情况。

此外，还有部分企业将节假日文化宣传与一系列唱歌、打球等文艺活动相关联，并规定月旬活动的次数，作为企业文化建设的硬指标来完成。当然，适当的活动对增强企业凝聚力是必要的，它可以增进感情、加强交流、促进健康，于企业发展是有一定益处的。但若是以此作为企业文化建设的重点甚至全部，那么毫无疑问是将企业文化肤浅化了。企业文化建设需要时间的沉淀和积累，需要一批批企业家和员工在企业发展的过程中去创造和创新。文化是有底蕴、有根基、独一无二的。每个企业都有独属于自己的创业和发展的轨迹，会形成不同的企业文化特点。一个企业文化的优秀与否，不仅仅要看昌盛期，也要关注困难期，还应注意到企业的各个方面。企业文化建设的重心是文化内涵和实质。而且，企业文化的制定是一个动态发展的过程，需要不断创新，与社会和时代共同进步。

2. 企业文化建设狭隘保守

企业文化建设趋向于一定的狭隘性和保守性。企业文化形成于某一企业，固然会具有自己的特色和专长，但这并不是与民族优秀文化，甚至全世界优秀文化相结合的阻力。然而，目前很多企业文化建设都是闭门造车甚至固步自封的，他们只注重本企业的发展，虽然这些企业中部分已经形成较为完善的绩效鼓励机制和具有较强凝聚力、发展力的内部文化，但这仅仅局限于企业文化的内部作用，却远未实现利用文化体现企业形象的外部职能。中华民族五千年历史源远流长，其中优秀文化更是灿若繁星。企业文化倘若能从民族的优秀文化中取长补短，就能更符合社会的价值观念，得到民众的广泛认可。对于国外优秀文化，企业也理当同等对待。在国际化发展迅速的21世纪，知识、经济全球化已是必然趋势，固步自封的企业文化是没有立足之地的。想要成功赢得日益激烈的国内外竞争，企业要面向世界，建立更有效的经济模型，提升综合管理优势，寻求战略伙伴，让企业文化面向全民族、全世界。浙江新盛集团坚持着"建心者·筑天下"的企业使命，这源自集团的责任与担当，也蕴含了浙江新盛集团对中国传统文化的吸收与内化。

3. 企业文化与员工个人价值协调性不足

虽然企业文化是在企业长期发展过程中形成的，应当与企业全体员工的各种力量相协调。让员工拥有统一于企业的等同方向所形成的某种文化观念、价值标准、行为方式、道德规范，确实可以增强企业职工的内聚力、向心力和支持力。但是，企业却不能因此忽视员工的个人价值。有些企业将集中力量误解为集体统一性，重视企业文化的趋向一致性，而对员工个人价值的认识和充分发挥却不足，缺乏必要的激励机制和对员工个人意识的认可，使员工潜力不能得以最大限度的发挥，甚至还对员工积极性产生消极影响。此外，当今社会环境下，对人才个体的重视度不断提升，人才竞争也日趋激烈。实现员工管理的一项重要任务就是要丰富现有的激励手段，实现激励体系多样化，关注员工个体成长，从而激发员工的工作热情和创造力，集思广益、群策群力，将企业文化推向更高的层次。

4. 企业文化无用论

企业文化究竟有用无用是多年来一直有所争议的话题，不少企业，尤其是中小企业常常疏忽企业文化的建设。相关负责人认为，市场业绩才是企业的核心追求，很多员工认为企业文化就是形式主义，不配合，甚至很抵触，认为建设企业文化是一项弊大于利的工作。同时，很多管理者身上存在着形形色色的"企业文化无用论"。他们认为企业文化是对时间和工作效率的浪费，对于企业文化建设和宣传也止步于象征性、应付性地做一下表面文章，完全没有认识到企业文化是他们日常工作中不可或缺的部分。

企业文化是一个企业的灵魂，没有企业文化的企业就好像一具空壳，是没有内涵、没有动力、因利而聚的。面对外部冲击，这样的企业是没有韧性的。在效益蒸蒸日上的时候，或许看着一片祥和。但当面对困境的时候，整个企业就会缺少核心，乃至出现树倒猢狲散的场面。"战略为纲，文化为魂"，一个没有文化的企业是走不好、走不远的，做不到基业长青的。

5. 企业文化无关论

企业文化不仅仅是各个层级专职部门的事，还与每位员工息息相关。认为企业文化的发展与自己无关，不仅不利于企业文化的发展与创新，更加不利于结合各团队实际创造性地落地。抓企业文化落地，必须抓各级管理者"一岗双责"，既对业务负责，又对企业文化负责，既要会抓业务，又要会做教练。各级管理者应当成为良好群体行为习惯的示范者和塑造者，促进企业跨区域跨部门沟通，突破团队的协作不畅通、抱怨、推诿、推卸责任等阻碍，通过文化建设促进部门的沟通，增强团队间的凝聚力。浙江新盛集团一直坚持吸收每一位员工的思想，每个季度从企业负责人到部门每一位员工都会有面谈机会，确保每一位员工都能意识到自己与企业息息相关，与企业文化密不可分。

6. 企业文化理念提炼难

企业文化体系建设中最为核心的工作便是形成企业文化核心理念，即提炼企业的使命、愿景、核心价值观、企业精神、企业作风等内容。这是企业文化体系新建、调整、升级，所必须要经历的一个过程。很多企业内部提炼的企业文化标语口号，总觉得是不成熟的改编与模仿，缺少深度和内涵，不足以支撑企业的发展。因此，企业文化提炼必须要把企业文化和企业现实经营相融合，寓企业文化于业务工作之中，以企业文化推动业务工作开展，用"融合论"来替代"割裂论"。

浙江新盛集团的企业使命、愿景、核心价值观、理念等都与其工作相贴合，立足于实际工作提炼企业文化，让企业文化成为企业内部力量、外部宣传工作中重要的一部分。

7. 缺乏企业文化氛围

企业文化是一个企业的基因，员工是企业文化的传承者和创新者。一个企业真正的强大是企业文化的强大，一个企业屹立不倒取决于精神的传承。企业文化是保障企业持续健康发展的基石。随着时间的流逝，企业员工总会不断更迭。随着企业的发展，新的员工不断涌入企业，缺乏企业文化氛围也是不可避免的一个问题。员工缺乏主动参与企业文化建设的积极性，大部分是对上级要求的妥协和应付。没有企业文化氛围，企业原有的做事标准和做事风格会被淡化，甚至会逐渐丢失长久以来的理念和凝聚力，从而使企业丧失原有的核心竞争力。这也是很多"明星"企业成为"流星"企业的原因。

8. 企业文化落地实施难

企业文化落地工作有很多，如员工关怀等，但是没能产生长期的效果，反而形成了负面影响。文化建设员工无感的，公司做了很多，慢慢地文化建设就流于形式了。企业员工常常对企业文化产生门面论、任务论、治心论的误解。所谓门面论，即觉得企业文化是装点门面，主要在形式上做一些烘托、造势，别的企业在做所以自己企业也做，盲目跟从、缺乏主见。任务论就是把企业文化视作任务，像完成业务指标一样地去做，上级安排什么就做什么，缺乏基于自身工作对企业文化的思考和探索。而治心论的说法是认为企业文化就是洗脑，是一种治心术，归根结底就是要让员工听企业的，心甘情愿地跟企业走。这种认识有其合理的部分，但更多的是片面的认识。一个企业有自己的价值观，如果员工与这个价值观格格不入，就不应当强迫自己加入。而企业文化当然要以价值观为核心展开，努力寻求和强化这种认同。

9. 企业文化无法匹配企业发展

企业的发展离不开优秀企业文化的支撑，而优秀的企业文化也需要与企业发展齐头并进。企业文化应当是与时俱进、推陈出新的，如何让新员工认可企业文化，如何让企业文化与企业发展保持同步,以及如何发挥新员工的创新力量,都是值得企业文化工作人员思考的问题。企业文化的更新和重塑是一项严谨而又有挑战的工作,也是当下企业文化发展的难题。

企业文化升级是指企业文化是一个发展创新的生长过程,并不是一成不变的,它随企业的发展而发展。所以对企业文化的真正重视,就意味着要求企业文化能够顺应企业和时代的发展,不断调整、完善和更新。

10. 部门文化与企业文化不统一

部门文化不等于企业文化,但一个企业只能有一个核心价值观,只能有一个企业文化,而不是各部门"各自为政"。如果说某企业文化建设形成了部门文化,那么部门团队就很难融入企业团队之中。企业部门间的配合也会受到一定的影响,团队协作能力也会因此而下降。部门之间处处与众不同,别出心裁搞所谓的部门文化建设,长久下去部门就会形成一个小团体,企业就会变成一盘散沙。有独特思想不意味着可以脱离本源,应当以企业文化为核心,创造更加符合部门实际情况的变动。

2.2.2 企业文化建设问题解决对策

1. 正确把握企业文化的内涵和要点

据不完全统计,企业文化的定义有200多种。这对于企业文化工作者来说,会产生一定的混乱感。抛开所有的表面定义,企业文化的内涵并不复杂,它是一种企业管理思想、管理科学、管理艺术。以企业价值观为中心,建立企业文化的理念、标识、策略、制度和流程等是它的表象和支撑,将企业价值观与企业行为相结合,就是它的具体表现。企业文化建设不同于思想政治工作、精神文明建设,其应该与企业经营管理相关联。

2. 提高重视及站位

企业文化是源自实践,不断发展的精神知识和理论储备,一个积极、健康、和谐的企业文化能够激发员工的潜力,提高企业的凝聚力和竞争力,从而为企业带来长远的利益。因此,企业应该重视企业文化的建设和发展,通过不断完善和创新,建立与自身发展需求相吻合的企业文化体系,为企业的长期稳定发展提供源源不断的精神力量。此外,提升企业文化建设应当站在更高的位置,这意味着不仅要关注眼前的利益,更要注重长远的利益和可持续发展。企业需要以长期战略眼光和全局意识来看待问题,将自身的业务和发展与整个行业、市场和社会相结合,以便在面对机遇和挑战时更加从容不迫。

3. 深入了解研究企业自身

一个长盛不衰的企业,自有其熠熠闪光的企业魂。企业文化的效果不可能是立竿见影的,要结合实际情况,与企业生产力发展和职工队伍思想实际相协调,准确地把握企业的特点和发展方向，把控实际性和可操作性，反复斟酌锤炼，持之以恒、逐步完善。企业文化要素必须是建立在多数甚至全体职工认可的基础上的，这样才能更好地发挥群众力量，使建设的过程成为引发心理共鸣、增强团队意识、达成共识的过程；尽管企业间的共同点很多，但每个企业都有其特色，这就是需要去强化、突出的，用自身的特色去征服他人，才是一个企业独有的企业文化之魂。

4. 立足企业核心价值观建设

企业文化是企业的生存哲学和生命工程，价值观是企业文化的根本，也是企业生存和发展的动力。经济效益和社会效益的关系问题，是企业价值观的核心问题。企业不是赚钱的机器，而是一个承担社会责任、构建和谐社会的整体。以人为本的"人"，既包括企业内部员工，也包括社会上的群众。站在个人利益、企业利益、社会利益相结合的高度，和谐促进企业、职工、社会的共同发展，才是实现企业社会价值最大化、建设企业文化的正确方式。要坚持利益追求和社会责任的辩证统一，贯彻商业诚信、企业道德，努力升华企业的人格和品位，使内力不断得以聚合、深化、拓展，实现企业的自我突破。利润是把工作做好的副产品，以利润为最高目标的实用主义是短浅的，长此以往只会增加风险成本，竭泽而渔、杀鸡取卵，加速企业生命的终止。

5. 继承与创新

企业负责人是企业文化的总创意人、总设计师、总建筑师，是理论指导者，也应是实践带头人，这种职责贯穿企业文化的构思、规划、发掘、提炼、执行、深化、优化、传播等方面及过程，直到其个人离职或企业消失。企业负责人应当让企业文化具有相对稳定性，坚持"以文化人"不是"以人化文"，企业文化不能随意更改，提出者要注意企业文化核心价值观，打好基础；继任人要结合企业的长远发展，不沽名钓誉，不把企业文化当作标新立异的饰物，要在继往中去开来，弱化不良文化，强化优秀文化。

6. 健全企业管理制度

企业文化是企业管理的灵魂而不是影子，不应当是一种表面的、虚幻的、主观的文化现象，而应该使其落实到行动之中，必须从制度入手，坚持贯彻执行和深化发展。语言的力量不足以传承文化，亲身感受才能更好地发展和落实。企业文化要内外兼修，须以理念为内心要约和指南，以制度为外部规范和保障，自律与他律结合。先把优秀的理念转换为企业的制度、流程和职工的具体行为，而后理念才能成为制度的升华，行为规范才能成为文化规范。浙江新盛集团在企业文化建设过程中，不断结合政策和社会需求，积极承担社会责任、吸收时代思想，才得以让企业文化更具现代化特色、与时俱进。建立完善的制度体系，不是一朝一夕可以完成的，而应当通过长期的制度约束和习惯养成，把价值观、宗旨、信念内化到思想之中，外化和固化在行为之中，使其相统一联系，形成长效机制，逐步进入一种高度统一的、自觉的、能动的精神状态，创造企业文化的新境界。

2.2.3　企业文化建设要点

1. 企业文化建设思路

企业文化建设是企业整体素质的系统建设工程，需要结合企业负责人、员工、各方面的基本情况，制定适合企业本身的企业文化。企业使命是企业文化原点，是一个企业的文化统帅，这个部分如果不清晰，后面的愿景和价值观基本上很难明确。

2. 企业文化多融合建设——以"浙江新盛集团"为例

企业文化建设要坚持体现科学发展观，以人为本，着力提升企业的整体素质，提升企业的核心竞争力与综合竞争力。企业文化要落实到企业全面发展战略中，从三个层次做到融合，即企业文化建设要和企业战略目标相融合、要和企业经营管理相融合、要和企业核心竞争力融为一体。

企业文化具有"原创性、独特性、人文性、引领性"等特点，能够充分展现企业的价值观和愿景等精神属性；同时具有好识、好记、好用、好传播的标志，能够让人快速理解企业的核心思想。对于企业员工而言，企业文化应当是可以引发共鸣、凝聚力量的。企业文化需要简明扼要。所谓"大道至简"，优秀的企业文化就是用最简单的语言阐述最真挚的理念。在企业文化建设过程中，企业愿景要能让大家感受到未来的期望，企业的使命让大家理解企业的职责与担当，企业的价值观则是企业员工在工作过程中必须遵守的准则和底线。

浙江新盛集团长期坚持"建心者·筑天下"的企业使命，"成为提供建设项目综合解决方案的服务者，建设领域的领导者"的企业愿景，"共创·共享·共赢"的核心价值观，让每一位员工都能意识到自己作为建筑者的使命和担当，领悟自身能力和企业发展的时代感和责任感。

3. 企业文化的提炼

企业文化核心理念的提炼，是一项复合性设计工作，要兼具企业发展、分析严谨、艺术创造等要求，企业在开展企业文化提炼实际操作中往往会遇到方向不明确、语言过于抽象等一系列困难和问题。

文化理念的提炼一定是基于全面审视的，将企业的发展历程梳理出来，结合企业当前管理现状、外部环境发展趋势、未来战略要求等进行多角度分析，从而提炼出独属于企业本身的文化要素。要确保核心文化要素可以承上启下，不断与时俱进。同时，也要确保企业文化核心理念的内涵可以层层递进，能够让企业全体员工快速、清晰、准确地理解企业文化核心理念。

对于逻辑严谨性的理解，更偏重于企业文化理念的形成过程一定要有严谨、明确的分析程序和标准，要有严密、清晰的分析逻辑。能够确保企业文化创建团队按照科学、有效的工具、方法、模型，将海量的基础信息进行有效的分析、归纳、演绎，并形成有效的输出。这一过程最好能够有相对成熟的工作方法论和工具包来支撑创建团队的工作。最后是企业文化提炼的艺术创造性，除了与必要的文化要素相结合，还要具有良好的艺术创造的素质和灵感，具有让人印象深刻、一眼之下深入人心的特点。往往是在大量基础信息诊断扫描、逻辑构建、量化分析后，通过头脑风暴、删减等方式，对企业文化核心理念进行提炼与创造。

对企业文化核心理念进行提炼可以快速让企业文化建设思路更加清晰，具体包含基础调研及文化要素提炼、文化要素主辅分类定位、文化细分理念要素归集、一体化研讨及初步提炼、核心理念意见征询及二次诠释、核心理念定稿及持续完善六个工作步骤。

（1）基础调研及文化要素提炼

基础调研及文化要素提炼是通过访谈、问卷调查、收集资料等多种调研方式，对企业的历史文化、文化现状以及未来发展等内容进行系统的研究和分析。在此基础上，提炼、归纳可能涉及的文化要素，要尽可能将相关文化要素进行罗列，并且通过思考与筛选，选出最为重要、最为贴合的要素，确保关键信息交流得充分、务实、有效。

（2）文化要素主辅分类定位

文化要素主辅逻辑定位重点是在诸多已经提炼的文化要素基础上，从文化要素的提及频次、重要程度、与企业的贴合度等方面入手，明确哪些要素是核心要素，哪些要素是辅助要素；明确哪些要素是必须要体现的，哪些要素是可能会体现的，哪些要素是没必要体现的。这一过程，实际上是对已经提炼的文化要素进行的二次筛选和定位，可以更全面地选出符合要求的企业文化要素，为后续的文化理念建设提供输入信息准备。

作为工程建设企业集团，浙江新盛集团将重点要素集中在"建设"方面，围绕"建设"展开扩充、提炼要素，结合历史文化与企业责任，创造属于公司自己的企业文化。

（3）文化细分理念要素归集

文化细分理念要素归集是指对企业使命、愿景、核心价值观等核心文化理念所涉及文化要素进行归集。首先，要细分文化理念的基本定义和对属性进行判定（表2-1），增强创建团队的理解。其次，对第二步筛选的文化要素与使命、愿景、核心价值观、企业精神等核心文化理念进行初步对应和划归，明确哪些要素要在使命中予以体现，哪些是愿景的重点部分，哪些是核心价值观的目标所向等等。从而为后续细分文化理念提炼提供支撑。

企业文化细分理念定义及属性判定表　　　　　　　　　表2-1

文化细分理念	基本定义	基础属性
使命	使命是企业存在的意义和责任，即企业为何存在，为谁创造价值，满足什么需求，是企业发展的目标所在，是企业终极责任的集中反映	价值性、利他性、社会性
愿景	愿景是企业向往的目标，是企业所期望的、未来的发展状态，是对"我们要成为什么"的回答，是企业负责人、企业员工上下一心共同的追求和理想。愿景是指引企业同心所向的方向，推动企业勇敢面对挑战、超越现实，激励员工统一思想、凝聚能量、志存高远	长期性、场景性、鼓舞性、可预期性
核心价值观	核心价值观是企业用以判断企业运行当中大是大非的根本原则，是企业提倡什么、反对什么、赞赏什么、批判什么的真实写照。核心价值观是解决企业在发展中如何处理内外矛盾的一系列准则，是企业于内的要求、于外的形象，也是给其他人留下第一印象的关键所在	约束性、是非性、稳定性、核心性、信仰性

（4）一体化研讨及初步提炼

一体化研讨及初步提炼的过程是企业文化创建团队通过对长久以来企业文化思想的思考、研讨、创作等工作，一次性提出企业使命、愿景、核心价值观、企业精神、企业作风等核心文化理念的具体内容和诠释。这一过程，要对企业文化核心理念表述的综合性、简洁性、准确性、吻合性、特殊性进行综合把握。同时，要保证各细分文化理念能够覆盖前述所提炼的所有关键文化要素，确保企业文化核心理念有相对清晰、相对独立的逻辑内涵和主线，有充分的文化基础作为支持。一体化研讨和创作的过程，需要根据实际情况，组织多次的沟通，要确保沟通的充分性。当然，也要注重表述的节奏把握，不能太慢，也不能操之过急。要充分用活要素信息，充分激发创建团队，充分结合每一个人的思想与观点，集思广益、求同存异，确保核心理念与企业主线相吻合，让员工愿意为此尽心尽力、全力以赴。

（5）核心理念意见征询及二次诠释

在完成核心理念的初步提炼后，很重要的一步就是要与企业的核心负责人、大部分员工、长期合作伙伴沟通。其核心目标是通过讨论及意见征询，统一认识、凝聚共识，形成为全体员工所接受、为社会同仁所认可的文化理念和价值主张。基于前期的预热和思考，可通过汲取已有的知识和理论，综合外部的意见和思想，融会贯通、群策群力，创造最适合企业发展的企业文化。在以上工作的基础上，将初步归纳、提炼形成的企业使命、愿景、核心价值观等内容进行提炼美化，形成企业文化核心理念并得以坚持贯彻，同时也要随着时代的发展不断更新丰富其内涵。

浙江新盛集团的企业文化就是建立在"以人为本"的基础上。于内，有"快乐工作，幸福生活"的家文化，坚持每一位员工都是企业文化的主人公，发挥每一位员工的主观能动性，从个人发展到企业，实现多层次、全方面进步。于外，有"共创·共享·共赢"的企业核心价值观，和每一位合作伙伴构建长期有效、互惠互利的机制；还有"成为提供建设项目综合解决方案的服务者，建设领域的领导者"的企业愿景，承担起创新突破的企业责任，与时代一同进步、一同突破，实现企业的新跨越。

（6）核心理念定稿及持续完善

在企业文化核心理念二次诠释和精修的基础上，通过企业文化团队与负责人最终审议决策，对企业文化核心理念及诠释内容进行最终确认。后续，还可以进一步发展文化手册设计、文化期刊、文化理念培训、文化体系推广等一系列文化工作，推动企业文化的发展和深入人心。浙江新盛集团经过长期的发展，推出了文化手册、企业公众号、《新盛视窗》内刊等一系列文化产品，同时也有读书营、内训会等一系列内部文化意识提升工作，让企业文化在每一位员工心中扎根，推动每一位员工的发展进步，从而让集团有新的生命力和动力。

企业文化核心理念也要根据企业发展及文化推行的实际情况，结合社会发展情况和时代特点，结合新人与企业文化相融合之后的新思想，进行适时、必要的运行评估及持续改进工作。

4．加强企业文化宣传

企业文化的发展与每一位公司员工息息相关，要通过大量的资料和文件宣传员工责任感的重要性，管理人员要给全体员工灌输责任意识、危机意识和团队意识，要让大家清楚地认识到企业是全体员工共同的企业。

企业文化在一个组织内部的传播有两个存在着本质差异的渠道，一个是正式渠道，一个是非正式渠道。正式渠道，是一切由组织层面刻意设计的进行文化理念本质上的单向传输，比如培训、会议、活动、媒介等。非正式渠道，则是在组织日常管理与工作活动中，由员工或彼此之间自发形成的单向、双向或多向的文化理念传输与认知影响。

（1）企业文化培训

企业文化培训是企业文化建设过程中一个非常重要的环节，通过培训能帮助企业全员明确公司战略、目标，更加系统、有效地推行企业文化建设。企业各部门应把文化培训纳入内部培训工作体系，统筹安排，全员培训。同时，切忌培训止于表面的行为，要将企业文化与各部门工作相融合，让员工在潜移默化中受到企业文化的影响。这样，企业文化才能不为员工所抵触，在真正意义上做到传承。企业文化的培训，应当起步于工作体系，深化于日常工作之中。

（2）以故事的形式

文化是要传递给群体的新辈成员的，抽象的理念无疑是企业文化最精练、内涵最丰富的表现形式。而故事，则是企业文化最好的沟通工具。故事的提炼和引导共创过程，本身也是对企业文化的认知和理解的过程。将企业文化以故事的形式传播，予以抽象文化实际载体，可以更好地促进企业文化的实际运用，让企业文化以耳熟能详的方式在企业员工之间相传。

（3）树典型代表

给员工树立了一种形象化的行为标准和观念标志，通过典型员工可形象具体地明白"何为工作积极""何为工作主动""何为敬业精神""何为成本观念""何为效率高"，从而改进员工的行为。上述这些行为都是很难量化描述的，只有具体形象才可使员工充分理解。相较于晦涩难懂的概念，以及一遍又一遍的口号，一个优秀的榜样更容易让员工接受和意识到。同时，优秀的榜样可以更好地带动员工的积极性，促进企业正向发展，为企业文化创新和传播探索更多的可能性。

（4）办内刊

企业内刊是企业文化建设的重要组成部分，也是企业文化的实际载体。作为企业文化的具象体现，企业内刊是向企业内部以及外部等所有与企业相关的公众和客户宣传企业的重要窗口（图2-1）。创办好一本企业内刊，必须明确划分每一个版块，明确每一个版块的作用，确保企业内刊于内于外都有其文化价值。于内，可以让员工进一步消化吸收企业文化，领略行业前瞻性知识，提升自身水平；于外，可以展示企业风采，宣传企业文化精神，将生机勃勃的一面通过文字和图片呈现出来。因此，企业内刊和宣传企业文化需要统一战线，用舆论和文字去记录、去寻找企业文化和主流文化的重合点，使企业文化起到鼓舞人和引导人的作用，从而实现内提企业凝聚力、创新力、发展力，外宣企业活力、企业强项和企业文化的目的。

（5）举办活动

负责部门多组织各类线上线下活动。围绕企业文化精神，活动形式可以多样，要让参与人员体会到企业文化的内涵。

①活动类型需要多样。活动的举办需要契机，将活动与公司的闪光点、传统节日

图2-1 企业内刊

相结合,一方面可以增加活动的存在感,另一方面也可以在预算范围内更好地体现活动的意义,从而进一步推动企业文化的宣传。

②活动的形式是多样化的。吃喝玩乐固然是放松的一种方式,但活动的目的不仅仅是放松,还应当体现企业文化精神。颁奖、表彰、互评、阶段分享、新员工入职、培训等多样化的形式,可以在提升员工参与感的同时,树立起推动企业文化的典型代表(如榜样模范、先进分子),让员工放松的同时也可以让获奖者产生自豪感,让其他员工可以吸收企业文化、提升自我水平。

③企业活动形式可以分为线下活动和线上活动。其中,线下活动大致可以归类为专题竞赛、沟通类、知识类、文娱类、竞技类、互评类、艺术类、人文关怀类、团建拓展类等。而线上活动包括投票互动、社群交流以及前文提到的公司内刊等。

④公司内刊及公司社群也可以算是线上活动的一种。企业文化想要走向大众,参与到公益活动之中是不可或缺的。参与公益活动是企业责任感的体现。有担当、有责任意识是一个企业立足于这个时代的根本原则,而参与公益活动可以在实现企业社会责任价值的同时提升员工责任意识,让企业文化与社会文化相融合。其中,企业可以参与的公益活动主要有环境保护、义务劳动、植树活动、扶贫慰问、希望工程等(图2-2)。

图2-2 企业公益活动

(6)会议宣讲

①在不影响主要业务的情况下,结合企业文化的三个维度进行宣传。企业文化的传播应该像波纹一样层层扩散,通过加强对管理层的培训,发挥管理层的领头羊作用,自然而然地传导企业文化。

②适当开展企业文化相关会议,可以更加具体地介绍企业文化,将前人的总结和体会传承给后人,从而实现企业文化的薪火相传。但是,切忌将企业文化建立在文山会海之中,企业文化对企业的发展和传承应当起到正向作用。

(7)拍宣传片

拍摄企业宣传片,树立企业形象。宣传片是客户了解企业最快捷、最形象的方式，一个好的企业宣传片就如同一身合体、漂亮的衣服，它不仅能够提升企业的整体形象，更能达到良好推销自我、展示实力的目的（图2-3）。让客户在轻松的环境中了解到企业的精神、实力和发展状况，从而达到全面宣传的良好效果，是企业宣传片的根本要求，而这一段简明扼要、充满力量的宣传片也是企业文化最直观的体现。

图2-3　企业宣传片

（8）外出参观学习

外出参观学习也是建设企业文化的好方法，通过在会上和其他企业学员交流，宣传本单位的一些具体做法的同时学习了解其他企业的优秀做法。通过交流，进一步消化吸收，取其精华去其糟粕，以更多的形式和更全面的能力追逐时代浪潮，让企业文化与社会时代同发展。

（9）VI设计及运用

发放印制有企业文化和企业LOGO的生活用品，把企业文化的核心观念写成标语，张贴于企业显要位置（图2-4）。一个合格的企业文化工作者，要善于综合运用各种传播手段、技巧与企业配合，在企业的不同发展阶段采用不同的方法。做好企业形

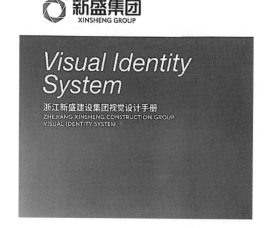

图2-4　企业VI设计

象的展示工作,要通过不断传播企业文化,及时发现员工反映的企业文化建设中的不足,并迅速反馈给企业管理层,为业务赋能。

(10)重落地

企业文化建设是企业发展的重中之重,是企业能否做大做强的根本,我们要让企业文化建设真正地落到实处而不是挂在墙上。落实好企业文化,除了良好的方案再就是需要落实到点,让员工体会到企业文化建设所带来的实际效益。通过评估员工全方位的工作行为、工作结果,再以绩效的形式进行量化考核,根据绩效进行分层分类汇总排名,从而实现员工的梦想与物质需求。通过绩效考核将员工弹性福利、年终调薪、评优评先与员工能力进行挂钩,形成新的长绩效评价及分配机制,从而帮助企业即时表彰员工突出业绩、认可员工积极行为,让员工的努力得到正向反馈。在感受到企业文化所带来的物质福利之后,员工也会更进一步认可企业文化,发展自我,从而实现企业文化与企业发展相促进的正向循环(图2-5)。

图2-5 企业文化走基层

第3章 工程建设企业创新创优发展存在的问题及应对策略

3.1 我国工程建设企业创新创优发展战略历史演变

工程建设企业作为国家经济发展的重要支柱,在我国经济建设、城市化发展的进程中发挥了重要作用。其创新创优的能力直接影响到国家的基础设施建设和城市化进程。在当前全球经济一体化的背景下,工程建设企业面临着来自国内外的激烈竞争。为了保持和提升竞争力,创新创优成为工程建设企业的必然选择。我国工程建设企业创新创优发展战略历史演变是一个复杂而深远的过程,涉及多个阶段和影响因素。

1. 新中国成立初期缓慢发展阶段(新中国成立至1978年)

新中国成立初期,我国工程建设行业处于起步阶段,技术和管理水平相对较低,发展速度较为缓慢。这一阶段的主要特点包括:

(1)技术水平落后:新中国成立初期,我国工程建设行业的技术水平相对落后,缺乏先进的施工设备和工艺,许多工程项目的施工难度较大。同时,人才短缺也是制约发展的重要因素之一。

(2)学习引进国外技术:为了加快发展速度,我国工程建设企业开始学习和引进国外先进技术,不断提高自身的技术水平和创新能力。这一阶段的引进主要集中在施工工艺和设备方面。

(3)计划经济体制:在计划经济体制下,工程建设企业按照国家计划进行生产和经营,缺乏自主性和灵活性。企业的经营和生产活动受到较大的限制,市场机制的作用有限。

(4)基础建设需求大:新中国成立初期,国家基础设施建设的需求巨大,为工程建设行业提供了广阔的市场空间。然而,由于技术和管理水平的限制,企业的生产能力有限,难以满足市场需求。

在这一阶段,国家采取了一系列措施来促进工程建设行业的发展,如加强人才培养、加大科技投入等。这些措施为企业的创新创优提供了重要支持。然而,受到技术和管理水平的限制,以及计划经济体制的制约,我国工程建设企业的发展仍然较为缓慢。

2. 改革开放至2004年快速发展阶段(1978—2004年)

改革开放后,我国工程建设企业迎来了快速发展的机遇,技术和管理水平得到了大幅提升。这一阶段的主要特点包括:

(1)自主创新和技术进步:工程建设企业开始注重自主创新,不断探索新的施工工艺和技术,提高自身的核心竞争力,自主创新能力的有效增强也推动了产业前沿技术进步。同时,国家加大了科技投入,推动行业技术进步。企业开始引进国外先进技术和管理经验，并逐步实现本土化创新。

（2）投资主体多元化：改革开放后，国家逐步放开投资领域，允许民间资本和外资进入工程建设市场，促进了投资主体多元化和市场竞争。这一变化为企业提供了更多的发展机遇和挑战。

（3）质量管理意识提高：随着市场经济的发展和竞争的加剧，工程建设企业开始注重质量管理，推行全面质量管理，提高工程质量水平。同时，国家加强了对工程质量安全的监管力度。

（4）国际合作与交流加强：随着对外开放程度的提高，工程建设企业开始积极参与国际竞争和合作，引进国外先进技术和管理经验，推动了中国工程建设行业的国际化进程。企业通过参与国际工程承包和劳务合作等形式拓展国际市场。

（5）行业法规和标准逐步完善：国家逐步制定和完善了工程建设行业的法规和标准，规范市场秩序和企业行为，为企业的健康发展提供了保障。

在这一阶段，我国工程建设企业在技术创新、管理创新、市场拓展等方面取得了显著成果。然而，随着经济的快速发展和资源环境压力的加大，可持续发展的重要性逐渐凸显出来。

3．注重可持续科学发展阶段（2004年至今）

进入21世纪，随着经济的快速发展和资源环境压力的加大，我国工程建设企业开始注重可持续科学发展，积极推动绿色建筑、智慧城市、智能建造、智慧建造等新兴领域的发展。这一阶段的主要特点包括：

（1）可持续发展理念：工程建设企业开始注重经济效益、社会效益和环境效益的统一，积极推动绿色建筑、节能减排、循环经济等可持续发展理念的实施。企业加强了环境保护意识和社会责任意识，将可持续发展理念融入业务发展和日常运营中。

（2）智慧城市和数字化建设：随着信息技术的发展和应用，工程建设企业开始用数字化驱动产业转型升级，参与智慧城市和数字化建设，推动城市建设和管理现代化。数字化技术的应用为企业提供了更多的发展机遇和创新空间，有助于企业利用外部知识技术进行创新，加速数据要素的流通传播，增强了企业对外部先进技术与数据的可获性。

（3）国际竞争与合作深化：工程建设企业在国际市场上逐渐崭露头角，积极参与国际竞争和合作，推动中国工程建设行业的国际化进程。同时，也面临着来自国际市场的竞争和挑战。企业需要不断提高自身的核心竞争力，拓展国际市场，加强品牌建设和营销策略。

（4）行业转型升级：随着经济的发展和市场需求的变化，工程建设企业开始进行转型升级，推动业务结构调整和创新发展。一些企业通过兼并重组、资本运作等方式实现规模扩张和产业升级，提高自身的市场份额和竞争力。

（5）法规标准和监管加强：国家进一步加强了对工程建设行业的法规建设和监管力度，规范市场秩序和企业行为，提高工程质量安全水平。同时，也鼓励企业加强自律和自我监管。

在这一阶段，我国工程建设企业在可持续科学发展方面取得了显著成果。绿色建筑和节能减排技术的应用得到了广泛推广，智慧城市和数字化建设取得了重要进展。然而，随着资源环境压力的加大和市场竞争的加剧，企业仍需不断探索新的发展模式和技术应用，以适应市场需求和应对挑战。

我国工程建设企业创新创优发展战略历史演变是一个不断探索和创新的过程。在未来的发展中，工程建设企业将继续秉持创新创优的理念，不断探索新的发展模式和新的技术应用，为中国经济的持续发展贡献更多的力量。同时，企业也需要加强人才培养、品牌建设和国际合作等方面的工作，以不断提升自身的核心竞争力和国际影响力。随着国家"十四五"时期以及更长时期的科技发展规划的深入落实，科技创新成为社会主义建设的主题，将科学技术作为第一生产力，科技创新已成为我国工程建设企业的核心竞争力。《中共中央关于制定国民经济和社会发展第十四个五年规划和二〇三五年远景目标的建议》中指出"坚持创新在我国现代化建设全局中的核心地位，把科技自立自强作为国家发展的战略支撑，面向世界科技前沿、面向经济主战场、面向国家重大需求、面向人民生命健康，深入实施科教兴国战略、人才强国战略、创新驱动发展战略，完善国家创新体系，加快建设科技强国"。明确要强化企业创新主体地位，发挥企业在技术创新中的重要作用。

对建筑行业的发展现状、建筑施工技术的应用情况进行分析，表明建筑施工技术应将深基坑施工技术、建筑改造施工技术、桥梁施工技术、信息化管理施工技术及环保施工技术等作为施工技术研究的重点。随着建筑行业建设规模不断扩大，建筑高度不断增加，人民对美好生活品质追求提升，建筑结构体系越来越多样化，建筑功能、类型及立面造型也越来越复杂，给工程建设行业不断提出新的技术和管理挑战。因此，应加强建筑施工的信息化建设管理、绿色环保施工管理、自动化施工技术的改革与创新，即采用机械智能自动化的施工技术改变传统的人工现场施工技术，采用精细化的施工技术改变粗放型的施工技术，针对高消耗、低功能、严重污染空气的施工技术，采用绿色环保的施工技术，从而有效改进建筑施工技术的现代化施工模式[13]。建筑施工项目管理手段在不断升级，数字化、信息化、智能化等应用快速推进，BIM技术、智慧工地信息化管理平台、ERP管理系统、建筑机器人等得到快速发展和推广。建设工程企业建立快捷的信息平台，通过业务流程再造，借助网络信息计数，加速推进信息化建设，将市场信息、客户关系、供应链管理等全面集成，构建更加开放、全面、快捷的管理信息平台。

3.2 我国工程建设企业创新创优存在的主要问题

改革开放以来，建筑业企业和从业人员规模都得到了迅猛发展，建筑业增加值占GDP的比重不断提升，对国民经济发展起到了巨大的支持作用。在取得成绩的同时，建筑业依然存在发展质量和效益不高的问题，集中表现为发展方式粗放、劳动生产率低、高耗能高排放、市场秩序不规范、建筑品质总体不高、工程质量安全事故时有发生等，与人民群众日益增长的美好生活需要相比仍有一定差距。有研究成果表明，技术进步对建筑业的贡献率极低，而建筑业的资本投入贡献较高，即在建筑业的产出增长中，"智能进步"，即索洛意义的"技术进步"的贡献份额与劳动、资本相比较依然很小，以至于建筑业历来被认为是一个缺乏创新的产业，这与技术创新正逐渐成为产业增长最主要源泉的潮流是格格不入的。与"大众创业、万众创新"的时代背景也是格格不入的，也不利于建筑业自身增长方式的转变。与发达国家相比，我国建筑行业技术发展速度较为缓慢，开展施工技术专项研究工作的机构数量较少，技术研发及试运行期间的成本需求没有得到根本上的满足，导致施工技术创新难度较大，难以在提升建筑行业建设综合效益中发挥出重要作用。同时，工程建设企业施工技术创新链条也并不完善，没有为施工技术创新工作提供切实保障，如信息保障、人才保障等，难以充分发挥出施工技术创新环节的重要作用。施工技术创新工作较为漫长，需要细致了解施工流程及具体施工工作性质，在原有基础上制定科学、合理的管控机制，才可以做好施工技术创新工作。具体可以总结为以下几个方面：

1．持续科技创新动力不足

当前，建筑工程建设企业科技创新更多的是由下而上的管理模式，即项目一线根据工程特点、重点、难点提出以解决问题为主的应用类科技研究需求。其前提和基础是承揽有工程项目，而目前建筑市场竞争日趋激烈，经营承揽工程项目的领域、专业类别、数量具有很大的不确定性，工程项目技术含量高低不一，有时出现工程项目时断时续，从而缺少申报高等级科技立项的条件，造成难以持续开展高质量科技工作。

2．创新平台建设总体比较薄弱

当前，大型工程建设企业普遍设立了企业创新中心、企业技术中心、工程实验室等各类创新平台，但专职科研人才配备少，配置的兼职人员主要从事施工生产，配置的试验研究的软硬件种类不全，造成持续推进高水平科技工作的基础不扎实。

3．缺乏稳定的科技投入

建筑施工行业属于完全开放的竞争市场，工程建设企业数量剧增，建筑市场竞争日趋激烈，建筑行业的平均利润率持续下滑。目前，各行业普遍进入微利时代，筹资渠道有限，国家提倡的科技投入视同利润政策难以有效落地，工程建设企业难以形成稳定的科技投入机制，科技创新资金占产值比例普遍偏低，很大程度上影响科技试验研究工作的深入开展。

4. 缺少高水平科技创新人才队伍

受制于工程建设企业现场工作环境、工作强度、待遇、晋升通道等综合因素的影响，高水平科技创新人才安心在工程建设企业的比较少，现有高素质、高水平人才很大程度向建设行业政府监管部门、投资平台单位、建设单位流动，造成现有工程建设企业科技创新能力强的高水平人才普遍不足。另外，现场的工程技术人员流失现象比较严重，基层工程技术人员普遍年轻，项目的科技攻关能力不强，难以有效带动工程建设企业自主创新能力建设。

5. 产学研合作机制不通畅

工程建设企业的特性决定了其偏重于施工技术应用及工艺创新，缺少必要的科技创新资源配置，与高校、科研院所开展产学研合作是非常必要的。但目前普遍存在产学研合作科研项目比例低，甚至部分工程建设企业完全委托科技院所、高校，工程建设企业自身完全不参与过程研究的现象，未能达到通过合作提升施工单位科技创新能力的目的。

6. 科技考核机制不完善

当前，工程建设企业普遍制定了科技考核办法，但科研考核的权重偏小，科技奖励的力度偏弱，考核对象大多只是项目经理、项目总工，未能覆盖到全体员工，严重制约了工程技术人员科技创新的积极性和主观能动性，影响企业整体科技水平的发展。同时，对群众性技术革新工作重视不够，企业员工技术创新意识淡薄。

7. 科技成果转化率低

工程建设企业虽然形成了相应的科技成果，但受查询渠道、后续工程项目施工内容及施工条件差异性制约，缺乏普遍性和通用性，能完全复制推广应用的科技成果比例偏低。另外，目前大中型工程建设企业普遍缺少自有作业工人，现场大多是劳务分包方式，操作工人流动变化大，劳务队伍对既有科技成果的理解不到位，作业工人担心不熟练而费时，仍然乐于按习惯工艺做法实施，造成大多数项目对科技成果推广的组织力度弱，造成科技成果转化低，给企业创造增值效益小。

8. 科技创新管理能力不突出

工程建设企业及现场项目部技术负责人在科技工作中的核心作用发挥不强，大多忙于施工生产。其科技创新管理工作更多定位于日常的琐事，而不是基于价值与效率提升的管理创新。因此，很难沉淀先进的管理经验进而形成组织的科技创新管理能力，科技创新管理人员自身管理素养也将随着长期重复不增值的工作亟待提升。

3.3 我国工程建设企业创新创优问题的应对策略

工程建设企业应树立以科技创新促进企业高质量发展的新思路,发挥科技创新在推动工程建设效率、安全、环保、质量方面的重要作用,提升科技创新在打造品牌、巩固品牌、推动管理变革中的重要价值,拓展科技创新在市场开拓、业务引领、产业升级中的重要功能。近年来,随着建筑业转型升级的大趋势,建筑业技术创新能力逐年提升,科研投入比例逐渐增大,建筑企业在科技成果的获取方面取得了较大的提升。在未来,建筑业创新投入的增大,技术创新活动的动力机制和激励机制的完善,建筑市场为技术创新提供更多的条件,技术创新环境逐渐趋于完善,建筑业的技术创新水平也得到了大大提高。具体策略如下:

1. 加强主要领导抓科技创新工作机制

提高科技指标在主要领导干部考核体系中的权重占比;提高各级主要领导干部推进公司科技创新的意识;推动主要领导抓科技创新的主动性;推动分管领导抓公司科技创新规划与实施;推动科技业务部门抓日常工作的规范化。大幅度提高企业原始创新、集成创新和引进消化吸收再创新能力。

2. 建立稳定的科技投入制度

工程建设企业要把科技投入作为战略性投资,充分利用好国家研发费用加计扣除政策,完善国有企业研发费投入视同企业利润的核算政策;企业内部建立稳定的科技研发专项资金。同时,积极申报外部高等级科技立项,争取外部科技资助,确保重大科技研发项目的资金保障。

3. 做实做强企业创新平台建设

引进配备高水平的专职研发人员和必要的科研设备与软件,持续面向国家重大战略和行业共性需求,发挥前沿跟踪、基础研发、技术攻关的核心职责,有力、有序地推进创新攻关的"揭榜挂帅"制。着力突破制约工程建设企业主业的关键技术,提高创新平台对重难点工程技术支撑程度和贡献率;加快建设独具专长的技术优势,发挥研发平台在企业技术创新领域的核心地位。

4. 加快创新人才队伍建设

企业建立对专业技术人才队伍和创新成果的考核评价机制,完善科技人才业绩考核、激励办法,破除传统唯学历、唯论文、唯职称、唯奖项的"四唯"评价方式,将科技进步相关指标与晋升通道、待遇有效挂钩;营造企业总部与项目部"上下互动",多层级、全范围的人才培养热潮,打造项目间横向广交流、拓思路、共进步的沟通管理模式,切实做到人才的专业能力与其岗位工作相适应;建立科技项目课题负责人、首席专家负责制,发挥课题负责人、首席专家在研发过程中的责、权、利,保证其具有一定灵活性的工作空间。

积极构建"基础研究+技术攻关+科技服务+成果产业化"全过程研发生态链，加大跨学科融合发展力度，激发全体工程技术人员科研创新内在动力。同时，通过外聘制度，建立一支开放灵活、兼容并蓄的专家人才队伍，高起点建设企业科技智库，支撑企业重大科技战略决策的制定。

5．推进创新文化建设

加强创新文化宣传，通过倡导科学精神、宣传创新思想、鼓励创新行为、奖励创新典型等方式，培养良好的创新风气，形成尊重知识、尊重人才和宽容失败的文化氛围，以此促使科技人才自觉地培养和提升自身[14]。创建一种激励创新、崇尚创新、支持创新、勇于创新的文化氛围、环境和精神状态。要培育创新意识，倡导创新精神；完善创新机制，大力提倡敢为人先、敢冒风险的精神，大力倡导敢于创新、勇于竞争和包容失败的精神；不断增强学术交流力度，努力营造鼓励和支持科技人员实现创新的有利条件。

6．畅通产学研合作渠道

多渠道保障科技经费，重点筛选科技课题，根据优势互补、利益共享的原则，积极推进企业与大专院校、各相关研究机构建立长期、稳定的合作关系。通过科技成果转让、委托开发、联合开发等，开展多种形式的产学研联合，形成利益共享、风险共担的产学研联合机制；积极参与省部级重点研发项目，探索技术前沿，作为技术储备纳入研发成果库，为企业解决重大技术难题。同时，工程建设企业参与课题组人员通过向合作单位专业人员学习，推动锻炼本企业技术人才。

7．大力开展群众性创新活动

工程建设企业建立"大科技"协同机制，通过多种荣誉的激励，调动一切技术人员从事科技工作的热情，推进项目部一线制定科技考核细则，实行对一线员工的创新成果激励、约束。根据市场需求和现场需要，广泛开展群众性创新活动，大力开展以青年职工为主题的"五小成果""创新工作室"创新活动，动员和组织广大青年职工围绕企业生产经营和管理，积极开展各类科技实践和技术创新活动，研究开发实用性强的微创微改，有效推进企业技术进步和管理创新。

8．抓实科技创新价值管理

减少专职研发人员日常事务性工作，保障其研发试验的时间精力；建立企业内部科技成果信息平台，形成科技成果交流、咨询和服务平台；企业科技业务部门针对新上场工程项目内容及特点，筛选拟推广应用的成果清单，过程中加强督促检查，逐步建立以重大示范工程为载体的四新成果推广和应用机制，发挥科技创造价值作用。

3.4 我国工程建设企业创新创优的发展趋势

面对高质量发展的新要求,建筑业正在进行结构性发展变革,在业态方面,建筑业已经开始向工业化、数字化、智能化方向升级;在生态方面,建筑业更注重绿色节能环保、低碳环保、与自然和谐共生;在发展模式方面,建筑业增量市场在逐年缩减,城镇老旧小区改造、城市功能提升项目等存量市场将成为新的蓝海;在管理方面,建筑业企业需要进一步提升质量标准化、安全常态化、管理信息化,建造方式绿色化、智慧化、工业化和国际化;最后,在融合协同发展方面,建筑业需要同产业链上下游企业、关联行业加强融合发展。当前,在新材料、新装备、新技术的有力支撑下,工程建造正以品质和效率为中心,向绿色化、工业化和智慧化程度更高的新型建造方式发展。新型建造方式的落脚点体现在绿色建造、智慧建造和新型的建筑工业化上。这将推动全过程、全要素、全参与方的"三全"升级,促进新设计、新建造、新运维的"三新"驱动。我们要科学把握生产方式转向新型建造方式的必然趋势,深刻理解科技创新引领建筑业高质量发展的逻辑,具备历史观、未来观和全局观,紧紧抓住影响产业竞争力的关键领域和短板,通过改革和创新来推动行业转型升级、提质增效。

(1) BIM、数字化与智能化趋势

在当今全球竞争激烈的建筑工程市场中,数字化转型已成为建筑企业保持竞争力和实现可持续发展的重要途径;以数字技术赋能产业转型升级,对实现建筑业与数字技术深度融合发展,促进我国建筑业高质量发展具有十分重大的意义,已经成为企业发展的必然趋势。数字化转型不仅仅是应对技术变革的问题,更是一种全面的战略转变,涉及组织结构、流程优化、人才培养等多个方面,是一种经营方式、经营理念,是将企业相关的人、物料、设备、资金等要素进行系统化运转,以达到提升运营效率、降本增效、提升客户体验和满意度的目的。

在建筑业高质量发展方面,BIM技术扮演着重要的支撑角色,并且全球建筑界广泛认同BIM是未来发展的趋势。随着BIM技术的广泛应用,数字化与智能化技术正在改变建筑工程的传统模式,建筑工程实现了从设计、施工到运维的全过程数字化管理。通过数字化技术,建筑师和工程师可以在虚拟环境中进行设计、优化和模拟,减少实际施工中的问题和误差。同时,智能化技术如物联网、传感器和大数据分析的应用,使得建筑工程能够实现实时监控、智能预警和自动化控制,提高施工过程的智能化水平。另外,BIM技术正快速多融合发展,如BIM+CIM+GIS正成为未来智慧城市建设的基础信息系统,是城市大脑的核心组成部分。

智能建造是一种有效的手段,可以降低行业的人工成本并提高劳动生产率,从而降低建筑制造的成本。为了适应行业发展和提高整个行业的生产效率,2020年7月住房和城乡建设部等多个部门发布了《关于推动智能建造与建筑工业化协同发展的指导意见》这一重要政策。在推进智能建造方面，我们应该关注以下三个重点内容：建立工程建造信息模型、数字化协同设计和机器人施工。为了支持智能建造，我们需要进行基础工作，包括开发三维图形扫描和图形引擎平台，以及开发建筑的三维空间描述和真实感表达的系列软件。智能建造的一个重要标志是机器人在现场承担大量的施工任务，这将彻底改变建筑业的工作方式，逐渐实现施工现场的人员减少甚至无人化。然而，智能建造的发展面临着一系列挑战。管理体制和人才构成不适应智能建造的要求，行业的信息化水平较低，缺乏自主知识产权的BIM基础平台、三维图形系统和引擎，建筑机器人的研发刚刚起步。尽管如此，智能建造仍然具有巨大的潜力，它可以提高工程品质，改变建筑业的工作方式，提升工作效率，并实现对工程项目的"零距离"管控。

（2）绿色化与可持续发展趋势

在"双碳"背景下，碳排放限制逐渐升级，环保整治和能耗双控力度不断增强。同时，结合信息化和工业化深度融合等行业趋势，可以预见低碳生产技术的革新、节能减排和装配式建筑等已成为工程建设企业技术发展的方向，绿色化与可持续发展是未来建筑业发展的重要趋势，企业应更加关注环境友好和社会责任。

建筑行业正在进入循环经济时代，可再生建筑材料得到大规模应用。在未来五年里，十大可再生建筑材料包括黏土砖、植物基聚氨酯泡沫板、大麻混凝土、生态砖、竹子、橡胶轮胎、夯土、报纸木、聚碳酸酯板和芯片板。《关于"十四五"大宗固体废弃物综合利用的指导意见》明确规定，到2025年，新增大宗固体废物综合利用率应达到60%。因此，绿色可再生建筑材料的应用比重将不断提高。

（3）人性化与定制化趋势

人性化与定制化设计满足人们对美好生活的追求，提升居住体验。随着生活水平的提高，人们对建筑的需求从简单的居住功能向更加人性化和定制化的方向转变。建筑工程越来越注重居住者的需求和感受，通过人性化的设计、材料选择和施工工艺，提高居住的舒适度和便捷性。同时，定制化设计使得建筑能够更好地适应不同人群的需求，提供个性化的解决方案，让每个居住者都能拥有独特的居住体验。

（4）跨界融合与产业升级趋势

跨界融合与产业升级是建筑工程发展的新动力，推动产业创新和升级。建筑工程正与其他产业进行跨界融合，如与信息技术、新材料和新能源等领域相结合。这种跨界融合有助于引入新的技术和理念，推动建筑工程的创新发展。同时，产业升级也是重要趋势，通过技术进步和管理创新，提高建筑工程的质量和效率。这包括采用先进的施工设备、推广新型建筑材料、优化施工流程等措施，以实现产业升级和可持续发展。

商业模式和投资模式逐步多元化。建筑施工行业与我国宏观经济的发展趋势存在一致性。随着我国国民经济参与主体的日趋多元化，我国建筑施工行业的投资主体也将多样化，由国家单一投资转向以国家财政、证券集资、银行贷款以及部门、地方和企事业单位为主体的多元化投资。竞争模式逐渐新颖化，出现了BT模式、BOT模式、BOOT模式等。

展望未来，建筑业始终要坚持以科技创新为支撑点优化行业结构，围绕工程建设推动集成创新，打通上下游产业链，持续优化经营流程和环境，提升企业国际竞争力；加大对基础创新的支持，推动原始创新和引进消化吸收再创新，打造良好的创新成果转化模式，成为具有突出创新能力的专业企业，通过技术领先占据高端市场的发展快车道；把提升产业链、供应链现代化水平放到突出位置，坚持自主可控、安全高效，做好供应链战略设计和精准施策，推动产业高端化、智能化、绿色化，发展服务型建造，以科技创新引领行业进入高质量发展的新时代[15]。

4.1 企业创新创优平台的构建

随着全球经济一体化的深入发展，工程建设行业面临着日益激烈的竞争。企业创新创优平台作为企业发展力量的核心载体，通过平台不仅能为解决当前施工技术中遇到的问题提供支撑，同时有利于促进企业的长远发展，为企业提供源源不断的技术支持积累与引导。常见的企业创新创优平台以企业技术中心、创新中心等为载体。为了使企业科技创新工作有计划、有组织地开展，持续提高企业的整体技术水平，提升企业核心竞争能力，工程建设企业创新创优平台应始终遵循"以技术为基础，以创新为根本，以人才为核心"的原则。在充分利用本身现有资源优势的同时，谋求与院校、有关兄弟企业进一步合作，促进资产、技术、人才等方面的流动与融合，保持企业活力，促进企业发展，力争成为同行业中的优秀企业。

4.1.1 创新创优平台的构建目标

创新创优平台的构建目标是激发企业内部创新活力，推动技术进步和产业升级，提升企业核心竞争力，促进企业的可持续发展和提升市场占有率，企业可以根据自身实际情况和发展需求进行具体制定和实施。通常包括以下几个方面：

1. 提升创新能力和竞争力

创新创优平台的构建目标首先是提升企业的创新能力和竞争力。在当今激烈的市场竞争中，创新能力已成为企业生存和发展的关键因素。创新创优平台通过聚集优秀的人才、提供良好的创新环境和支持措施，鼓励员工积极参与到创新活动中来，不断探索新的领域和机会，推动企业的产品创新、过程创新、组织创新等，提高企业的核心竞争力。

2. 促进企业的可持续发展

创新创优平台的构建目标还包括促进企业的可持续发展。在构建创新创优平台的过程中，企业需要不断探索新的发展模式和战略方向，以适应不断变化的市场和企业需求。同时，创新创优平台也注重资源的有效利用和环境保护，倡导绿色发展、节能减排等可持续发展的理念，促进企业的可持续发展和提升市场竞争力。

3. 提升市场占有率

提升市场占有率是创新创优平台的重要目标之一。通过创新创优平台的构建，企业可以不断创新和优化产品与服务，提高市场占有率和客户满意度。同时，创新创优平台也注重品牌建设和市场推广，通过多种渠道和手段提高企业的知名度和影响力，吸引更多的客户和市场份额。

4．加强内部管理和优化运营

创新创优平台的构建还可以促进企业的内部管理和运营优化。通过引进先进的管理理念和方法，创新创优平台可以帮助企业实现管理流程的优化和再造，提高企业的运营效率和管理水平。同时，创新创优平台也注重员工素质的提升和人才的培养，为企业的发展提供强有力的人才保障和支持。

5．实现经济效益和社会效益的平衡发展

创新创优平台的构建还应关注经济效益和社会效益的平衡发展。在实现企业经济效益的同时，企业应积极履行社会责任，关注社会发展和环境保护，推动企业与社会的和谐发展。通过创新创优平台的构建，企业可以积极参与到社会公益事业和环保活动中来，展示良好的企业形象和社会责任感，提高企业的综合效益和社会影响力。

6．培养创新文化和人才队伍

创新创优平台的构建还应注重培养创新文化和人才队伍。通过建立鼓励创新、宽容失败的文化氛围，企业可以激发员工的创新热情和创造力，促进企业内部的知识共享和创意交流。同时，通过加强人才引进和培养，建立一支具备创新精神和实践能力的人才队伍，为企业的持续创新和发展提供强有力的支持。

7．建立良好的企业形象和品牌形象

创新创优平台的构建还有助于建立良好的企业形象和品牌形象。通过不断创新和优化产品与服务质量，提高市场占有率和客户满意度，企业可以树立起良好的企业形象和品牌形象。同时，通过积极参与社会公益事业和环保活动等，企业可以展示其社会责任感和公民意识，提高企业的社会声誉和市场认可度。

4.1.2 创新创优平台的关键要素

创新创优平台的关键要素是构建一个成功、高效、可持续的创新体系的重要基础，主要要素包括优秀的团队、创新的文化、丰富的资源、灵活的机制、良好的环境等。创新创优平台的关键要素是相互关联和支持，只有在这些要素的共同作用下，企业才能够实现持续的创新和发展。

1．优秀的团队

创新创优平台需要有一支优秀的团队来支持和推动平台的运行和发展。这支团队应该具备创新精神、创业意识和实践能力，能够不断探索新的领域和机会，为企业带来持续的创新和竞争优势。为了打造一支优秀的团队，企业可以采用以下措施：加强人才引进和培养，从多元化的渠道招募和培养具备不同专业背景和技能的人才；建立良好的激励机制，鼓励员工积极参与到创新活动中来，发挥自己的创造力和想象力；提供良好的培训和发展机会，提升员工的实践能力和综合素质。

2．创新的文化

创新创优平台需要建立一种鼓励创新、宽容失败、注重实效的创新文化。只有在这样的文化氛围下，企业员工才能够积极参与到创新活动中来，发挥自己的创造力和想象力。为了建立一种鼓励创新、宽容失败、注重实效的创新文化，企业可以采取以下措施：建立创新管理制度，为创新活动提供制度保障和支持；加强内部沟通和学习，促进员工之间的知识共享和创意交流；举办各类创新活动和竞赛，激发员工的创新热情和创造力；建立良好的反馈机制，及时总结和评估创新活动的成果和不足。

3．丰富的资源

创新创优平台需要拥有丰富的资源来支持企业的创新活动。这包括人才资源、技术资源、资金资源、市场资源等。只有拥有足够的资源，企业才能够有效地推动创新活动的开展，提高创新的效率和效益。为了获取丰富的资源，企业可以采取以下措施：加强内外部合作，与高校、科研机构、企业等建立紧密的合作关系，获取技术支持和市场资源；建立多元化的资金渠道，吸引投资和金融机构的支持；拓展市场渠道和客户关系，加强市场推广和品牌建设。

4．灵活的机制

创新创优平台需要建立一种灵活的机制来适应市场的变化和企业的发展需求。这种机制应该能够快速响应市场的变化，及时调整、创新战略和策略，同时也应该能够有效地协调企业内部的各种资源，为创新活动提供有力的保障。为了建立一种灵活的机制，企业可以采取以下措施：加强市场调研和趋势分析，及时掌握市场变化和企业需求；建立快速响应机制，能够对市场变化和企业需求做出快速响应；加强内部管理流程的优化和再造，提高企业的运营效率和管理水平。

5．良好的环境

良好的环境是创新创优平台的重要保障。这包括：政策环境、法律环境、经济环境、社会环境等。只有在良好的环境下，企业才能够顺利地进行创新活动，实现创新创优的目标。为了营造良好的环境，企业可以采取以下措施：加强与政府、行业协会等机构的沟通和合作；积极参与相关政策和法规的制定和实施；加强与其他企业的合作与交流，共同营造良好的行业氛围；加强与社会各界的联系和互动，积极履行社会责任展示良好的企业形象。

4.1.3　创新创优平台的实施步骤

创新创优平台的实施步骤是企业在构建创新创优平台时需要考虑的重要环节。主要实施步骤包括以下部分：

1. 制定创新创优战略规划

（1）明确平台构建的目标和意义

在制定创新创优战略规划时，企业首先需要明确平台构建的目标和意义。这包括提高企业的创新能力、优化产品和服务质量、促进企业的可持续发展等方面。同时，企业还需要明确创新创优平台与企业整体战略的关系，确保平台的构建符合企业整体战略的发展方向。

（2）分析市场和行业环境

在明确平台构建的目标和意义后，对市场和行业环境进行分析，了解市场需求、竞争对手情况以及行业发展趋势。这有助于企业确定创新创优平台的重点领域和方向，以及制定相应的竞争策略。

（3）制定平台实施计划

根据市场和行业环境分析结果，制定详细的平台实施计划。该计划应包括平台构建的时间表、阶段性目标和里程碑，以及实现这些目标所需的资源、预算和管理措施。此外，企业还需要制定风险评估和应对策略，确保平台实施过程中遇到问题时能够及时调整和改进。

（4）建立平台管理机制

建立一套完善的管理机制，包括管理制度、监督机制、反馈机制和评估机制等。通过这些机制的建立，企业可以确保平台实施过程的规范性和有效性，同时还可以及时发现问题并进行改进。

2. 建立创新创优管理机构

（1）成立专门的管理团队

成立一个专门的管理团队，该团队应由企业高层领导担任负责人，并由相关部门的主管和关键技术人员组成。管理团队负责平台的规划、组织和管理，并协调各部门之间的合作与交流。

（2）设立专职管理部门

除了管理团队外，企业还需设立一个专职管理部门来负责平台的日常管理和运营。主要责任包括：负责制定平台的管理制度和规章；负责平台的日常管理和运营，包括资源整合、协调沟通、监督执行等；组织开展创新活动和培训，促进企业内部的知识共享和创意交流；对平台实施过程进行监控和评估，及时发现问题并采取措施进行改进。

3. 培养和引进优秀人才

（1）加强内部人才培养

加强内部人才培养，通过定期的培训、学习和发展等方式提升员工的专业素质和实践能力，包括技术能力、创新思维和管理技能等方面。通过内部人才培养，企业可以激发员工的创新热情和创造力，并提高员工的综合素质和工作效率。

（2）积极引进外部人才

除了加强内部人才培养外，企业还需要积极引进外部人才。通过从多元化渠道招募具备不同专业背景和技能的人才，企业可以为平台注入新的活力和创意。外部人才的引进可以带来新的思维方式和工作方式，促进企业内部的知识共享和创意交流，推动企业的创新和发展。

（3）建立人才激励机制

建立一套完善的人才激励机制，充分发挥内部和外部人才的潜力，包括薪酬福利、晋升机制、奖励制度等方面。通过给予优秀人才合理的待遇和激励，企业可以吸引更多的人才加入创新创优平台，并激发员工的创造力和创新热情。

4．营造创新文化氛围

（1）加强内部沟通和学习

企业内部良好的沟通和学习能力是促进知识共享和创新思维的基础。加强企业部门之间的合作与交流，促进员工之间的信息共享和经验交流，可以通过定期举办研讨会、座谈会等方式实现。同时，企业还可以鼓励员工参与到跨部门的合作项目中，提高协同作业的效率和创新能力。

（2）举办各类创新活动和竞赛

为了激发员工的创新热情和创造力，企业可以举办各类创新活动和竞赛，包括创意征集活动、创新项目比赛、技术比武等。通过这些活动和竞赛，企业可以鼓励员工积极参与到创新过程中，挖掘员工的创造力和潜力。同时，企业还可以通过这些活动和竞赛发现优秀的创新项目和人才，为平台的实施提供支持和保障。

5．整合内外资源

充分利用企业内外部的各种资源，包括人才资源、技术资源、资金资源和市场资源等。企业需要积极整合有利资源，为平台的实施提供有力保障和支持。

6．优化运营管理流程

加强企业内部流程的梳理和优化，消除冗余和低效环节，有利于提高企业运营效率。引进先进的管理理念和方法，提高企业的管理水平和效率。同时建立信息化管理系统，提高企业内部的信息共享和协同作业效率。另外，加强供应链管理和物流优化，降低企业的运营成本和市场响应速度。

7．持续改进和创新

为了保持持续领先地位和获得竞争优势，企业需要加强市场调研和趋势分析，及时掌握市场变化和企业需求，及时调整、创新战略和策略，不断创新、优化产品和服务质量，以满足市场需求的变化和企业发展的要求。

（1）加强与客户的沟通和合作。积极响应客户需求的变化和发展趋势，以便更好地满足客户的需求和提高客户满意度。

（2）加强与同行业的竞争与合作。通过学习借鉴同行业的经验和做法，不断提升自身的竞争力和综合实力。

（3）积极关注新技术、新模式的发展动态。及时引进和应用新技术、新模式，不断创新和优化产品和服务质量以保持领先地位。

（4）加强内部研发和创新体系建设。鼓励和支持员工开展技术创新和管理创新活动，不断挖掘新的商业机会和发展空间。

（5）建立创新激励机制。鼓励员工积极提出创新建议和发明专利等鼓励创新的政策和措施，激发员工的创造力和热情。

（6）加强与高校、科研机构等的合作与交流。积极参与相关科技计划项目等，推动技术成果的转化和应用推广，提升企业的创新能力。

（7）关注可持续发展和社会责任履行。加强与社会各界的联系和互动，展示良好的企业形象和社会责任感，提高企业的综合效益和社会影响力。

8．评估与反馈

为了确保创新创优平台的顺利实施并取得预期效果，企业需要对平台的实施过程进行监督和控制，并根据实际情况及时进行调整和改进。

4.2　规章制度管理

4.2.1　规章制度的制定原则

规章制度是指企业根据国家法律法规和行业标准，结合自身实际情况，制定的对企业内部各项活动进行规范、约束和管理的制度与管理办法。规章制度是企业实现规范化、标准化管理的基础，是企业维护自身权利、保障员工权益的重要手段。制度建设应牢固树立"用制度来管人、用制度来管事"的理念。规章制度是企业运行管理机制的重要部分，是管理工作规范化的前提。一是健全以绩效考核激励、薪酬、培训为主体的人力资源管理制度；二是健全技术质量标准、安全生产等管理制度；三是健全以财务、资金、成本、费用管理为主体的财务管理制度；四是健全以合同、产学研、外联、日常办公等为主体的行政管理制度。随着工程建设企业业务规模的扩大，还应将原有的各项规章制度逐步健全补充至建筑设计、施工、试验的各个创新领域，做到科学、合理、实用。同时积累规章制度实施中存在的问题，及时修改完善，适应本企业发展的步伐，适应技术创新的发展。

企业制度管理包括编写、审核、颁布、培训、执行、督导、修订、废除、归档等活动。企业在进行制度制定时，应遵循以下原则：

（1）合法性：制度应贯彻国家的法律、法规和政策，遵循公司章程，与同级同类制度相协调，下级制度不得与上级制度相抵触。

（2）完整性：制度在其范围所规定的界限内按需要制定，力求完整。

（3）准确性：制度的文字表达应准确、简明、易懂、逻辑严谨，所列或所附图样、表格、数值和其他内容应正确无误。

（4）统一性：制度中的术语、符号、代号应统一，并与其他的相关管理制度一致，同一概念与同一术语之间应保持唯一对应关系，类似部分应采用相同的表达方式与措辞。

（5）适用性：制度应尽可能结合企业实际情况编写，不得照搬其他企业或行业的规定。同时应符合公司战略规划及公司章程，力求具有合理性、先进性和可操作性。

（6）鼓励创新创优精神：创新创优制度应鼓励员工积极提出创新建议，发挥创造力和创新精神。在制定过程中，应充分考虑如何激励员工参与创新创优活动，发挥员工的积极性和创造性。

（7）强化质量安全意识：创新创优制度应强化员工的质量安全意识，确保项目的质量和安全。在制定过程中，应明确质量安全责任和奖惩制度，加强员工的质量安全意识教育，确保项目的质量和安全。

4.2.2 制度分类

1．企业制度依照管理范围划分

（1）公司级管理制度。即规范跨越一个部门以上管理行为的制度。

（2）部门级管理制度。即规范部门内部管理行为的制度。

2．企业制度依照管理内容划分

（1）行政管理制度。即规范公司行政、外联、后勤、文秘和信息系统等管理行为的制度。

（2）人事管理制度。即规范公司人力资源规划、员工招聘、员工培训、员工绩效考核、员工薪酬、员工劳动关系等约束员工行为的管理制度。

（3）财务管理制度。即规范公司账目、资产、资金、费用开支、预算、税务、投融资等管理行为的制度。

（4）业务管理制度。即规范公司营销、招标投标、采购、生产、经营、技术、质量、安全和项目综合管理等行为的制度。

3．工程建设企业科技创新规章制度

工程建设企业创新创优规章制度是运行管理的基础，是企业技术创新机制的重要部分。为保证企业创新创优组织机构的有效运行，充分发挥企业技术管理、质量管理和监督控制等方面的作用，杜绝管理的任意性，克服管理者的自身局限性，合理设置权利义务责任，激励员工为了企业目标和自身发展拼搏，企业需要结合自身情况制定适宜的规章制度。具体包括：《科研项目管理制度》《工法与专利管理制度》《产学研技术合作工作制度》《科研经费管理办法》《科技创新奖励办法》《新技术应用示范工程管理办法》《施工组织设计与专项施工方案管理制度》《QC小组活动制度》《技术人员培训工作制度》《企业实验室管理制度》等，主要制度作用如下：

（1）科研项目管理制度

为了加强企业科技计划与研发项目的管理，建立和完善科技计划管理体制和运行机制，规范管理程序，明确研发项目的责任、权利和义务，提高实施效率，增强科技持续创新能力，应根据科技部和省科技厅、住房和城乡建设厅的相关文件，结合企业情况，制定科研项目管理制度。

科研项目管理制度的建立，使研究课题从项目申请、立项论证、组织实施、检查评估、验收鉴定、成果申报、科技推广、档案入卷的全过程实现了制度化和科学化的管理。

（2）工法和专利管理制度

为促进科技成果的迅速转化，必须重视对企业工法和专利的开发与管理，以工法和专利的开发来推动科技成果的推广应用，促进工程项目的规范化施工。应根据住房和城乡建设部、省住房和城乡建设厅关于施工工法的有关规定，制定工法和专利管理制度。

工法和专利的管理制度可以规范公司的自主知识产权保护，使技术中心的各种自主知识产权可以实现规范管理、依法保护、充分利用、合理转让和有效增值、程序化、制度化。

（3）产学研技术合作工作制度

为了规范和加强产学研联合机制对外技术合作的制度化、规范化、持久化，充分利用高等院校、科研院所的人才资源、科技力量、研究成果及试验设备，进行实用性研发，促进高新技术转化为现实生产力，提高产学研联合运作对外技术合作的效率，应制定产学研技术合作工作制度。

（4）科研经费管理办法

严格实行内部财务管理和会计监督。为规范和加强企业科研经费的管理，激发广大职工开展科研工作的积极性，提高科技创新能力，促进科研工作的健康发展，并提升企业的整体技术水平，应制定科研经费管理办法。

（5）科技创新奖励办法

为调动企业广大职工开展科学研究的积极性和创造性，营造良好的科研环境，体现科技成果在经济效益上的分配，推动企业科技创新建设与整体技术水平，应制定科技创新奖励办法。

（6）新技术应用示范工程管理办法

为使科技成果转化为生产力，推动建筑新技术在工程上的广泛应用，进一步做好新技术应用示范工程的管理工作，应根据2002年发布的《建设部建筑业新技术应用示范工程管理办法》与地区建设行政主管部门的相关文件，制定新技术应用示范工程管理办法。

（7）施工组织设计与专项施工方案管理制度

根据相关政策文件的要求，各项目部在工程开工前，必须在了解工程规模、特点、技术要求、周边环境和施工期限等技术条件的基础上，在确保工程质量、安全生产、满足使用功能的前提下，编制并经总工程师审批施工组织设计。项目施工过程中，应根据工程特点分阶段编制专项施工方案。

（8）QC小组活动制度

为了激发广大一线施工人员及管理人员的积极性和创造性，自觉、扎实、有效地开展质量管理小组活动，不断提高工程质量、产品质量、服务质量和管理水平，鼓励员工运用全面质量管理的理论和方法，以改进质量、降低消耗、提高经济效益和人员素质为目的，组织起来并开展活动，并制定QC小组活动制度。

（9）技术人员培训工作制度

为了提高企业的整体素质，适应建筑市场的激烈竞争，必须加强企业科技人才的培养，从而为企业培训和造就一支强大的科技人才队伍，应制定技术人员培训工作制度。

（10）企业实验室管理制度

为使实验室的日常工作、实验成果、安全等方面制度化、规范化，试验仪器设备良好运转，实验人员职责明确，应制定相应管理制度。

4.2.3 企业创新创优制度制定

1．创新创优制度的具体内容

（1）创新管理制度

建立创新领导责任制。企业应建立自上而下的创新领导责任制，明确各级领导在创新工作中的职责和作用。企业应制定创新工作计划，明确创新目标、任务和时间节点，并逐级分解落实。同时，应将创新的成效纳入各级领导和技术负责人的业绩考核中，激励他们积极推动创新工作。

强化创新意识教育。企业应通过培训、沙龙等方式，加强对员工的创新意识教育，让员工认识到创新对企业发展的重要性，激发他们的创新热情和动力。同时，应鼓励员工学习新知识、新技术、新工艺，提高他们的创新能力和素质。

设立创新奖励。企业应设立创新奖励机制，对创新过程中取得重大成果或做出杰出贡献的员工给予适当奖励，以激励他们继续发挥创新能力。奖励可以采取多种形式，如奖金、荣誉证书、职位晋升等，以增强员工的归属感和自豪感。

创新成果转化机制。企业应建立创新成果转化机制，鼓励员工将创新的成果转化为实际的生产力，以提升工作效率和产品质量。同时，应加强知识产权保护和管理，对员工的创新成果进行保护和维权，以维护企业的利益和形象。

营造创新氛围。企业应营造宽容失败、鼓励尝试的文化氛围，让员工敢于尝试、勇于创新。同时，应加强内部沟通与协作，打破部门壁垒和信息孤岛现象，促进信息共享和资源整合，为创新提供良好的环境和条件。

（2）创优管理制度

建立创优管理机制。企业应建立创优管理机制，明确创优管理的目标、原则、流程和责任部门。创优管理的目标是提高企业的管理水平和核心竞争力，实现可持续发展。创优管理的原则是科学、规范、高效地建立完善的管理体系和流程，确保管理工作的科学性和规范性。创优管理的流程包括策划、实施、检查、改进等环节，以确保管理工作的持续改进和提高。责任部门应明确各级部门在创优管理工作中的职责和作用，并制定相应的考核和奖惩措施。

制定创优计划和实施方案。企业应根据自身实际情况和发展需求，制定符合实际的创优计划和实施方案。创优计划应明确创优目标、任务、时间节点和具体措施等关键要素，并分解落实到责任部门和人员。实施方案应包括具体的实施步骤、时间安排、资源分配等细节，以确保计划的顺利实施。

加强创优培训和宣传。企业应加强创优培训和宣传工作力度，提高员工对创优工作的认识和理解。培训内容包括创优的意义、目的和方法等，让员工了解创优工作的背景和目的；宣传工作可通过企业内部媒体、会议等多种形式进行，营造良好的氛围环境。

开展定期检查与评估。企业应建立定期检查与评估机制，对创优计划和实施方案进行全程监控与评估，保证创优工作的落实与效果；同时根据评估结果及时调整和完善工作计划与方案，不断提高企业的管理水平和竞争力。开展定期检查与评估包括以下方面：

1）定期检查：企业应定期对创优计划和实施方案的执行情况进行检查，评估各部门各环节的完成情况和工作质量，找出存在的问题并采取相应措施及时纠正；

2）效果评估：对已完成的创优项目进行全面的效果评估，验证其是否达到了预期的目标以及给企业带来的实际效益；评估的方法可以采取定量与定性相结合的方式，如投资回报率法、顾客满意度法等；

3）经验总结：总结创优工作的经验和教训，发现并推广好的典型做法；及时纠正不良苗头，分析原因找出症结并采取措施加以解决，为今后的创优工作提供经验和借鉴；

4）及时调整工作计划与方案：根据定期检查与评估结果及时调整和完善工作计划与方案，使其更加符合企业的实际情况和发展需要，提高创优工作的针对性和有效性；

5）加强沟通与协作：加强各职能部门之间的沟通与协作，共同推进创优工作的顺利开展，解决工作中出现的各种问题，及时调整和完善工作计划与方案，不断提高企业的管理水平和竞争力。

2．创新创优制度制定的方法

（1）调研分析

在制定创新创优制度前，应对企业内部的业务特点、管理流程和员工需求进行深入的调研分析，了解企业当前的管理水平和存在的问题。同时，应了解行业内的先进管理经验和做法，为制度的制定提供参考。

（2）制定初步方案

在调研分析的基础上，制定创新创优制度的初步方案。初步方案应包括制度的目标、原则、内容和管理措施等。在制定初步方案时，应充分征求员工的意见和建议，确保制度的合理性和公正性。

（3）专家论证

将初步方案提交给企业内的专家进行论证，对制度的可行性、合理性和有效性进行评估。专家论证可以采取会议、书面或网络等多种形式进行。根据专家意见，对初步方案进行修改和完善。

（4）发布实施

经过专家论证后，最终确定创新创优制度的方案，由企业领导签发后正式发布实施。在实施过程中，应加强宣传和培训工作，让员工了解和掌握制度的各项规定，确保制度的顺利实施。

（5）持续改进与创新

制定创新创优制度并不是一劳永逸的事情。企业需要不断对制度进行改进和创新，以适应市场变化和技术发展趋势。在制定创新创优制度时，需要考虑未来的发展方向和市场需求变化趋势，以便及时调整和创新制度内容。同时，需要关注行业新技术、新材料和新工艺的发展动态，积极引进和应用新技术、新材料和新工艺等。

4.3 知识体系建设

随着工程建设行业的不断发展，企业对于知识管理的需求越来越迫切。知识管理已经成为企业核心竞争力的重要组成部分。工程建设企业知识体系建设是基于知识管理理念，通过构建知识库、梳理知识资产、明确知识管理流程和规范知识管理制度等手段，实现知识的共享、传承和运用，提高企业的管理效率、创新能力和竞争力。构建知识管理体系可以让全员共享企业成长的知识成果和智慧体系，通过建立线上知识库，提升信息共享效率；形成知识网络，个人智慧汇入企业知识库，个人依靠知识库，持续学习与提升。

4.3.1 知识体系建设的重要性

在工程建设领域，知识是企业的重要资产，是提升核心竞争力和市场占有率的关键。知识体系建设的目的在于有效地管理和利用知识资源，提高企业的知识创新能力，以适应市场变化和客户需求。

首先，知识体系建设有助于提高企业的技术水平。工程建设行业涉及众多领域的技术知识，包括土木工程、机械设计、电气安装等。通过建立完善的知识体系，企业可以更好地积累和传承经验，提高技术水平，减少重复劳动，缩短项目周期，降低成本。

其次，知识体系建设有助于提升企业的管理水平。工程建设企业需要不断优化管理流程，提高管理效率和质量。通过知识体系建设，企业可以总结和分享管理经验、方法和最佳实践，提高管理水平和效率，实现持续改进和创新。

最后，知识体系建设有助于增强企业的市场竞争力。在激烈的市场竞争中，工程建设企业需要不断关注市场动态和客户需求，以提供优质的产品和服务。通过建立知识体系，企业可以更好地了解市场趋势和客户需求，提高市场竞争力，实现可持续发展。

4.3.2 知识体系的构成

工程建设企业知识体系主要由技术知识库、管理知识库、市场知识库、人力资源知识库组成。

1. 技术知识库

技术知识库包括工程建设领域的技术规范、设计理念、施工工艺、建筑材料等方面的知识。其作用主要包括以下几个方面：

（1）促进知识共享和传承：通过技术知识库，企业可以将各种工程技术知识整理和归纳，方便员工随时查询和使用，从而提高工作效率和质量水平。同时，技术知识库也可以促进员工之间的交流和合作，实现知识的共享和传承。

（2）提高工作效率和质量水平：通过技术知识库，员工可以快速查找和应用各种工程技术知识，避免重复劳动和错误，从而提高工作效率和质量水平。同时，技术知识库也可以帮助企业更好地管理和控制项目的进度与质量。

（3）提升企业竞争力：技术知识库可以帮助企业更好地管理和利用工程技术知识，提高企业的技术水平和管理效率，从而提升企业的竞争力和市场占有率。同时，技术知识库也可以帮助企业更好地了解市场需求和趋势，为企业的发展提供有力的支持。

（4）推动企业技术创新和发展：技术知识库可以帮助企业不断地积累和更新工程技术知识，推动企业技术创新和发展。同时，技术知识库也可以帮助企业更好地管理和利用知识产权等重要资产，保护企业的核心技术和商业机密。

2．管理知识库

管理知识库涵盖项目管理、质量管理、安全管理、环境管理等方面的知识。其作用主要包括以下几个方面：

（1）提高管理效率：通过对企业各项管理工作进行标准化、规范化，提升管理效率。制定流程、标准和规范来保证企业管理的一致性和规范性，避免人为因素对管理决策的影响。

（2）优化管理流程：对企业管理流程进行全面的梳理和优化，可以去除冗余环节和烦琐的手续，从而提升管理效率，降低管理成本。

传承和积累公司的关键性信息：企业管理知识库可以承继公司的关键性信息，包括流程准则、规范化指南、书刊、文件格式合同等，防止因员工流动导致关键信息流失。

（3）推动知识分享和交换：通过整理自然科学知识和关键性信息，方便搜索，缩短搜索时间，提高利用效率，让知识的流通速度变得更快。同时，知识库还可以推动企业自然科学知识的复用，当一个员工在工作中遇到了问题或找到了更好的解决方案，他就可以提出意见并储存在知识库中，下次有人再遇到类似的问题，就能直接使用。

（4）提升员工能力：员工可以通过了解基础的工作过程、工作经历和最尖端的知识来提高他们的工作效率。企业也可以通过网上自学、培训、考试等方法，加强和提高员工的自学积极性。

（5）辅助企业决策：知识库中的信息可以为企业的战略决策提供参考和支持。

3．市场知识库

市场知识库包括市场分析、竞争对手分析、客户需求分析、行业动态等方面的知识。其作用主要包括以下几个方面：

（1）了解市场趋势和需求：通过建立市场知识库，企业可以更好地了解市场趋势和需求，包括行业动态、竞争对手情况、客户需求等，从而更好地制定市场策略和产品方案。

（2）提升销售和营销效果：市场知识库可以帮助企业更好地了解客户和市场需求，从而制定更精准的营销策略和销售计划。同时，市场知识库也可以为企业提供市场调研和分析的支持，帮助企业更好地了解市场趋势和竞争对手情况，从而调整销售和营销策略。

（3）增强市场竞争力：市场知识库可以帮助企业更好地管理和利用市场知识和信息，提高企业的市场竞争力。同时，市场知识库也可以帮助企业更好地了解客户需求和反馈，从而优化产品和服务，提高客户满意度和市场占有率。

（4）降低市场风险：市场知识库可以帮助企业更好地识别和管理市场风险，包括政策变化、市场波动、竞争对手的行动等。通过及时掌握市场信息和分析趋势，企业可以制定相应的应对措施，降低市场风险对企业的影响。

（5）促进跨部门协作：市场知识库可以帮助企业实现跨部门的信息共享和协作。例如，销售部门和市场部门可以共同利用市场知识库的信息，制定销售策略和推广活动。同时，不同部门之间也可以通过市场知识库进行沟通和协作，提高工作效率和协同效果。

（6）辅助决策支持：市场知识库可以为企业决策者提供辅助决策的支持。通过分析和挖掘市场知识和信息，决策者可以更好地了解市场趋势和企业状况，从而做出更明智的决策。

4．人力资源知识库

人力资源知识库涉及员工培训、职业发展、绩效管理、团队建设等方面的知识。其作用主要包括以下几个方面：

（1）提升招聘效率和质量：人力资源知识库可以通过建立人才数据库，收集和整理各类人才信息，包括简历、面试评估、专业技能等，从而帮助企业更快速、更准确地找到符合要求的人才，提升招聘效率和成功率。

（2）促进员工培训和发展：人力资源知识库可以集中管理和共享培训资源，包括培训课程、讲师、教材等，从而为员工提供更全面、更个性化的培训和发展机会，提高员工的专业技能和综合素质。

（3）优化绩效管理：人力资源知识库可以记录和跟踪员工的绩效表现，包括工作成果、工作态度、能力评估等，从而为企业提供更客观、更全面的绩效评价，帮助企业制定更合理的绩效管理政策和措施。

（4）强化员工关系管理：人力资源知识库可以记录和整理员工信息，包括个人信息、合同信息、职业发展等，从而为企业提供更全面、更准确的人力资源数据和分析报告，帮助企业更好地管理和维护员工关系。

（5）辅助决策支持：人力资源知识库可以为企业决策者提供辅助决策的支持，包括人才规划、薪酬设计、组织结构优化等，从而帮助企业更好地制定人力资源政策和战略。

（6）合规和风险管理：人力资源知识库可以帮助企业更好地遵守相关法律法规和行业标准，包括劳动法、社会保障法等，从而降低企业的合规风险。同时，人力资源知识库也可以帮助企业更好地识别和管理人力资源风险，提高企业的风险管理水平。

4.3.3 知识创新与分享

工程建设企业的知识体系建设可以围绕知识创新和知识共享两个维度。

1. 知识创新

当前工程建设企业的竞争不再仅仅是传统建筑产品的竞争，也不再仅仅是以机械设备为代表的传统生产技术的竞争，而是以"软"科学、"软"技术，即以物质含量越来越少、信息和人的智慧的含量越来越高为特征的软技术竞争占据主导地位。因此，竞争的主要战场已从技术前沿进一步发展到知识水平，转入了以知识为代表的层面。在项目建设管理中，虽然专业技术是基础，但是管理知识将依靠创新来获得控制，从而有能力确保项目质量、进度、成本控制在规定范围内，创新无疑将为项目管理企业带来新的竞争力。作为项目管理企业，应特别注意创建具有以下特征的内部环境：

首先，在项目组织各个层面上建立创建和探索知识的机制。在这方面，建立知识评价机制，对创新知识进行科学评价，在此基础上对创新知识人才的贡献给予合理回报，这是最重要的创新环境，说明项目管理组织创新的知识水平。

其次，充分发挥项目经理的积极性，使每个成员都能充分表达自己的看法，并与他人分享知识。这是项目管理民主化的体现。任何项目经理，只有得到项目组织的充分认可，项目成员才能拥有荣誉感和主人翁感，才能为项目组织的发展贡献自己的才华。

2. 知识共享

工程建设企业在管理企业中的知识可分为理论知识和实践经验知识。但是，实践经验知识包括合同管理、质量管理、进度管理、成本管理等动态内容，这些内容相对较为隐性，但具有很高的价值。知识共享是通过诸如整理和知识传播之类的特定活动来实现的，建立项目管理企业知识共享平台就是使这些活动能够公平、合理、正确地进行[16]。当今的信息技术提供了一个网络信息共享平台，通过信息共享平台，项目管理企业的每个成员都可以及时获取项目管理企业的最新知识，例如项目管理的新理论和新方法。

经验丰富的项目经理可以记录他们的工作知识，并通过培训将其传播给其他人，而项目管理专业人员可以通过信息系统了解过去的项目管理过程和经验。知识管理共享平台应建立在项目管理企业知识管理实践的基础上，并通过信息化的方式建立共享规则，以确保知识共享可以促进项目管理企业向知识管理的发展。

为了更好地实现知识企业建设，现代工程建设企业需要转向以知识为基础的管理企业，构建企业知识管理的理论和实践体系，并结合计算机技术将知识转化为知识管理的利剑。因此，在信息化时代，工程项目管理企业应从战略发展的高度入手，更多地思考如何通过知识管理将企业知识转化为企业竞争力。

第5章 人才培养与团队建设

5.1 人才梯度建设规划

5.1.1 人才梯度建设的背景和意义

1. 人才短缺问题

工程建设行业面临着人才短缺的问题。一方面，随着基础设施建设的不断推进，工程建设企业对人才的需求不断增加；另一方面，由于工作环境艰苦、职业发展前景有限等原因，许多专业人才不愿意从事工程建设工作。因此，工程建设企业需要构建多层次、多领域的人才队伍，以满足企业发展的需求。

2. 人才结构问题

工程建设行业还面临着人才结构不合理的问题。一些传统领域的人才过剩，而新兴领域如新能源、智能化等领域的专业人才则相对匮乏。同时，部分企业过于依赖单一类型的人才，如技术型人才或管理型人才，导致人才结构不够均衡。因此，工程建设企业需要构建多元化、均衡化的人才队伍，以适应行业发展的要求。

3. 人才梯度建设意义

人才梯度建设对于工程建设企业具有重要意义。首先，它有利于解决人才短缺和人才结构不合理的问题，为企业提供稳定的人才供给和合理的人才结构；其次，人才梯度建设有利于提高企业的综合竞争力，通过不同层次、不同技能和不同领域的人才协作，实现资源的优化配置和效率的提升；最后，人才梯度建设有利于推动企业的创新和发展，通过培养和引进各类专业人才，提高企业的技术水平和管理能力。

5.1.2 人才梯度建设的目标

1. 构建多层次、多领域的人才队伍

工程建设企业应结合自身战略和发展需求，构建多层次、多领域的人才队伍。在层次上，企业应关注高端人才、中层人才和基层人才的合理比例，实现人才的梯次配备。在领域上，企业应关注传统领域和新兴领域的均衡发展，以适应行业发展的要求。

2. 提高人才的专业素质和综合能力

工程建设企业应通过培训、实践等方式，提高人才的专业素质和综合能力。在专业素质方面，企业应培养员工的专业技能和知识水平；在综合能力方面，企业应培养员工的团队协作、沟通能力、创新能力等素质。

3．推动人才的合理流动和优化配置

工程建设企业应建立完善的人才流动机制，实现人才的合理流动和优化配置。企业应根据员工的个人特点和职业规划，为其提供多元化的职业发展路径和晋升机会。同时，企业应根据项目需求和市场变化，对人才进行动态调配和管理。

5.1.3 人才梯度建设的实施策略

1．制定详细的人才梯度建设规划

工程建设企业应制定详细的人才梯度建设规划，明确建设的目标、实施步骤和时间表。规划应结合企业的实际情况和发展需求，具有一定的可操作性和可衡量性。同时，企业还应定期对规划进行评估和调整，以确保其适应行业发展和企业发展的变化。

2．建立多元化的人才培养机制

工程建设企业应建立多元化的人才培养机制，包括内部培训、外部培训、实践锻炼等方式。内部培训应针对员工的实际需求和工作特点展开；外部培训应关注行业前沿技术和新兴领域的发展；实践锻炼应注重培养员工的实践能力和团队协作能力。通过多元化的人才培养机制，企业可以提升员工的专业素质和综合能力。

3．企业人才培养

企业需要全力打造一支素质优良、结构合理、数量充足的专业型、技能型、创新性、复合型的具有企业特色的人才梯队。人才资源是企业技术创新进步的最重要资源，要实现企业的可持续长远发展的战略目标，必须大力加强科技人才队伍的建设。构建由高层、中层、基层技术及专业人才组成的老、中、青人才团队，由老带新，互相学习，取长补短，以获得共同提高。根据企业发展规划，面向高等院校、科研机构以及同行业企业，有针对性地引进一些新技术、新产品等方面的专业人才。加强职业教育、继续教育培训，通过技术培训、考察参观、外派学习、内外技术交流合作等手段，为企业培养大批人才。依托企业正在实施的重点科研项目、重大建设项目和科研院所的交流合作项目；加大分学科技术带头人的培养力度，培养一批中青年科技专家，以调整人员专业结构，为企业的长远发展奠定人才基础。

在人员培养上，企业应始终坚持以人为本理念，为员工的成长和进步创造相互信任、相互尊重的文化氛围，为员工的职业规划提供更多的机遇和空间，为人才的技术创新和管理创新创造必要的条件，对有突出表现和突出贡献的人才给予认可和奖励，实现人才价值和公司价值共同成长。在逐步建立完善人才竞争激励机制的过程中，用各种方式激发员工的主动性和创造性，让每个人发挥各自的力量。破除科研中的唯职称、论资排辈现象，使优秀人才得以脱颖而出，努力构建有利于科技创新人才成长的企业文化。

根据企业的总体发展规划的需求，为加强人才梯队的建设，逐步培养各层次的技术及专业人才，企业应制定相应的人才培养计划。

（1）依托企业正在实施的重点科研项目、重大建设项目和科研院所的交流合作项目，加大分学科技术带头人的培养力度，培养一批中青年科技专家。对核心高级人才实施特殊政策，破除科研中的唯职称、论资排辈现象，使优秀人才得以脱颖而出。

（2）充分发挥教育在人才培养中的重要作用。积极与高等院校、科研院所合作，建立人才培养战略联盟，加强职业教育、继续教育培训，增强团队创新能力。通过产学研联合创新机制的建立完善，与高等院校、科研院所等进行技术合作，培养了团队的技术创新能力。特别加强对青年技术人员的培养，定期派他们出去参观学习、参与专业培训，让他们承担施工难题研究等科研项目，在实践中锻炼、积累经验。让年轻的大学毕业生经过培养后，有能力担任重点工程技术负责人的职务。

（3）通过招聘引进技术人才。招聘的重点在于引进与企业发展相适应的紧缺人才和高层次人才，并聘用高校和科研院所的科研人员担任顾问，兼职进行技术开发。也可以从省内外高校招收一定数量的优秀毕业生，安排充实到各个岗位上，并通过传、帮、带等形式进行培养锻炼。

（4）不定期地召开技术研讨会，集思广益，共同提高。并经常邀请外部专家做学术专题讲座，开阔视野。

（5）努力构建有利于科技创新人才成长的企业文化，提倡务实求真、勇于创新的科学精神，提倡理性怀疑和批判，鼓励勇于探索、尊重个性、宽容失败、宽松活跃的学术氛围。加强科研职业道德建设，努力营造和谐的科技创新文化。

5.2　创新创优环境建设

随着全球经济的不断发展和工程市场的日益扩大，工程建设企业面临着日益激烈的竞争和不断变化的市场需求。为了在激烈的市场竞争中保持领先地位，工程建设企业需要积极推动创新创优环境建设，激发员工的创造力和创新精神，提升企业的核心竞争力。

1．创新创优环境建设的目标

（1）营造创新氛围

工程建设企业应努力营造浓厚的创新氛围，鼓励员工积极提出新的想法和创意，并为其提供良好的创新平台和支持。通过建立创新奖励机制和营造宽容失败的文化氛围，企业可以激发员工的创新热情和创造力。创新氛围的营造可以促进员工之间的交流和合作，激发员工的创造力和创新思维，推动企业不断创新和发展。

（2）培养创新人才

工程建设企业应重视创新人才的培养，建立完善的人才培养机制和晋升通道。通过提供良好的培训和实践机会，企业可以提高员工的创新能力和专业素质，为企业的创新创优提供源源不断的人才支持。培养创新人才还可以提高企业的研发能力和技术水平，推动企业的技术创新和产品升级。

（3）推动创新成果转化

工程建设企业应积极推动创新成果的转化和应用，将创意转化为具有市场竞争力的产品和服务。通过建立产学研合作机制和加强知识产权保护，企业可以提高创新成果的转化率和应用价值，实现经济效益和社会效益的双赢。推动创新成果转化还可以促进企业与合作伙伴之间的合作和共赢，推动产业链的协同发展和提升。

2．创新创优环境建设的实施策略

（1）营造创新文化氛围

营造创新文化氛围是创新创优环境建设的重要前提。企业应积极倡导创新理念，加强员工创新意识教育，激发员工的创新热情和积极性。同时，企业应建立容错机制，鼓励员工敢于尝试和冒险，消除他们对创新的恐惧和顾虑。

（2）搭建创新交流平台和优质资源支持

搭建创新交流平台是创新创优环境建设的重要手段。企业应定期组织创新论坛、技术交流会等活动，鼓励员工分享经验、交流想法，促进知识共享和团队协作。通过创新交流平台，员工可以相互学习、相互启发，产生更多的创新灵感和思路。企业应积极寻求与其他企业、机构或政府的合作，扩大创新创优的资源整合和共享，提升整体创新能力。通过合作网络的建设，企业可以获得更多的信息、资源和支持，增强自身的竞争力。加大对创新项目的投入，提供充足的资金、技术和人力资源支持。例如，建立实验室、引进先进设备和技术、招聘优秀人才等，为创新提供必要的保障。

（3）加强产学研合作

加强产学研合作是创新创优环境建设的重要途径。企业应与高校、研究机构建立紧密的合作关系，共同开展研究，提高企业的创新能力和竞争力。通过产学研合作，企业可以借助高校和研究机构的智力资源和技术优势，实现资源共享和优势互补。建立完善的产学研合作机制。通过利用高等院校和科研院所的人才、试验设备、科研成果，提高企业的技术水平，也使企业内部技术人员得到锻炼与提高。同时，产学研合作机制的建立，为企业技术开发提供了有效的技术支持。

（4）优化创新培训制度

对员工进行不定期、有计划的培训，提高员工素质和能力。在每年初，根据各部门提交的培训需求计划进行统筹安排，做出年度公司培训计划，包括进城务工人员技能培训、公司在职人员再培训与自我提高、大中专毕业生上岗培训以及联合学校办学等等，为公司建立强大的技术人才梯队。

（5）建立完善的考核及激励机制

公司突破常规的职位界限，鼓励员工开拓进取，建设科学、合理、有效的人力资源管理。员工的报酬和待遇不仅与职位挂钩，更主要的是与工作业绩挂钩。有限的职位不足以满足每个人的特长与潜质，引导大部分的技术人员努力钻研技术、开发项目。这极大地调动了广大技术人员的积极性，主动地投入到各种有益有利的培训中。建立创新激励机制是创新创优环境建设的关键，对有突出贡献的创新创优项目和个人给予奖励，激发员工的创新热情和积极性。同时，企业应建立创新成果转化机制，确保创新成果能够转化为实际的生产力和经济效益。另外企业人员还享有良好的福利保障措施，包括：完善的福利保障计划；补充医疗保险和各种意外险、年度健康体检计划；带薪年假及法定节假日休假；员工生日祝福计划；员工旅游及团队建设活动；丰富多彩的员工健身活动等。

（6）倡导开放包容的氛围

倡导开放包容的氛围是创新创优环境建设的重要保障。企业应鼓励不同背景、不同领域的人员相互交流，碰撞思想火花，营造一个开放包容的创新环境。同时，企业应尊重员工的个性差异和意见分歧，鼓励员工提出不同的想法和解决方案，激发创新的火花。

（7）跟踪评估与持续改进

跟踪评估与持续改进是创新创优环境建设的重要环节。企业应对创新创优项目进行全程跟踪评估，及时发现问题并进行改进，确保项目的有效实施和成果的转化应用。同时，企业应定期对自身的创新创优环境建设进行评估和反馈，针对不足之处进行改进和完善，形成良性循环，促进企业的持续发展。

5.3　产业工人培养

5.3.1　我国新时代建筑产业工人队伍发展现状

建筑业是我国国民经济的支柱产业，目前仍是劳动密集型产业，进城务工人员分布在城市建设的各个角落，是建筑工人的主体，也是我国产业工人的重要组成部分。据国家统计局《2019年进城务工人员监测调查报告》显示，全国从事建筑业的进城务工人员有5437万人，占全国进城务工人员的近1/5。在我国城镇化快速推进和深化供给侧结构性改革的背景下，单纯依靠"低技术、低成本"的劳动密集型模式推动建筑业发展已难以满足需要，而我国人口红利的逐渐消失也在倒逼建筑业加快向工业化、标准化、信息化方向转变。目前，建筑产业工人面临的工作临时性强、流动性大、作业时间长、环境恶劣、老龄化严重、企业归属感差、文化程度低、技能培训不足、劳动权益与社会保障不到位等诸多现实问题依然没有得到根本解决，严重制约了我国建筑行业的发展。另外，随着国内经济从高速增长迈向高质量发展新阶段，建筑业开始步入品质建造时代，项目规模大，现代化施工装备普遍运用，绿色化、工业化、智慧化建造方式大力推进，对产业工人队伍提出了高标准。但从整体来看，当前我国产业工人队伍整体素质的现状主要是：初级技工多，高级技工少；传统型技工多，现代技工少；单一技能型技工多，复合技能型技工少。同时，一线建筑产业工人普遍文化程度不高、缺乏技能培训，作业人员流动性强、老龄化问题突出，疫情之下叠加了企业的用工荒、用工贵难题，给产业结构升级和企业转型发展带来了更大的挑战。长期以来，中国的高级技工缺口很大。日本的产业工人中，高级技工约占40%，一般技工约占60%；德国的产业工人中，高级技工和一般技工各占50%；而我国的高级技工仅占技工总数的5%。随着我国由高速发展向高质量发展转型，对高级技工的需求不断上升，在能力结构上也提出了新的更高要求，深入开展产业工人队伍建设刻不容缓。

人力资本是行业发展的基石，培育新时代建筑产业工人是实现我国建筑业由劳动密集型向技术密集型转变的关键环节，将传统意义的建筑业进城务工人员转变为新型建筑产业工人，培育一大批高水平建筑工匠，有利于优化建筑业劳动力结构、加快行业改革、推动产业升级，助力我国从建筑业大国向建筑业强国转变。同时，妥善解决建筑产业工人面临的一系列问题也是维护社会公平正义、保持社会和谐稳定、实现社会均等化发展的必然要求。因此，亟须对建筑产业工人队伍建设进行顶层设计，指明发展方向，谋划发展路径，助力我国建筑业高质量发展。

住房和城乡建设部等部门在《关于加快培育新时代建筑产业工人队伍的指导意见》（建市〔2020〕105号，简称《指导意见》）提出，党中央、国务院历来高度重视产业工人队伍建设工作，建筑产业工人是我国产业工人的重要组成部分，是建筑业发展的基础，为经济发展、城镇化建设作出重大贡献。根据建筑行业工人的实际技能水平情况，《指导意见》明确到2025年，符合建筑行业特点的用工方式基本建立，建筑工人实现公司化、专业化管理，建筑工人权益保障机制基本完善；建筑工人终身职业技能培训、考核评价体系基本健全，中级工以上建筑工人达1000万人以上。到2035年，建筑工人就业高效、流动有序，职业技能培训、考核评价体系完善，建筑工人权益得到有效保障，获得感、幸福感、安全感充分增强，形成一支秉承劳模精神、劳动精神、工匠精神的知识型、技能型、创新型建筑工人大军。大力弘扬劳模精神、劳动精神和工匠精神。鼓励建筑企业大力开展岗位练兵、技术交流、技能竞赛，扩大参与覆盖面，充分调动建筑企业和建筑工人参与积极性，提高职业技能；加强职业道德规范素养教育，不断提高建筑工人综合素质，大力弘扬和培育工匠精神。坚持正确的舆论导向，宣传解读建筑工人队伍建设改革的重大意义、目标任务和政策举措，及时总结和推广建筑工人队伍建设改革的好经验、好做法。加大建筑工人劳模宣传力度，大力宣传建筑工人队伍中的先进典型，营造劳动最光荣、劳动最崇高、劳动最伟大、劳动最美丽的良好氛围。

5.3.2 产业工人队伍打造

在长期实践过程中，建设工程企业应结合行业施工生产特点，有针对性地打造"三型"产业工人队伍。在知识型产业工人队伍培养方面，注重新知识的学习培训和日常教育，扩大工人知识面，引领团结产业工人，树立"四个意识"，坚定"四个自信"，做到"两个维护"，自觉践行社会主义核心价值观，坚定不移听党话、跟党走。加强职业精神和职业素养教育，大力弘扬劳模精神、劳动精神、工匠精神，引导产业工人爱岗敬业、甘于奉献，培育健康文明、昂扬向上的职工文化[17]。尤其在"四新"技术方面拓展工人视野，紧跟行业发展步伐，解决新技术、新材料方面的知识短板，助推产业工人队伍适应时代潮流的发展。

在技能型产业工人队伍培养方面，注重实际操作能力的提高，解决施工生产过程中的实际问题，在实战中锻炼、培养产业工人队伍，发扬"工匠"精神，传承"工匠"技艺，铸造精品工程。

在创新型产业工人队伍培养方面，注重技术改革与创新，在平凡的工作岗位上大力倡导小改小革，大胆应用新的工法、新的思维工作模式，解决施工生产的常见问题，提高工效，有力地锻造出满足企业和行业发展要求的"三型"产业工人队伍。突出关键路径、"五大抓手"打造优质队伍。

1. 抓好制度建设，打通产业工人职业发展"双通道"

着力加强产业工人职业发展体系建设。针对产业工人职业发展通道狭窄、天花板较低等问题，制定职务职级管理办法。从纵向发展上，规定了从"初级工"到"首席技师"全过程，从制度上为产业工人成长搭建了畅通的职业发展通道，明确其成长方向。从横向发展上，建立起产业工人职业发展的"双通道"体系，在公司专业技能通道和管理通道中可相互转换，即在生产经营方面表现优异的产业工人，可以转换为管理岗位，参与生产管理。通过"双通道"体系建设，培育出一大批既懂专业技能，又懂质量安全和生产经营等关键岗位管理工作的复合型人才。

（1）合力推进产业工人职业教育和培训。整合职业教育资源，创新大职业教育发展模式，深化职业教育和培训体制机制改革，完善职业教育和培训体系，建立健全职业教育联席会议制度。努力构建适应经济产业发展需求、产教深度融合、中高职纵向衔接、普职教横向融通、体现终身教育理念的现代职业教育体系，为产业工人提升技术技能提供更加通畅的渠道。企业结合自身发展，制定技术工人培养规划和培训制度，积极开展上岗培训、技能培训、师傅带徒等各种类型的培训项目。支持和推动具备条件的行业组织建立职业技能培训中心，为企业的职工提供集中岗位技能培训。开展职业教育、开发培训课程、制定培训标准、组织专业教学、提供岗位实践，深入参与技能人才培养全过程。创新各层次各类型职业教育模式，提升面向产业集群的技能人才培养能力。

（2）构建产业工人终身学习的制度机制。实施产业工人素质提升计划，加快建设适应企业产业升级需求的高素质劳动者队伍。优化应用型技术技能人才培养体系，畅通产业工人提升学历、提高技能的成长成才通道。创新产业工人终身学习网络载体，将促进产业工人终身学习纳入城乡信息化建设，打造产业工人网络学习公共平台，创建"互联网+"职业培训课程体系，开展多行业、多工种网上练兵、网上比武等活动。深入实施进城务工人员学历与能力提升、职业技能提升计划和免费接受职业培训行动。

（3）拓宽产业工人职业发展空间。实施产业工人职业成长计划，畅通职业发展路径，提升职业发展预期，提高产业工人职业吸引力与竞争力，帮助产业工人实现自我价值。推行现代企业人力资源管理制度，打通高技能人才与工程技术人才职业发展通道，符合条件的高技能人才可参加工程系列专业技术人才职称评审，改变技术工人成长成才"独木桥"现象。鼓励企业建立健全产业工人职业晋升"多通道"机制，促进管理通道、职业技能通道、专业技术通道之间的衔接。对在聘的高级工、技师、高级技师在学习进修、岗位聘任、职务职级晋升等方面，比照相应层级工程技术人员享受同等待遇。

（4）健全劳动和技能竞赛体系。聚焦经济主战场，面向一线产业工人，广泛开展劳动和技能竞赛。建立健全以市级职业技能竞赛为带动，区县技能竞赛为衔接，企业岗位练兵和技术比武为基础的劳动和技能竞赛机制。聚焦新技术新业态新模式发展，探索在符合省市重点产业发展导向的新工种新项目中开展劳动竞赛，丰富竞赛内容和方式，提高竞赛的知识含量和科技含量。完善劳动和技能竞赛组织、评估、激励机制，探索和创新区域性、行业性、日常性劳动和技能竞赛活动载体和形式。把劳动和技能竞赛与选树工匠、培育劳动模范结合起来，健全完善技能培训、技能帮带、技能竞赛、技能晋级、技能激励职工素质提升工作机制。加强产业工人技能国际交流与合作，鼓励和引导优势行业企业组织产业工人积极参与实施"走出去"战略和"一带一路"建设。

2. 抓好目标需求，推动产业工人队伍持续发展

企业以满足项目建设需要为中心，紧密围绕高质量发展新要求，深入开展产业工人队伍结构分析，对架子工、泥工、木工、起重工、电工等关键工种，可能面临短缺的问题进行提前研判，着力实施关键工种培养计划。产业工人的目标需求明确以后，企业的各项工作更具有指向性，指导性更强。通过整合社会资源、校企合作、关键工种技术工人专场招聘等措施，有针对性地招录紧缺技术工人，保证了公司产业工人队伍规模始终维持在合理水平，结构得到持续优化。

3．抓好引进培养，保证产业工人数量与质量"双达标"

一是在产业工人的引进方面。企业应坚持多元合作，打造出产业工人培育的新模式。重点是按照企业高质量发展对人才结构优化升级的要求，以技师和高级技师为培育重点，不断完善以企业为主体、职业院校为基础，学校教育与企业培养紧密联系、政府推动与社会支持相结合的产业工人队伍培养体系。通过做好高校毕业生的引进工作、转业军人的安置工作和将产业工人引进工作适时与脱贫攻坚任务结合起来的三大途径的人才输送，保证公司产业工人队伍的"新鲜血液"源源不断。此外，在充分进行专项调研的基础上，积极引进大专科学历以上人员进行培养，突破以往技能人才的学历上限，同时立足长远考虑，新入职技工以劳务派遣用工形式签订合同，采取半年一考核、一年一评价，纳入职工一并考核，表现优秀人员符合身份转换的，可按时将身份转为职工，为今后企业培育高素质工匠人才奠定良好的基础。

二是在产业工人的培养方面。公司积极开展内部技师评聘，为产业工人成长搭建平台。在国家规定的高级技师、技师两个层级技师等级基础上，企业内部可以增设"首席技师"和"初级技师"，打破人才成长的"天花板"。强化施工现场技能培训，对于较大的工程项目，在进行技术交底或施工方案讲评时，参与人员的范围扩大到现场所有的相关工种技术工人。集中开展培训，每年利用春节前后或施工淡季举办各类培训班，分工种进行培训，保证全员培训率，不断提高产业工人技能。充分发挥导师带徒的"传、帮、带"作用，发放导师带徒津贴，不断完善现有导师带徒制度，构建导师带徒的长效机制。建立技师等级以上的导师库，加大导师带徒的考核和奖惩力度，做到导师能进能出，以师徒双向选择的形式进行结对。

4．抓好达成路径，开辟产业工人历练五大"主战场"

建设工程企业宜坚持扁平化管理，在组织架构中设置"施工作业层"，下设各工种劳务班组，较好地发挥专业施工保障和产业工人培养的作用。将作业层队伍按照"核心层""紧密层""普通层"三个层次进行分类，并实行差异化管理。

一是持续加强各工种劳务班组建设。通过规模发展和专业化建设，持续打造一批有利于技术传承进步、有利于人才成长发展、专业覆盖面更广、综合保障能力更强的综合型劳务班组。按照"突出特色提升一批"的思路，以做专做优为方向，进一步拓展专业领域，择优选择试点，打造综合型劳务班组。

二是积极引进优质社会协作队伍。坚持"引进来"和"留得住"两手抓、两手硬，一方面不断扩大社会资源的来源渠道，引进更多成建制、有资质、有自我管理能力和较强资金实力的优秀协作商，充实战略合作商库，使他们发展成为公司项目建设的主体力量，承担更多的施工任务，为做强做优做大储备力量；另一方面，狠抓协作队伍的培养与使用，纳入公司统一管理体系，帮助其提高管理效率和盈利能力。重点培养多年来在公司履约情况良好、承担重要工程任务的优秀协作商，鼓励其不断扩大规模，与公司共同发展。

5．抓好正向激励，激发产业工人队伍活力

想要激励干部职工更好地干事创业，必须充分激发他们的精气神。在产业工人队伍建设过程中，公司运用好正向激励的"指挥棒"，引导广大产业工人在公司高质量发展的前进道路上心往一处想、劲儿往一处使。

一是实施薪酬激励。公司遵循公平、公正和向一线倾斜的原则，鼓励广大产业工人参与项目的班组承包，引入市场化的计薪方式，提高了产业工人的收入，极大地鼓舞了广大技术工人参与工程项目建设和刻苦学习、钻研业务技术的积极性和主动性。

二是设立技师津贴。技师津贴制度的有效实施，极大地鼓舞了广大技术工人参与工程项目建设和刻苦学习、钻研业务技术的积极性和主动性。

三是选树先进典型。积极从产业工人队伍中推荐先进典型，在企业组织的劳模评比中，坚持向基层一线产业工人倾斜，产业工人参与公司建设的积极性大幅提升。

四是落实先进典型待遇。公司积极向上级工会争取疗休养名额，优先安排先进典型参加相关活动。

5.4 工程建设企业"产、学、研、用"合作

产学研，是指企业、高校、科研机构相结合，是科研、教育、生产不同社会分工在功能与资源优势上的协同与集成化，是技术创新上、中、下游的对接与耦合。为了提高企业多渠道运用技术资源的能力，必须充分利用企业与高等院校、科研院所在人才培养、科技力量、科研条件、生产实践等方面的各自优势，进行实用性研发。产学研合作可以充分利用企业外的研究开发力量和成熟的技术成果，使企业用较少的投入、较短的周期获取新技术和新产品，形成企业在技术上和产品上的竞争优势[18]。尤其应该在关键、共性前沿技术的基础研究开发，创新性科研成果的积累与储备，新产品开发，新技术、新材料、新工艺应用等方面，与国内国际研究机构开展深层次的技术合作。

5.4.1 "产、学、研、用"合作模式

在知识经济时代背景下，"开放创新"的理念越来越受到重视。"产学研用"合作将更加注重外部资源的利用和创新力量的整合。通过搭建开放式创新平台等方式

吸引更多合作伙伴共同参与创新过程，实现更大范围的资源共享和优势互补。产学研合作包括科研项目合作、人力资源合作、硬件设备资源合作等。工程建设企业可以采用以下产学研合作模式选择与高校、研究所等研究机构建立全面的战略合作关系。

1．联合研发项目

工程建设企业可以与高校、科研机构等合作，共同开展技术研发和科技创新项目。这种合作方式可以使企业借助外部力量，利用高校、科研机构的专业技术和人才优势，提高自身的技术水平和创新能力。同时，联合研发项目也可以促进科技成果的转化和应用，推动产业链的协同发展和提升。

企业与高等院校或科研单位签订技术合作创新研发的协议，明确双方的责任、权利与义务，具体研发课题项目以双方合同为实施依据，并由双方人员组成研发课题项目小组。产学研项目具体操作方法：

（1）双方初步协商，主要是互通信息，包括各自基本情况与优势及可提供的资源条件等。

（2）根据双方信息沟通的情况，商讨研发合作的主要框架内容。

（3）提出研发合作意向和协议基本条文。

（4）协议条文讨论修改后正式签订协议或合同。

（5）产学研项目对外统一以技术中心名义向经费资助部门申请科研项目立项。立项后，所需经费均由技术中心根据课题要求提供。

2．共建研发平台

工程建设企业可以与高校、科研机构等合作，共同建立研发平台，为企业的技术创新和产品升级提供支持。这种合作方式可以促进企业与高校、科研机构之间的交流和合作，推动科技成果的转化和应用，提高企业的技术水平和市场竞争力。

3．人才交流与培养

工程建设企业可以与高校、科研机构等合作，进行人才交流和培养。这种合作方式可以使企业借助外部力量，提高员工的专业素质和技术水平，同时为企业的长远发展提供人才支持。人才交流和培养可以通过多种方式实现，如定期组织学术交流、共同开展培训课程、提供实习机会等。

4．技术转让与许可

工程建设企业可以与高校、科研机构等合作，进行技术转让与许可。这种合作方式可以使企业获得外部先进的技术和知识产权，同时为企业的技术创新和产品升级提供支持。技术转让与许可可以通过多种方式实现，如签订技术转让协议、购买专利许可等。

5.4.2 "产、学、研、用"合作

1．建立合作机制

（1）建立定期沟通机制。企业可以与高校、科研机构定期召开沟通会议，共同商讨合作事宜，加强相互了解和信任。

（2）设立专门合作机构。企业可以与高校、科研机构设立专门的合作机构，负责推进合作事宜，并提供技术支持和服务。

（3）签订合作协议。企业可以与高校、科研机构签订合作协议，明确合作目标、任务分工、知识产权保护等事项，为合作提供法律保障。

2．确定合作领域

合作领域可以根据企业的需求和高校、科研机构的优势来确定，例如：

（1）新材料研发。工程建设企业可以与高校、科研机构合作研发新型建筑材料，提高工程质量和使用寿命。

（2）施工技术研究。工程建设企业可以与高校、科研机构合作研究新的施工技术，提高施工效率和质量。

（3）工程管理技术。工程建设企业可以与高校、科研机构合作研究工程管理技术，提高工程建设的管理水平和效率。

3．共同开展研究

在确定合作领域后，工程建设企业需要与高校、科研机构共同开展研究。这可以通过以下几个方面实现：

（1）联合申请科研项目。企业可以与高校、科研机构联合申请国家和地方的科研项目，共同开展技术研究与创新。

（2）共享资源与信息。企业可以与高校、科研机构共享资源与信息，包括试验设备、技术资料、研究成果等，促进资源共享和技术转移。

（3）派遣技术人员交流。企业可以派遣技术人员到高校、科研机构进行交流学习，提高技术水平和创新能力。同时，高校、科研机构也可以派遣技术人员到企业进行实践锻炼，提高理论水平和实践能力。

4．转化研究成果

在共同开展研究后，工程建设企业需要与高校、科研机构共同转化研究成果，将其转化为具有市场竞争力的产品和服务。这可以通过以下几个方面实现：

（1）成立转化机构。企业可以与高校、科研机构成立专门的转化机构，负责成果转化的策划、实施和推广工作。

（2）加强市场推广。企业可以与高校、科研机构加强市场推广工作，通过参加展会、举办推介会等方式，提高成果的知名度和影响力，吸引更多的合作伙伴和投资方。

（3）申请专利保护。对于具有创新性和实用性的研究成果，企业可以与高校、科研机构共同申请专利保护，保护知识产权和市场份额。

5．评估与持续改进

在合作过程中，工程建设企业需要与高校、科研机构对合作成果进行评估和持续改进，确保合作的持续性和有效性。这可以通过以下几个方面实现：

（1）定期评估成果。企业可以与高校、科研机构定期对研究成果进行评估，包括技术水平、市场前景、经济效益等方面，以便及时发现问题并进行调整和改进。

（2）改进技术方案。根据评估结果和实践经验，企业可以与高校、科研机构共同改进技术方案，提高成果的技术含量和市场竞争力。

（3）调整合作计划。根据实际情况和市场需求的变化及时调整合作计划，使合作更加符合实际需要和市场变化，促进合作的深入发展。完善产学研合作体系是提高工程建设企业竞争力的关键举措。因此，必须重视产学研结合的工作。在新的时代背景下，必须深化产学研合作体系内涵，从多方面促进该体系的健康发展，提高企业的竞争力和适应能力，为实现我国建筑业的持续发展做出应有的贡献。

5.4.3 "产、学、研、用"合作注意事项

1．建立互信关系

"产、学、研、用"合作需要建立在相互信任和尊重的基础上。企业、高校和科研机构之间需要建立良好的沟通渠道和合作关系，共同制定合作方案和计划，确保合作的有效性和顺利实施。

2．明确合作目标

"产、学、研、用"合作需要明确合作目标，包括要解决的关键技术问题、预期的成果和收益等。只有目标明确，才能确保合作的针对性和有效性。

3．分工协作

"产、学、研、用"合作需要各方在分工的基础上进行协作。企业、高校和科研机构需要根据各自的优势和资源情况，合理分配任务和角色，充分发挥各自的优势和潜力。

4．加强知识产权保护

"产、学、研、用"合作涉及知识产权的保护和利益分配问题。各方需要在合作前明确知识产权的归属和使用权，避免产生纠纷和矛盾。

5．持续跟进与评估

"产、学、研、用"合作需要持续跟进与评估。各方需要定期对合作进展进行检查和评估，及时发现问题并进行调整和改进，确保合作的顺利实施和取得预期的成果。

5.5 经费的保障措施

5.5.1 经费的主要来源

资金是技术创新的重要保证，是企业创新创优活动日常运行的"动力"，足够的投入是项目组顺利开展工作、创优创新的重要保证。工程建设企业创新创优经费的保障措施是确保企业创新能力和竞争力提升的关键。在积极争取政府相关部门的科研项目基金支持的基础上，企业应保障适配的科技活动经费投入。通过设立专项资金、提供资金支持、优化投资结构、加强资金监管、建立合作机制、申请政府资助、增强知识产权保护、鼓励员工参与创新活动以及建立创新创优文化等措施的综合运用，可以有效地保障企业的创新创优经费投入，推动企业的持续发展和提升市场竞争力。

企业在加大自身科研投入的同时，采取多渠道筹措资金，逐步形成多元化的科技投资体制。企业创新创优专项资金包括以下几个来源：

（1）从企业营业收入中按一定比例提取；

（2）根据国家相关技术创新扶持政策，努力争取相关政府部门的科研项目及创优项目资金支持；

（3）相关政府部门拨付的专项扶持资金；

（4）国家技术创新税收优惠政策返还资金；

（5）通过科技成果推广应用的利润适当比例截留作为企业持续创新创优发展的资金；

（6）积极自主创收，在条件允许的情况下，提供一些有偿的技术服务、人才培训，所得收入扣除相应成本及税收后转入科研经费。

5.5.2 企业经费保障

1. 设立专项资金

工程建设企业应设立专门的创新创优基金，用于支持员工进行技术创新和优化生产过程。这些资金可以来自于企业的年度预算，或者通过与合作伙伴共同筹集。基金的规模可以根据企业的实际情况和需求来确定，但应确保足够的资金用于支持创新创优项目。

2. 提供资金支持

企业应为员工提供资金支持，帮助员工承担部分研发费用，或者直接奖励那些在创新创优方面取得显著成绩的员工。这种资金支持可以激励员工积极参与创新创优活动，提高企业的整体创新能力。

3. 优化投资结构

企业应优化投资结构，将资金投入到具有较高创新性和收益潜力的项目上，从而提高创新创优的投入产出比。在投资决策时，企业应根据市场需求、技术趋势和企业战略来评估项目的可行性和潜在收益。同时，企业应关注项目的风险控制，确保投资的安全性和稳定性。

4. 加强资金监管

企业应建立健全的内部控制制度，加强对创新创优经费的监管，确保资金使用的透明度和合法性。企业应设立专门的监督机构或指定专人负责监管创新创优经费的使用情况，防止浪费和滥用。同时，企业应定期对经费使用情况进行审计和公示，接受员工的监督和反馈。

5. 建立合作机制

企业可以与高校、科研机构等建立紧密的合作关系，共同开展技术创新和产业优化升级。通过合作，企业可以获得更多的技术支持和人才培养机会，从而提高创新创优的能力和水平。合作机制的建立可以包括联合研发项目、共享资源和技术成果转化等方面，实现优势互补和协同发展。

6. 申请政府资助

企业可以积极申请政府的相关资助，如科技计划项目、产业转型升级专项资金等。这些资助可以帮助企业降低创新创优的成本，提高项目的成功率。政府资助不仅可以提供资金支持，还可以帮助企业获得政策优惠和资源支持，促进企业的发展和创新能力的提升。

7. 增强知识产权保护

对于已经取得的创新成果，企业应加强知识产权保护，通过专利申请、技术转让等方式，确保自身的合法权益得到保障。知识产权保护可以防止技术被抄袭或侵权，保护企业的技术优势和市场竞争力。同时，知识产权保护还可以为企业带来技术转让和许可收入，增加企业的经济效益。

8. 鼓励员工参与创新活动

企业应鼓励员工积极参与创新创优活动，提高员工的创新意识和能力。这可以通过开展技术培训、学术交流和技术竞赛等活动来实现，激发员工的创新热情和创造力。同时，企业还应建立良好的激励机制，对在创新创优方面取得突出成绩的员工给予奖励和晋升机会，提高员工的积极性和参与度。

9. 建立创新创优文化

企业应建立创新创优文化，营造良好的创新氛围，推动员工积极投入创新创优活动。企业可以通过宣传创新理念、推广成功案例和技术交流等方式来营造创新创优文化氛围。同时，企业还应鼓励员工提出新思路、尝试新方法，推动企业的创新发展。

为了管理好科研经费的投入和支出，企业应制定科研经费管理办法、科技创新奖励办法等制度。企业在每年初参照上年度科技经费支出，根据本年科技活动计划制定科研经费预算，列入企业年度总预算计划。对于科研经费支出，除实行严格的审批制度外，还应进行严格的绩效考核，审查经费使用效果。

5.6 激励机制

企业应建立完善、公平的激励机制，来调动员工的积极性、创造性，从而凝聚企业现有的科技及创优专业人员，为企业技术创新、研发项目、创优示范项目等充分地发挥其作用，使员工在为企业实现目标的同时又实现了自身的需要，确保"人才强企"的计划顺利实施，促进公司持续、健康发展。

5.6.1 激励机制的重要性

激励机制在工程建设企业中具有极其重要的作用，主要体现在以下几个方面：

1. 提高员工积极性

有效的激励机制可以刺激员工的积极性和工作热情，使他们在工作中投入更多的精力和时间，从而提高工作效率和质量。

2. 增强企业凝聚力

激励机制不仅可以调动员工的个人积极性，还可以增强企业的整体凝聚力和向心力。员工之间相互竞争、协作，可以共同推动企业的发展。

3. 降低员工离职率

合理且具有吸引力的激励机制，可以增强员工对企业的归属感和忠诚度，从而降低员工离职率，保持企业的人才优势。

4. 提升员工素质

激励机制可以鼓励员工不断自我提升，学习新的技能和知识，从而提升整个团队的素质和水平。

5. 实现企业目标

通过激励机制，可以引导员工的行为与企业目标保持一致，推动员工为企业创造更多的价值。

5.6.2 激励机制的策略

1. 物质激励

物质激励是最直接且最容易被接受的一种激励方式。企业宜制定相应的技术创新成果奖励政策和实施办法，设立科技奖励基金，对技术创新和工程质量创优成果突出的单位和个人给予奖励，有效地调动科技工作者的积极性。每年度进行总结评比，召开一次年度总结表彰大会，根据实际完成的成效，对技术创新先进集体和个人给予表彰、奖励。在完善多种分配制度的基础上，积极探索知识、技术、管理等生产要素参与分配的体现形式，逐步建立起科技工作者的报酬与技术成果、工作绩效挂钩的分配原则[19]。

企业可以通过提供具有竞争力的薪酬、奖金、福利等手段来提高员工的生活质量，从而激发他们的工作热情。具体来说，企业可以根据员工的工作表现、职位等级、能力等因素来制定薪酬体系，确保员工的收入与个人付出相匹配。此外，还可以设立奖金制度，对工作表现优秀的员工给予额外的奖励和激励。福利方面，企业可以提供员工医疗保险、住房补贴等福利措施，提高员工的生活品质和满意度。

2．精神激励

对工作表现优秀的员工给予适当的表彰和奖励，可以增强他们的荣誉感和归属感。例如，设立优秀员工奖、进步奖等奖励制度，以及给予晋升机会等晋升激励，可以激发员工的工作热情和积极性。在表彰和奖励方面，企业可以根据员工的工作表现、创新成果、团队合作等方面进行评估，给予相应的荣誉和奖励。同时，晋升激励也是非常重要的精神激励手段。企业可以通过定期的评估和考核，对表现优秀的员工给予晋升机会，让他们在职业生涯中不断发展和成长。

3．培训和发展机会

提供专业的培训和学习机会可以帮助员工提升技能和能力，增强他们的竞争力。例如，开展技能培训、管理培训等课程，以及提供职业发展计划和晋升机会等，可以激发员工的自我提升意愿和工作动力。

4．团队建设

通过团队建设活动、集体活动等方式可以增强员工的团队意识和合作精神，提高工作效率和团队合作能力。例如组织团队拓展活动、集体旅游等团队建设活动，让员工参与其中，感受到团队合作的力量，同时也可以加强员工之间的沟通和协作能力。此外还可以定期举办各种形式的集体活动，如运动会、文艺比赛等，让员工在轻松愉快的氛围中感受团队的凝聚力和向心力，进而提高员工的归属感和忠诚度。

5．企业文化

建立积极向上、富有团队精神的企业文化，可以让员工有归属感和认同感，从而激发他们的工作热情和积极性。例如，倡导团队合作鼓励创新的企业文化可以引导员工积极参与工作并为企业创造价值。同时，还可以通过企业文化的宣传和传播让员工了解企业的发展战略和目标，增强员工的信心和归属感，进而提高他们的工作积极性和创造力。

6．员工参与

让员工参与决策过程可以增强他们的责任感和参与感。例如，组织员工代表大会或小组讨论会等会议，让员工参与决策和规划过程可以提高员工的满意度和忠诚度。同时，还可以设立职工代表制度，让员工参与企业的管理和监督工作，增强他们的主人翁意识，进而提高他们的工作热情和动力。

提供发展平台为有潜力的员工提供发展机会，可以让员工看到自己在企业中的未来。例如，设立项目负责人制度，提供更多的工作职责和挑战机会等可以让员工在实践中得到锻炼并提高自己的职业发展水平。同时还可以根据员工的个人特点和职业规划为他们提供个性化的职业发展计划，帮助他们实现个人目标和企业目标的双赢，进而提高员工的忠诚度和满意度。

建立良好的沟通机制。良好的沟通机制可以让员工了解企业的经营状况、目标和发展方向，从而增强他们对企业的信任和忠诚度。同时通过沟通员工也可以了解自己的工作表现、需要改进的地方，进而做出相应的调整和努力。例如，定期召开员工大会或通过企业内部网站等渠道及时发布企业信息，让员工了解企业运营状况和发展战略，从而增强员工的信心和归属感。同时，鼓励员工提出建议和意见，可以促进员工的积极参与和创造性的发挥，进而提高他们的工作效率和质量。

第6章 精品标杆工程创建

6.1 创建精品标杆工程的目的

精品标杆工程是指在整个工程建设过程中，以创新、科学、实用为原则，以优质、高效、安全为标准，以创建国际一流工程为目标，所完成的具有代表性且可复制的精品工程。创精品工程是建筑企业品牌拓展的基础，精品工程的效应日渐显示强大的生命力，是贯彻执行"百年大计、质量第一"的方针的体现，有利于促进我国建设工程全面高质量发展。创建精品标杆工程就是工程建设领域生产的"优质产品"，国家或不同行业在不同时期发布的优质工程的获奖条件虽然不完全相同，但综合起来主要是设计优秀、技术先进、施工质量好和经济效益高；这类项目不仅在工程质量、技术创新和管理能力等方面达到行业领先水平，还对推动行业整体发展、提升社会经济效益具有标杆引领作用。

创建精品标杆工程的目的是多方面的，在提升工程质量、增强企业竞争力、实现业主投资效益最大化、推动行业科技进步、促进行业健康发展、提升执业人员工作能力与技术水平、推动企业发展方式转变、促进相关行业产品质量的提高、增强企业社会责任感以及实现可持续发展等多个方面都具有重要的意义。

1. 提升工程质量

创建精品标杆工程的首要目的是提升工程质量。通过在工程建设中实施科学、合理、有效的管理方法和技术手段，以及引入先进的工程技术和严格的质量管理体系，实现工程的高质量、高效率和高度可靠性，通过创建精品标杆工程，推广和应用精品标杆工程的成功经验，为整个行业树立最高的质量标准，引导行业朝着更高的目标前进，从而提高整个行业的工程质量水平。

2. 增强社会认可度和市场竞争力

精品标杆工程不仅在业内具有广泛的影响力，有助于企业和相关部门在行业内树立标杆和品牌形象，还能够增强社会对相关企业和部门的认可度和市场竞争力。通过打造具有代表性的精品工程，企业和相关部门可以展示其在技术能力、管理能力、创新能力等方面的优势和实力，进而提升其在业内的影响力和市场竞争力。同时，精品标杆工程还能够提升企业和相关部门的形象和品牌价值，吸引更多的投资者、合作伙伴和人才加入其中，进而增强其在市场上的竞争力。另外，精品标杆工程还能够引导行业内的其他企业和相关部门以之为榜样,积极推进工程建设管理创新和技术创新,以实现整个行业的持续发展和进步。

3．实现业主投资效益最大化

对于业主来说,投资精品工程是为了获得最大的经济效益。通过与优秀的工程企业合作,引入先进的工程技术和管理经验,能够使业主的投资在最短时间内获得最大的回报。同时,精品工程还能为业主带来长远的经济利益和社会效益。

4．推动技术创新和管理创新

创建精品标杆工程需要不断进行技术创新和进步。在创建精品标杆工程的过程中,企业和相关部门需要不断探索和应用新技术、新工艺、新材料等,同时加强技术研发和人才培养,以提高工程建设的效率和质量。同时,他们还需要创新管理模式和方法,建立科学、高效的管理体系和机制,优化资源配置和流程设计,以实现工程建设过程的精细化管理。通过这种方式,精品标杆工程能够推动技术创新和管理创新,进而提升行业的整体竞争力。

5．促进行业健康发展

通过创建精品标杆工程,为整个行业树立了榜样,营造了全行业争优创优的环境气氛。这可以激励企业不断提高工程质量,追求更高的目标,从而推动行业的健康发展。同时,精品工程的创建还有助于规范行业秩序,促进行业内部的良性竞争。

6．提升执业人员工作能力与技术水平

创建精品标杆工程需要具备高素质的执业人员。通过培训和实践,提高工作人员的专业素养和技术水平,培养一支高素质、高水平的执业队伍,为工程质量提供有力保障。

7．推动企业发展方式转变

传统的劳动密集型发展方式已经不再适应现代社会的发展需求。通过创建精品标杆工程,推动企业向技术密集型、管理密集型转变,提高企业的现代化水平,增强企业的可持续发展能力。促进相关行业产品质量的提高,精品工程的创建需要与相关行业进行合作和配合。通过与相关行业建立良好的合作关系,引入更高的质量标准和要求,促使相关行业的产品质量得到提高。同时,精品工程的创建还能够带动相关产业的发展,推动整个产业链的优化和升级。

8．增强企业社会责任感

创建精品标杆工程有助于企业树立良好的社会形象,增强社会责任感。通过为业主和社会创造精品工程,企业能够回馈社会,为社会发展做出贡献,赢得社会的认可和尊重。

9．实现可持续发展

创建精品标杆工程不仅关注工程的质量和效益,还注重工程的环保和可持续发展，其最终目的是促进可持续发展和社会进步。通过推广和应用精品标杆工程的成功经验和技术成果，企业和相关部门可以推动行业内的绿色发展和环保建设，促进资源节约和环境保护。同时，精品标杆工程还可以带动相关产业的发展和壮大，推动区域经济和社会的繁荣和发展。通过这种方式，创建精品标杆工程可以为整个社会带来实实在在的好处，推动可持续发展和社会进步。

6.2 精品标杆示范工程项目选择

随着社会经济的快速发展，工程项目建设已成为推动社会进步和经济发展的重要力量。然而，在工程项目建设领域，精品标杆示范工程项目具有极高的代表性和示范效应，此类项目不仅在工程质量、技术创新和管理能力等方面达到行业领先水平，还对推动行业整体发展、提升社会经济效益具有重大意义，如何选择精品标杆工程项目是一个备受关注的问题。精品标杆示范工程项目的选择应综合考虑市场需求、技术水平、项目管理能力、工程质量、经济效益和社会影响力等方面。

6.2.1 精品标杆工程项目选择的关键要素

精品标杆工程不仅要求施工质量达到高标准，还需在工期、成本、安全等方面具备优秀表现。在选择精品标杆工程项目时，企业应综合考虑项目的影响力、创新性、可行性、可复制性、收益性、团队实力、合作伙伴和潜在效益等因素，确保选定的项目能够充分体现企业的核心价值和技术实力，实现企业的长远发展。

1．项目的影响力

标杆项目应具有显著的社会影响力和行业影响力，其实施效果能够被广泛认知，有助于提升企业的品牌形象和市场地位。在选择精品标杆工程项目时，应关注项目的市场前景和潜在需求，结合企业的战略发展方向和市场竞争力，选择具有可行性和优势的工程项目。

2．项目的创新性

标杆项目应具有较高的创新性，采用先进的技术、工艺或管理模式，能够体现企业在技术创新、管理创新等方面的能力。在选择精品标杆工程项目时，应关注技术的先进性和适用性，注重技术研发和创新，提高工程项目的科技含量和附加值。

3．项目的可行性

在选择标杆项目时，应对项目的可行性进行充分的研究，包括技术可行性、经济可行性和社会可行性。确保项目在实施过程中能够克服困难，取得预期的效果。

4．项目的可复制性

标杆项目的成功经验应具有可复制性，能够在类似项目中加以借鉴和应用，推动整个行业或领域的发展。

5．项目的团队实力

选择合适的团队来实施标杆项目非常关键。团队应具备专业的技能、丰富的经验和良好的协作精神，能够在项目实施过程中发挥关键作用。具备优秀项目管理能力的企业或团队，能够更好地协调各方面资源和工作，确保工程项目的顺利实施和质量保证。同时，企业还需要建立科学的管理体系和方法，确保工程项目的顺利实施和质量保证。

6．项目的合作伙伴

在选择标杆项目时，考虑与优秀的合作伙伴共同实施，可以借鉴其成功经验，提高项目的实施效果。同时，与合作伙伴建立良好的合作关系，有助于企业在未来的市场竞争中占据有利地位。

7．项目的潜在效益

在选择标杆项目时，应关注项目的潜在效益，包括经济效益、社会效益和环境效益。确保项目的投入与产出具有合理的性价比，可以更好实现企业的可持续发展。具备良好经济效益的工程项目能够提高企业的盈利能力和市场竞争力，同时为业主带来更多的投资回报。工程项目的社会价值和意义注重与社会的融合和发展，积极履行社会责任和义务，可以快速提升企业的社会形象和公信力。

6.2.2 精品标杆工程项目选择的实施策略

1．深入调研市场

企业需要对市场进行深入调研，了解行业发展趋势和市场需求，掌握行业竞争格局和发展方向。通过市场调研，了解业主的需求和期望，为选择精品标杆工程项目提供有力的依据。

2．强化技术研发与创新

企业需要注重技术研发和创新，不断提高自身的技术水平和创新能力。通过引进先进技术和自主创新相结合的方式，开发出更具市场竞争力的技术和产品，提高工程项目的科技含量和附加值。

3．优化项目管理流程和方法

企业需要建立科学的管理体系和方法，优化项目管理流程和方法。通过引入先进的项目管理软件和技术工具，提高项目管理的效率和质量保证能力。

4．注重工程质量监管和控制

企业需要注重工程质量监管和控制，建立健全的工程质量管理体系和质量保证机制。通过实施严格的质量标准和检测方法，企业可以确保工程项目的质量和效益。

5．制定科学合理的评选标准

在选择精品标杆工程项目时，首先需要制定科学合理的评选标准。评选标准应该综合考虑市场需求、技术水平、项目管理能力、工程质量、经济效益和社会影响力等因素，并根据实际情况进行具体的指标设定和评分标准制定。评选标准应该具有可操作性和可量化性，确保在实施过程中能够进行客观、公正的评价和比较。

6．加强项目调研和评估

在制定评选标准后，对备选的精品标杆工程项目进行详细的调研和评估。调研内容包括项目的背景、市场需求、技术方案、项目管理团队、工程质量要求等方面，以便全面了解项目的情况和特点。评估过程需要对各项指标进行逐一评价，并综合考虑各因素对项目的影响程度，最终筛选出符合评选标准的精品标杆工程项目。

7．注重项目实施过程管理

精品标杆工程项目的实施过程管理是确保项目成功的关键环节。在项目实施过程中，需要建立科学的管理体系和方法，注重质量监管和控制，加强施工过程中的质量监管和控制，确保工程项目的质量和效益。同时，还需要对项目成本进行严格的控制和管理，降低成本、提高效率，从而实现良好的经济效益和社会效益，以提高企业的竞争力和市场占有率。

8．加强项目合作和创新

精品标杆工程项目需要注重合作和创新。在项目实施过程中应加强与业主、设计单位、工程建设企业等各方的合作沟通和协调，合作各方应共同参与项目实施方案的制定和实施，通过合作和创新实现优势互补、协同发展。

9．建立完善的激励和推广机制

在选择和实施精品标杆工程项目时需要建立完善的激励和推广机制，激励员工积极参与项目实施，并为其提供必要的培训和支持。同时，还需要建立相应的奖励机制，对项目实施中表现优秀的团队和个人进行表彰和奖励，此外还应加强项目成果的推广和应用，推动行业整体发展和进步，实现良好的社会效益和经济效益。

6.3 如何创建精品标杆工程

创建精品标杆工程是工程建设企业追求卓越、提升品牌形象的重要途径，也是推动企业持续发展的关键因素。需要全体人员共同参与、长期坚持和不断努力，才能实现真正的精品标杆工程。

1．明确精品标杆工程创优目标与计划

要创建精品标杆工程，首先必须明确创优目标与计划。目标应具有可行性和挑战性，能够激发员工的创优热情和动力，这包括工程质量目标、工期目标、成本目标、安全目标等，这些目标也需要具有可衡量性，以便于后续评估工程是否达到精品标杆的标准。明确了目标，就可以针对性地制定计划和行动，计划应包括具体的实施步骤、时间安排和资源需求，以确保目标的实现。在制定目标与计划时，应充分考虑工程特点、市场需求以及企业实际情况，确保目标与计划的针对性和实效性。

2．强化组织领导与管理体系建设

创建精品标杆工程需要强有力的组织领导和管理体系作为保障。工程建设企业应建立健全创优工作的组织领导体系，明确各级领导和部门的职责与分工，形成协同作战的工作氛围。同时，加强管理体系建设，包括质量管理、进度管理、成本管理、安全管理、绿色施工管理等方面，建立完善的质量、安全、环保等方面的管理制度和流程，确保各项管理工作有章可循、有据可查。管理体系的建立需要基于精品标杆工程的目标，确保各项管理工作都围绕目标展开。同时，管理体系也需要具备灵活性和适应性，能够根据工程实际情况进行调整和优化。通过强化组织领导和管理体系建设，为创建精品标杆工程提供有力的组织保障。

3．重视技术管理与创新

在工程建设领域，技术创新是推动工程质量提升的关键力量。工程建设企业应重视技术管理与创新工作，采取先进、适用的技术手段和设备，提升施工质量和效率。具体来说，可以通过以下几个方面加强技术管理与创新：一是加强技术研发和创新，推动科技成果转化和应用；二是鼓励员工提出合理化建议和改进意见，不断优化施工工艺和方法；三是加强与科研机构的合作与交流，引进和推广先进的技术和方法。通过持续的技术创新和管理创新，不断提高工程建设企业的核心竞争力。

4．强化施工质量控制

施工质量是精品标杆工程的核心。工程建设企业需要强化施工质量控制，建立完善的质量控制体系，明确各级人员的质量责任和权限。同时，需要加强施工过程中的质量检查和验收，确保每个施工环节都符合质量标准。对于发现的质量问题，需要及时进行整改，确保工程质量不受影响。

5．推动绿色施工和节能环保

随着社会对环保的日益重视，工程建设企业也需要积极推动绿色施工和节能环保。这包括采用环保材料、节能技术，实施绿色施工工艺，减少施工过程中的环境污染。同时，也需要加强施工现场的环境管理，做到施工垃圾的分类处理和回收利用。这样不仅可以提升工程的环保品质，也能够提高工程建设企业的社会形象。

6．优化施工组织设计

施工组织设计是指导工程施工全局的技术经济文件。优化施工组织设计可以在保证工程质量的前提下，有效地提高施工效率，降低施工成本。工程建设企业应根据精品标杆工程的目标和要求，结合工程实际情况，进行施工组织设计的优化。这包括优化施工流程、资源配置与现场管理，提高机械化程度等。具体来说，可以通过以下几个方面优化资源配置与现场管理：一是合理配置人力、物力、财力等资源，提高资源利用效率；二是加强现场管理力度，落实各项安全、环保措施，确保施工现场整洁有序；三是推行精细化管理和标准化作业流程，降低质量风险和管理成本。

7. 加强团队沟通协作与建设

精品标杆工程的创建需要各个部门和人员之间的紧密合作和有效沟通。工程建设企业应加强团队协作，建立良好的沟通机制，确保信息畅通，避免因为沟通不畅造成的误解和延误。同时，也需要营造积极向上的团队氛围，激发团队成员的积极性和创造力。另外还需要加强人才培养与队伍建设，提高员工的专业技能和管理水平。具体来说，可以通过以下几个方面加强人才培养与队伍建设：一是加强员工培训和教育，提高员工的专业技能和综合素质；二是建立完善的人才激励机制，吸引和留住优秀人才；三是加强团队建设和协作精神培养，形成团结合作的工作氛围。

8．持续改进和创新

创建精品标杆工程是一个持续改进和创新的过程。工程建设企业应建立持续改进和创新机制，鼓励员工提出改进和创新的建议，促进施工技术和管理方法的不断创新。同时，也需要定期对施工过程进行反思和总结：一是建立完善的质量监督和安全管理体系，加强过程控制和结果评价；二是推行定期检查和专项整治活动，及时发现和纠正存在的问题；三是建立奖惩机制和考核评价体系，激励员工积极参与创优工作。发现问题并及时采取改进措施，推动创优工作的持续改进和提升。

6.4　精品标杆工程的示范效益

精品标杆工程作为行业内的杰出代表不仅在施工过程中实现了施工质量的提高、工期的缩短、成本的降低和安全生产的保障等目标，而且在完成后也能够产生显著的示范效益。

1．提高行业整体水平

精品标杆工程的成功建设，对于整个行业来说是一种鼓舞和促进。精品标杆工程以高标准和严要求为导向，注重施工质量的提高和可靠性的保障。因此，在施工过程中，工程建设企业需要采取各种措施来确保施工质量符合精品标杆工程的标准和要求。这些措施包括加强材料质量控制、严格施工工艺要求、强化施工质量检查和验收等。通过学习和效仿，其他工程建设企业可以提升自身的施工水平和管理能力，从而推动整个行业的进步。

2．增强企业竞争力

精品标杆工程的高品质和可靠性体现了工程建设企业的实力和水平。在日益激烈的市场竞争中，拥有精品标杆工程的企业更容易脱颖而出，获得客户的信任和认可，从而得到更多的市场份额。同时，精品标杆工程的成功经验也可以帮助企业更好地拓展市场、增加业务量和提高收益。另外，通过学习和借鉴精品标杆工程，其他企业可以找到自身的不足之处，有针对性地进行改进和创新，提高自身的竞争力和市场地位。

3．促进新技术和新工艺的应用

精品标杆工程往往采用了最新的施工技术和工艺，这些技术和工艺不仅提高了工程的施工效率和质量，还降低了成本和资源消耗。其他工程建设企业在效仿精品标杆工程的过程中，也会不断地引进和应用新技术、新工艺，推动行业技术的不断创新和进步。

4．优化施工组织和管理

精品标杆工程注重施工组织的优化和管理水平的提高。通过对精品标杆工程的研究和学习，其他工程建设企业可以了解更为高效的施工组织模式和管理方法，从而优化自身的施工流程和管理体系。这不仅可以提高施工效率和质量，还可以降低成本和风险。

5．提升员工素质和团队凝聚力

精品标杆工程的成功建设需要有一支高素质的员工队伍和紧密的团队协作。通过学习和效仿精品标杆工程，其他企业可以加强员工培训和团队建设，提升员工的素质和技能水平，增强团队的凝聚力和协作能力。这不仅可以提高企业的施工水平和管理能力，还可以为企业长远发展奠定坚实的基础。

6．塑造良好企业形象和社会声誉

精品标杆工程的建设往往需要投入大量的人力和物力资源，并经过长期的努力和奋斗才能实现。当一个工程建设企业成功地创建了精品标杆工程后，其在行业内和社会上的声誉和形象也会随之提升。这种良好的形象和声誉不仅可以增强企业的市场竞争力，还可以为企业带来更多的商业机会和合作伙伴。

7．推动可持续发展和环境保护

精品标杆工程注重环境保护和可持续发展。在施工过程中，它们通常采用环保材料和节能技术，减少对环境的污染和对资源的消耗。通过学习和效仿精品标杆工程，其他工程建设企业也会逐渐采用绿色施工技术和方法，推动行业的可持续发展和环境保护。这不仅可以提高企业的社会形象和市场竞争力，还符合国家和社会的发展方向和长远利益。

第2篇 工程建设企业创新创优实践

第7章 工程创优策划

7.1 工程创优策划的概念

建筑工程质量是指工程满足业主需要的，符合国家现行的有关法律、法规、技术标准、设计文件及合同规定的特性综合，具有适用性、耐久性、安全性、可靠性、经济性、与环境的协调性六大质量特性（表7-1）。

建筑工程质量特性及表现内容　　　　　表7-1

序号	特性	表现内容
1	适用性	即功能，是指工程满足使用目的的各种性能，包括理化性能、结构性能、使用性能、外观性能等
2	耐久性	即寿命，是指工程在规定的条件下，满足规定功能要求使用的年限，也就是工程竣工后的合理使用寿命周期
3	安全性	是指工程建成后在使用过程中保证结构安全、保证人身和环境免受危害的程度
4	可靠性	是指工程在规定的时间和规定的条件下完成规定功能的能力
5	经济性	是指工程从规划、勘察、设计、施工到整个产品使用寿命周期内的成本和消耗的费用
6	与环境的协调性	是指工程与其周围生态环境协调，与所在地区经济环境协调以及与周围已建工程相协调，以适应可持续发展的要求

工程创优是指根据设计文件、施工验收规范要求以及现场资源配置情况，工程质量在达到一次验收合格率100%的基础上，创建地、市、省级及以上优质工程，重点是国家级优质工程（国优、精品优质工程、詹天佑奖等）和省（部）级优质工程。工程创优质量目标达成需要以"精心组织、优质高效、科学管理、文明施工、确保安全、按期完工"为指导思想，依靠科技进步和科学管理手段，工作符合工程创优总体要求（表7-2），确保"开工必优、全面创优"。

工程创优总体要求　　　　　表7-2

序号	要求	序号	要求
1	领导重视、员工努力	5	过程精品、一次成优
2	业主支持、分包配合	6	资料完整、数据详细
3	设计优秀、施工样板	7	消除通病、科技应用
4	前期策划、目标管理		

工程创优策划是指在工程项目立项之初，对所需要开展的相关质量活动（如项目特色特点、难点重点、创优体系建立、质量亮点策划、科技创新与四新技术应用、过程控制措施等）提前进行构思和策划，以实现工程质量优良、管理高效、技术创新、环保节能等目标，通过科学的方法和手段进行系统策划、精心组织和全面管理，确保工程在设计、施工、验收等各个环节均达到优质、高效、环保的目的（表7-3）。

工程创优策划的目的   表7-3

序号	目的
1	提高工程项目的设计水平，确保设计方案符合技术标准和要求
2	优化施工流程，提高施工效率，减少施工时间和成本
3	引入先进的工程管理方法和技术，提高项目管理水平
4	提高工程项目的安全性和可靠性，降低事故发生的可能性
5	优化工程项目的运营管理，延长设备和设施的使用寿命

工程创优策划是整个创优工作的纲领性文件，其应具有全面性、指导性、可操作性等特点。其核心思想是以客户为中心，以质量为核心，以创新为动力，全面提升工程的综合效益和价值。工程创优策划是围绕工程项目所进行的创优目标策划、运行过程策划和确定相关资源等活动的过程，明确为达到创优目标采取相应的措施和必要的作业过程。具体内容包括：目标设定、组织管理、技术创新、质量控制、风险管理、持续改进等。其中，目标设定是整个策划的基础，需要结合工程实际情况和市场环境，明确创优的具体指标和实施重点。

目标设定：按照合同要求，克服困难，努力创造施工条件，确保满足合同目标要求，完成合同规定的全部工作。另外，当合同质量目标为"合格"时，企业可以根据工程建设的实际需求和市场环境，制定适宜可衡量的创优目标，如质量目标、安全目标、进度目标等。

组织管理：建立健全的组织管理体系，明确各级管理人员和专业技术人员的职责与权限，确保各项工作有序进行。

技术创新：针对项目特点及重难点，开展技术创新和研发；引入先进的设计理念、施工技术和设备材料，加强"四新技术"应用，提升工程建设的科技含量和创新能力。

质量控制：建立完善的质量控制体系，对工程建设的各个环节进行全面监督和检查，确保工程质量符合现行国家有关工程施工验收规范和标准的合格要求，以及合同、创优质量目标。

风险管理：识别和评估工程建设过程中可能出现的风险和问题，制定相应的预防和应对措施，降低潜在损失和影响。

持续改进：在工程建设过程中不断总结经验教训，优化管理流程和技术方案，推动工程建设持续改进和提升。

7.2　工程创优策划的目的

工程创优是一个复杂的系统工程，工程施工的实体质量水平和工作质量是过程控制的重中之重，也是精品优质工程的主要体现。创优策划的目的可以总结成以下几点：

1．提高工程质量

工程创优策划的首要目的是提高工程质量。通过制定严格的质量管理体系和施工方案，明确质量标准和检测方法，确保工程质量达到预期的标准。同时，工程创优策划还注重对施工过程中可能出现的问题进行预防和纠正，从而确保工程质量的稳定性和可靠性。

在竞争激烈的建筑市场中，质量是企业的生命线。通过实施工程创优策划，可以强化建设人员质量意识，完善质量管理体系，提高施工质量控制水平，确保交付的每一个工程项目都符合甚至超越预期标准。这样的质量承诺，不仅赢得了客户的信任和满意，更为企业建立了良好的口碑和品牌形象。

2．提升管理效率

工程创优策划通过优化项目管理流程和方法，提高企业的管理效率和管理水平。通过引入先进的管理理念和方法，建立健全的项目管理体系，明确各部门职责和协作流程，从而减少管理成本和资源浪费，提高管理效率和效果。

在工程建设过程中，每一个环节都离不开科学的策划、管理和高效的执行。通过实施创优策划，可以对项目管理流程进行全面的梳理和优化，去除冗余环节，减少资源浪费，实现管理的高效和精准。

3．促进技术创新

工程创优策划鼓励企业进行技术创新。在当今科技日新月异的时代，技术创新是企业持续发展的关键。通过实施工程创优策划，积极引进新技术、新工艺、新材料等措施，提高工程项目的科技含量和附加值，提高施工效率和质量。通过与科研机构合作，引入先进的技术和设备，推动技术创新和应用，从而增强企业的核心竞争力，为工程项目的优质高效实施提供技术保障。

4．实现可持续发展

工程创优策划注重在施工过程中实现可持续发展目标。通过采取环保措施和节能技术，减少对环境的影响和资源消耗。例如，采取绿色建筑材料和施工方法，降低能耗和水资源消耗；合理规划施工场地和资源利用，减少废弃物的产生和环境污染等。促进企业实现可持续发展目标，提高企业的社会责任和环保意识，实现经济、社会和环境效益的协调发展，为企业的长远发展奠定坚实的基础。

7.3 工程创优策划的分类

工程创优策划应是全方位的，需要落实到全过程管理中。策划可分为三个层次：

第一层次是总体的、概念性的，如建立项目的管理制度、管理体系、控制方案、预期目标及目标分解方案等；

第二层次的策划就是提出质量控制要点、重点、难点，并针对这些制定解决方法和措施；

第三层次的策划就是工程质量的亮点策划，这也是创优策划工作的重点和难点。工程创优策划整体可划分为工程创优总体策划、工程创优质量策划、工程施工安全文明策划、工程创优技术创新策划、工程创优技术资料策划、工程创优申报程序与申报资料的策划（表7-4）。

工程创优策划类型和内容 表7-4

序号	策划类型	策划内容
1	工程创优总体策划	明确创优目标，建立创优管理体系，组建创建团队，项目各责任主体、参建单位任务明确
2	工程创优质量策划	按照建筑工程的分部、分项划分，主要包括地基与基础施工创优策划、主体结构施工创优策划、装饰装修施工创优策划、屋面施工创优策划、机电安装（给水排水、通风与空调、建筑电气、智能建筑等）施工创优策划、室外施工创优策划等。 根据工程特点和设计内容，按照创建思路要求，在确保符合强制性条文要求前提下，注重对结构、装饰、安装等细部节点的策划，注重特色和创新点，以满足使用功能和保证质量为目的
3	工程施工安全文明策划	结合省、市级建筑施工安全生产标准化管理优良工地考评管理办法，施工过程做好安全管理、文明施工、脚手架、基坑工程、模板工程、高处作业、施工用电、物料提升机与施工升降机、塔式起重机与起重吊装、施工机具、党建工作各方面策划部署
4	工程创优技术创新策划	为实现工程创优总目标，提高公司创新能力、提升产品品质、加速科技成果转化，在施工过程中，根据工程施工与管理特点、难点，开展技术创新，分解确立QC、工法、专利、课题、BIM、新技术应用示范工程、绿色施工示范工程等子目标

续表

序号	策划类型	策划内容
5	工程创优技术资料策划	为加强建筑工程资料的规范化管理，提高工程资料管理水平，保证工程实体质量，确保工程创优目标的实现，根据《建筑工程施工质量验收统一标准》GB 50300、《建筑工程资料管理规程》JGJ/T 185等国家相关施工验收规范、标准，结合工程创优评审资料要求，明确各参建单位资料目录和要求，确保各项施工资料记录的完整、及时、准确
6	工程创优申报程序与申报资料的策划	工程创优评审过程中工程资料的检查往往更加细致入微，工程资料的前期策划工作往往对最终结果起着决定性作用。企业及项目部需指定专职人员按照工程创优文件所规定的工程资料要求，对工程资料进行整理，根据优质工程的现场检查要点，编制检查重点资料目录，提供给检查组专家，以方便现场的质量检查。相关的参与人员要经过统一培训、交底、责任划分，对相应工作流程、工作目标清晰

7.4 工程创优策划编制

7.4.1 工程基本概况编写

工程基本概况应包括项目基本情况和项目主要施工条件、工程主要做法等。

1．项目基本情况

（1）项目名称、性质、工程类别、工程地点和工程规模，工程规模涵盖占地面积、建筑面积、结构类型、层数（地上、地下）、建筑物高度、工程造价等信息；工程类别包括房屋建筑、工业建筑、市政公用建筑、交通工程、水利工程等；

（2）项目相关参建单位情况，如建设单位、设计单位、勘察单位、EPC工程总承包单位、施工单位、监理单位等；

（3）项目设计概况：建筑功能、基础类型、结构类型、装饰装修、机电安装、建筑节能、室外景观、钢结构等相关内容；

（4）工程计划开竣工日期；

（5）设计概况，如桩基、结构、建筑等各专业设计概况等；

（6）项目承包范围及主要分包工程范围；

（7）施工合同或招标文件对项目施工的重点要求；

（8）其他应说明的情况。

2．项目主要施工条件

（1）项目建设地点气象状况；

（2）项目施工区域地形和工程水文地质状况；

（3）项目施工区域地上、地下管线及相邻的地上、地下建（构）筑物情况；

（4）与项目施工有关的道路、河流等状况；

（5）当地建筑材料、设备供应和交通运输等服务能力状况；

（6）当地供电、供水、供热和通信能力状况；

（7）其他与施工有关的主要因素。

3．工程主要做法

各分部分项工程，如桩基、主体结构、防水、屋面、地面、设备、管道、电气、装饰装修、建筑节能、室外道路、景观绿化等工程的形式，以及施工方式、数量、基本数据、强度等级、几何尺寸等。

7.4.2 工程施工特点、难点及重点

工程的特、难、重点要求全方面识别并突出表述，这是对工程充分理解认识的过程，其特、重点能引起大家注意，难点不同于一般，为采用什么样的技术及管理措施作好铺垫。

1．工程特点

从工程设计情况及工程管理方面列出工程特点，如建筑使用功能、大直径桩基、多层地下室、特殊基础、超高建筑、建筑平立面设计新颖（奇特）、中空布局、超高悬空构件、新型（特殊）结构、超重超长构件、大跨度结构、重型钢结构、网架结构、预应力结构、劲性混凝土、特种混凝土、特殊节能保温、高级别人防、系统安装、四新技术应用等。从总包管理形式、工期、质量等方面论述工程的管理特点。

2．施工重点（也称关键点）

指影响质量和管理的关键分项工程、关键工序、关键管理要点等。如桩基工程、基础工程、主体工程、钢结构工程、精装修工程、屋面工程、幕墙工程、机电安装工程等。

3．工程难点

工程难点分为施工技术难点和工程管理难点两部分。

（1）施工技术难点

1）地质情况：如山丘坡地、河道溪沟、地下障碍物、承压水、厚层淤泥质土、桩基穿过硬壳层等。

2）周边环境：如闹市区、交通繁忙路段、高压电铁塔、加油站、易燃易爆品库、河道、军用设施、学校、医院、古建筑、文物保护等。

3）施工条件：如季节性施工、涉水工程、场地狭小、超长构件运输、技术力量欠缺等。

4)危险性较大分部分项工程:《危险性较大的分部分项工程安全管理规定》(住房城乡建设部令第37号)和《住房城乡建设部办公厅关于实施〈危险性较大的分部分项工程安全管理规定〉有关问题的通知》(建办质〔2018〕31号)规定的超过一定规模的危险性较大分部分项工程,如人工挖孔桩、深基坑工程、超高超跨超重模板支架、起重吊装、超限脚手架、超高幕墙工程等。

5)技术创新与应用

深度应用《建筑业10项新技术(2017版)》,如地基基础和地下空间工程技术、混凝土技术、模板及脚手架技术、钢结构技术、机电安装工程技术、绿色施工技术、防水技术、信息化应用技术等。

积极采用新技术、新工艺、新材料、新设备等四新技术,提高施工效率和工程质量,同时加强技术研发和创新能力建设。目前建筑信息模型(BIM)技术、绿色施工技术、智能建造技术、装配式建筑技术等新技术在工程建设行业中的应用越来越广泛,它们在提高工程质量和效率、降低成本和资源浪费方面发挥着重要作用。

①建筑信息模型(BIM)技术:BIM技术是一种应用于工程设计、建造、管理的数字化工具,用于表示建筑、基础设施和设备的物理和功能特性。通过BIM技术,可以实现建筑全生命周期的管理,提高设计、施工和运营的效率。

②绿色施工技术:绿色施工技术是指通过采取资源循环利用、优化施工技术、清洁生产和环境保护等一系列有效的措施,实现节能、节水、节材、环境保护和资源有效利用的技术,在施工过程中减少对环境的污染和资源的浪费。例如,在施工现场应合理利用水资源,采取节水措施,减少水资源的浪费;合理利用建筑材料,尽可能采用可再生资源和可回收材料;采取有效的措施减少施工噪声、尘土和废水的排放,控制施工过程中的能源消耗等。

③智能建造技术:智能建造技术是指通过运用现代科学技术,包括计算机技术、自动控制技术、通信技术等将建筑物的结构、系统、服务和管理等各个方面进行优化整合,实现建筑的智能化,为人民提供高效、舒适、安全的生活和工作环境。例如,采用智能照明、智能安防、智能环境监测等技术。

④装配式建筑技术:装配式建筑技术主要包括装配式混凝土结构、装配式木结构、装配式钢结构、装配式组合结构等类型,是指将建筑的部分或全部构件在工厂制作加工完成,然后运输到施工现场通过可靠的连接方式整体拼装而成。这种技术可以提高施工效率、减少现场作业量、降低能耗和减少环境污染。装配式建筑技术是一种非常有前景的建筑技术,未来将在工程建设领域发挥越来越重要的作用。

⑤新型建筑材料:随着科技的发展,越来越多的新型建筑材料被研发和应用。例如,高强度轻质材料、耐久性好的防水材料、节能环保的保温材料等。这些材料可以提高建筑的质量和寿命,并且能够满足各种复杂建筑结构的需求。

⑥施工监测技术：施工监测技术是指利用各种传感器和监测仪器，对施工过程中的结构状态、环境因素等进行实时监测和记录。通过施工监测技术，可以及时发现和处理施工中的问题，保障施工安全和质量。

⑦建筑机器人技术：通过运用自主导航技术、智能感知技术、施工过程控制技术、机器人技术、人机协作技术等，实现建筑的自动化和智能化施工。建筑机器人技术可以系统化提升安全、质量、效率等建造全过程综合效益，降低工程成本。随着机器人技术的不断发展，越来越多的机器人被应用于工程建设中。例如，智能随动式布料机、地面整平机器人、地面抹平机器人、地面抹光机器人、ALC墙板安装机器人、砂浆喷涂机器人、腻子涂敷机器人、腻子打磨机器人、无人驾驶的混凝土泵车等。

⑧5G通信技术：5G通信技术是指第五代移动通信技术，具有高速率、低时延和大连接数等特点。在工程建设中，5G通信技术可以用于远程控制、实时监测和数据传输等方面，提高施工的智能化水平和管理效率。

工程难点应与之后采用的创新技术相呼应（创新技术、科技成果、专利、工法、著作权等）。

（2）工程管理难点

从工期、总分包管理、总承包合同形式、高标准的质量等方面确定工程的管理难点，如工期紧、质量要求高、质量通病防治、成品保护、分包管理、配合机电安装管理、超大面积施工管理、绿色施工、垂直运输、城市繁华地段的材料设备进场、场地的流转等。

4. 总结施工管理重点

施工的重点和难点分析为创优策划的重要内容之一，应作为工程创优策划的重中之重，必须予以高度重视，并在后续阶段制定相应的专项施工方案或施工措施。明确关键性线路及施工重点，如桩基工程、基础工程、主体工程、钢结构工程、精装修工程、屋面工程、幕墙工程、机电安装工程等，与之后采取的管理措施相呼应。

7.4.3 创优目标管理

根据工程创优总目标，结合项目所在地相关要求，对工程质量、安全文明施工、技术创新等目标进行逐级分解，落实到整个项目施工过程中。

确定目标后应对总体质量目标进行逐步分解，并落实对应的完成责任人及完成时间。细分目标可包括创优计划创建、工程创优备案、工程结构评优、QC成果获奖、BIM应用成果获奖、安全标准化工地获奖、建筑业新技术应用示范工程、工程设计获奖、市级优质工程申报、省级优质工程申报、国家级优质工程申报等。必要情况下，可增加科技示范工程、绿色施工示范工程、BIM应用示范工程、观摩工地、专利、软著、著作、工法、论文等。

（1）工程总体质量目标：质量是企业的生命，也是工程项目不可忽视的重要因素。依据建设单位合同要求，结合工程的特点、设计要求以及企业综合能力等因素，通过工程项目管理和实施，打造精致、耐久、安全、环保、经济实用的工程，确保项目质量目标的实现。

（2）安全文明施工管理目标：施工现场严格按《建筑施工安全检查标准》JGJ 59和建筑工地文明施工标准进行布置和管理，高度重视工程安全，加强安全管理，开展安全技术和教育培训，确保项目的安全目标实现率达到100%，实现省、市级，甚至国家级建筑安全文明施工标准化工地的创建。

（3）建筑业绿色施工示范工程目标：绿色施工示范工程的目的是"在资源节约、环境保护、减少建筑垃圾排放、提高职业健康和安全水平等方面取得显著社会、环境与经济效益"，紧扣"节约资源，保护环境"的国家政策，实现"经济、社会、环境"三大效益。项目在实施过程中应坚持绿色建筑施工，充分考虑、兼顾自然资源、人类健康及社会利用，做到对使用者、对环境更清洁、更健康，并尽可能少得占用资源，达到省部级建筑业绿色施工示范工程要求，争创绿色施工科技示范工程。

（4）建筑业新技术应用示范工程目标：项目新技术应用，全面推广应用建筑业10项新技术和重点实施技术，采用信息化、电子化的手段，加强创新能力，提高管理水平，确保省部级建筑业新技术应用示范工程。

（5）技术创新目标及主要内容见表7-5。

技术创新目标及主要内容 表7-5

类别	主要内容
QC成果	通过研究新理念、新技术、新做法，开展QC小组活动，充分利用QC小组活动解决工程建设中的难题，有效提升工程施工质量和项目管理水平； 地、市级优质工程：确保荣获市级建筑工程QC小组活动成果； 省级优质工程：确保荣获市级建筑工程QC小组活动成果，省级工程建设质量管理小组活动成果不少于1项； 国优、鲁班奖等国家级优质工程：确保省级工程建设质量管理小组活动成果，全国工程建设质量管理小组活动成果不少于1项
工法成果	以工程为对象、工艺为核心，运用系统工程的原理，把先进技术和科学管理结合起来，形成综合配套的施工方法，形成省级工法； 省级及以上优质工程确保通过1项省级工法
专利成果	针对项目施工过程中遇到的复杂的施工难点开展研究，寻求解决施工难题的方法，并转化为实用新型专利、发明专利，形成对企业自主知识产权的保护； 地、市级优质工程：实用新型专利1~2项； 省级优质工程：实用新型专利至少2~3项； 国优、鲁班奖等国家级优质工程：实用新型专利3~4项，争取1项发明专利

续表

类别	主要内容
科研课题成果	贯彻工程项目的全过程寿命周期，分析施工过程中的重难点，开展课题研究，可独立研究，也可与各大院校、设计院等联合研究，形成省、市级课题成果；国优、鲁班奖等国家级优质工程：确保1~2项市级课题，争取省级课题
BIM成果	采用BIM技术，积极申报各类BIM应用成果奖项： 中国建设工程BIM大赛 工程建设行业BIM大赛 龙图杯BIM应用大赛 创新杯建筑信息模型（BIM）应用大赛

7.4.4 工程创优管理组织机构与职责

1. 创优管理组织机构

优质工程创建是一项系统工程的创优全过程，包含了各单项工程整体创优目标的实现，工程项目创优目标确定后，必须建立对应的创优管理体系，指挥和协调创建过程中各单位的创优工作，这个体系应区别于项目组织架构，主要围绕质量管理进行架构，包括工程创优管理委员会、技术策划小组、项目实施小组、资料准备小组、监督检查小组等。每个小组设置组长一名和组员若干，并需明确各自的职责，主要分为以下三个层次。

第一层次：成立创优管理委员会，是整个创优工作的领导层，组成人员涉及各参建单位的企业主要负责人，负责质量创优工作的整体策划及内外关系协调。因此组成人员宜涉及各单位的主要负责人，包含建设单位项目负责人、施工单位公司领导及部门的相关人员、EPC单位（若涉及）项目负责人、监理单位项目总监、主要分包单位项目负责人等（图7-1）。为确保体系的顺利运行，同时应制定各项质量管理制度，如质量责任制、质量技术交底制度、样板引路制度、实测实量制度等。

第二层次：成立企业创优领导小组，由企业最高职级领导担任小组组长职位，由企业技术负责人、技术中心、工程部、战略采购部、劳务部、财务部、BIM中心等相关职能部门组成（图7-2）。主要职责是按照工程的创优目标，制定创优规划并督促实施，对工程质量进行全过程、全方位的控制和管理。施工过程中组织邀请行业资深专家作为工程创优顾问，对工程进行指导。

第三层次：成立项目创优实施小组，下设创优管理小组、技术策划小组、施工执行小组、资料档案小组、质量监督小组、资源调度小组、采购管理小组、沟通协调小组、创优申报小组等（图7-3）。每个小组设置小组长一名和组员若干，并明确各自的职责。

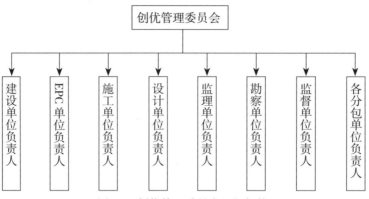

图7-1 创优管理委员会组织架构

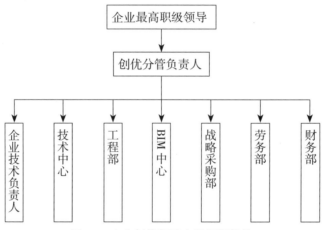

图7-2 企业创优领导小组组织架构

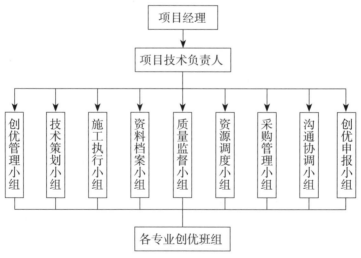

图7-3 项目创优实施小组组织架构

项目创优实施小组以项目经理为组长，协同建设、设计、监理等相关人员，负责落实和实施创优部署和要求，做好工程的实体质量和施工技术资料，搜集整理拟报奖的相关文件资料和影像。

2．创优小组的工作职责

（1）创优领导小组工作职责

创优领导小组需要具备丰富的项目管理经验和卓越的领导能力，能够处理各种复杂问题，并确保项目团队协同作战。由施工单位企业总工程师担任组长，项目经理担任副组长，小组成员由建设单位项目负责人、监理单位项目总监理工程师、EPC单位（若涉及）项目负责人、设计单位项目负责人以及其他各参建单位和专业分包单位的项目负责人组成。负责整个工程项目的统筹规划、决策和指挥，确保项目按照预定目标顺利推进。具体如下：

1）负责工程质量创优工作的总体策划工作；

2）确保工程创优工作所需要的人力、物力、财力等资源的配备，满足工程创优的需要；

3）对接上级有关单位以及地方主管部门，为工程项目的创优申报工作提供良好的社会环境；

4）密切关注工程创优进展情况，及时与上级部门或者地方主管部门进行联络，根据所了解的情况做出相应的决策；

5）对工程施工过程进行定期和不定期的检查，对于存在的质量问题，及时提出整改的要求；

6）负责组织迎接"优质工程"检查相关工作。

（2）技术策划小组工作职责

技术策划小组负责制定创优计划和实施方案，并确保工程项目达到预定的优质标准。具体如下：

1）负责编制项目的施工组织设计，明确工程的各项施工方法和质量标准；

2）负责项目技术相关创优策划的审批，落实四新技术在项目上的推广应用，负责项目科技示范、绿色施工、新技术应用示范工程等申报工作；

3）负责施工操作规程和专项技术方案的编制和审批；

4）组织项目开展创优工作经验总结，对在项目施工全过程中得到的经验进行全面的总结和推广；

5）负责工程竣工后创优整改过程的检查、指导与监督。

（3）创优实施小组工作职责

创优实施小组需要具备丰富的施工经验和技能，能够应对各种施工难题，并严格按照标准执行。负责按照设计方案和施工计划进行具体施工，确保工程按时按质完成。具体如下：

1）按照施工工艺标准、工程设计、施工组织设计的规定，遵照计划的分项工程质量要求，开展工程项目的施工；

2）负责跟踪及协调设计单位有关设计图纸交底、质量等问题处理事宜；对项目深化设计质量及进度进行管理和跟踪，协调处理现场施工与设计相关问题；

3）按照施工操作规程的要求，开展各个工序、检验批的施工作业，以过程精品确保工程精品；

4）组织开展QC小组活动，利用群众性的质量管理活动来促进工程施工质量的不断提高；

5）负责材料采购管理，确保材料的资料、质量、进度符合创优标准及项目施工进度要求；

6）负责现场施工进度、安全、文明施工管理，努力消除质量问题存在的根源，达到创优标准要求；

7）对于施工现场发生的质量问题，要及时进行整改，并制定纠正措施，防止再次发生；

8）按照策划书的要求，做好施工过程中各分阶段创优的申报工作。

（4）资料整理小组工作职责

1）负责编制、收集、整理工程施工过程的全部工程技术资料；

2）负责对收集的全部资料进行检查，确保准确性和完整性；

3）负责工程资料的组卷、编目及装订；

4）负责工程施工过程的影像资料的拍摄工作，确保工程项目施工各个主要阶段的影像资料齐全，并能正确反映工程的施工质量水平。

（5）质量监督小组职责

质量监督小组需要具备高度的责任心和严谨的工作态度，能够及时发现和解决质量问题，确保项目质量可靠。

主要职责：负责对项目实施过程中的质量进行全面监控，确保各项质量指标达标。

（6）资源调度小组职责

资源调度小组需要熟悉各种资源的特性和需求，能够科学地进行资源配置，提高资源利用效率。

主要职责：负责合理调配项目所需的人、财、物等资源，确保项目顺利进行。

（7）采购管理小组职责

采购管理小组需要具备丰富的采购经验和供应商管理能力，能够选择可靠的供应商，并保持良好的合作关系。

主要职责：负责项目的采购和供应商管理，确保供应商提供优质的产品和服务。

（8）沟通协调小组职责

沟通协调小组需要具备良好的沟通能力和协调能力，能够解决团队内部的矛盾和问题，促进团队协同作战。

主要职责：负责项目团队内部的沟通和协调工作，确保信息畅通，团队协作高效。

（9）创优申报小组职责

创优申报小组需要了解市级、省级、国家级等各类优质工程申报的流程和要求，具有工程创优申报、迎检等相关经验。

主要职责：根据各个创优目标，组织申报及迎检相关工作。

7.5 施工深化及技术交底

7.5.1 施工深化设计

1. 深化设计

"深化设计"是指在业主或设计顾问提供的蓝图的基础上，结合各专业图纸及施工现场实际情况，对图纸进行细化、补充和完善。深化设计后的图纸满足业主或设计顾问的技术要求，符合相关地域的设计规范和施工规范，并通过审查，图形合一，能够直接指导现场施工，确保最终效果更加美观合理。

工程创优施工深化设计秉持创新、优质、高效的设计理念，保持高效的设计原则（表7-6），致力于实现工程的高质量、高效率和高可靠性。

主要设计原则　　　　　　　　表7-6

原则	内容
功能性原则	以满足工程需求为首要目标，确保设计的实用性和有效性
安全性原则	确保施工过程安全，防范各类潜在风险，保障人员生命安全和财产安全
经济性原则	合理控制工程造价，优化资源配置，降低施工成本
环保性原则	关注环境保护，减少施工过程中的环境污染，合理利用资源
创新性原则	积极采用新技术、新工艺、新材料，提高施工效率和质量

要创好精品优质工程，必须高标准构思，高标准落实，深化设计、综合布局是必不可少的环节，它不仅包含安装各工种之间的关联，还包含安装与土建结构之间，安装与装饰之间所相互交叉的环节。经过精心布局设计的工程，可以做到：

（1）对于空间狭小的部位或穿梁过板等土建结构复杂之处，经过策划，可事先在结构施工时进行预控，从而避免在结构施工完成后，各种管线为避梁板，多出更改变向，形成管线施工困难，从而增加成本，交错碰撞，甚至破坏结构，造成工程永久缺陷，形成隐患[20]。

（2）工程观感的形成，装饰工程与安装工程之间的紧密配合，精心布局，将至关重要。策划得好，工程将给人以艺术享受。如果不经过布局策划，安装、装饰各自按自己的想法施工，尽管各自感觉良好，但组合在一起便不协调。

（3）就安装工程自身来讲，综合布局，可使用联合支吊架，特别是在地下室、走道上方、机房等各工种之间统一布置综合使用。这样不仅可使安装风格浑然一体、走向有序、层次清晰分明，还可节约空间。

（4）安装工程工种之间的综合布局，至少在地下室、机房、管线廊、设备层、走道上方、电井、管井等处形成综合布置图，并用不同颜色的线条，绘出各种管线，标明标高方位，确认其实施的可行性。

2．BIM施工深化设计

在施工图会审的基础上，结合所建立的BIM模型，对照施工设计图相互排查，若发现施工图纸所表述的设计意图与BIM模型不相符合，先重点检查BIM模型的搭建是否正确；在确保BIM模型完全按照施工设计图纸搭建的基础上，反查设计图纸是否有误。同时利用BIM软件出具的设计校核报告、碰撞检查报告、净空分析报告等成果文件，找出各个专业之间以及专业内部之间设计上发生冲突的构件，提出设计修改意见和建议。然后根据各专业图纸及施工现场情况，对图纸进行细化、补充和完善，使其满足设计单位的技术要求，符合行业设计规范和施工规范，并通过图审审核。深化后的设计图纸能够直接指导现场施工，确保最终效果美观合理。基于BIM的深化设计按照流程节点可以分为设计深化和现场深化，按照专业类型可以分为专业深化设计和综合深化设计。

（1）设计深化

设计深化工作主要是为了保持设计的合理性，工作内容一般包含碰撞检测、净高分析、管线综合排布等。

（2）现场深化

现场深化主要是为了施工图纸能结合施工现场实际情况进行深化，降低施工难度，保证施工方顺利施工。现场深化内容包含施工图细化、施工材料统计、施工预算等。

（3）专业深化设计

专业深化设计一般在建设单位提供的专业BIM模型上进行。深化内容一般包括土建结构深化设计、钢结构深化设计、幕墙深化设计、机电深化设计（暖通空调、给水排水、消防、强电、弱电等）、精装修深化设计、景观绿化深化设计等。

（4）综合深化设计

综合深化设计一般在建设单位提供的总体模型上进行，综合深化设计需要对各专业深化设计初步成果进行集成、协调、修订与校核，形成综合平面图、综合管线图，综合深化设计重点在于保持各专业图纸的协调一致。

（5）基于BIM技术的机电管线深化设计

利用BIM技术优化深化管线的布置及走向，避免交叉班组在项目建设周期中的碰撞，减少项目建设周期中出现的返工现象。同时基于技术将建筑、结构、机电等专业模型整合，再根据各专业要求及净高要求将综合模型导入相关软件进行碰撞检查、净高分析等（图7-4），根据碰撞及净高分析报告结果对管线进行调整、避让，对设备和管线进行综合布置，在实际工程开始前发现问题，调整施工组织技术指导文件及施工图纸。

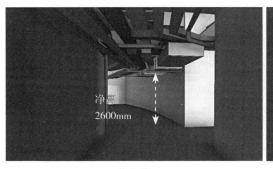
优化前

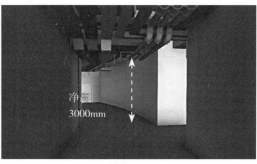
优化后

图7-4 基于BIM技术的管线优化前后对比图

基于BIM技术的机电管线深化主要流程包括：完善设计→机电系统校核、协助机电设备选型→绘制预留预埋图→绘制管线综合平面布置图、剖面图→节点设备复核计算→施工详图、设备基础图→吊顶表面器具、检修口布置图→专业施工图→竣工图（表7-7）。

基于BIM技术的机电管线深化设计内容　　　　表7-7

序号	项目	工作内容
1	完善设计	熟悉合同中的技术要求，整理设计资料和设计中存在的问题，及时和设计沟通。了解各个系统的设计意图和设计工程师的设计要求，补全和完善设计，及时报审
2	机电系统校核、协助机电设备选型	在深化设计时应首先进行系统风压、水压、电气容量等技术参数的校核计算，复核设备使用参数，以便配合业主和项目部进行设备选型和采购招标
3	绘制预留预埋图	根据机电管线走向、大小，确定穿越一次结构的孔洞位置、尺寸大小及标高，例如剪力墙、梁上的预留孔洞，楼板预留孔洞等，按进度计划要求提交给总包、业主、设计审核，并按经总包确认的预留预埋孔洞位置进行现场复核

续表

序号	项目	工作内容
4	绘制综合管线平面布置图、剖面图	工程的综合管线布置图由本单位完成,由机电各专业提供承包范围内的专业深化设计图后,进行综合管线的协调,并根据协调结果修改和完善承包范围内的机电各专业的施工图
5	节点设备复核计算	根据已确定的综合管线图的管线走向,再次复核机电设备的风压、水压、电气容量等技术参数,调整和定型各机电设备参数,确保设备采购的参数符合项目的实际要求
6	施工详图、设备基础图	主要为各类设备机房、局部平面管线密集区域、各类管井等。根据机房布置详图和定型的机电设备,绘制设备基础图,确保深化设计与选用的机电设备的安装尺寸相一致。由业主、总包和设计院确认后,交由土建施工
7	吊顶表面器具、检修口布置图	配合装修承包单位进行吊顶表面器具、检修口布置的综合协调。在保证符合相关设计规范的同时,做到吊顶布置合理、美观
8	专业施工图	根据已确认的综合管线图和吊顶表面器具、检修口布置图,调整机电专业施工图的末端器具和设备位置,完成专业施工图
9	竣工图	根据设备、管线、构件等的实际安装情况、位置、尺寸及标高绘制竣工图

7.5.2 施工组织设计、施工方案及技术交底

优质工程必须有相应的质量目标策划,相应的管理预控措施,强调施工组织设计的科学性和指导性,方案的针对性和实用性,技术交底的可行性和可操作性。同时要结合施工现场的具体管理和操作及工程实体的质量,检查是否按施工组织设计进行严格施工。

施工组织设计、方案和技术交底对工程的质量、进度和成本起着关键的作用。对于创优工程,其施工组织设计、方案和技术交底编制的好坏,直接影响着工人的操作、生产的组织以及成本费用的高低,影响着创优成功与否,因此编制好施工组织设计、施工方案和技术交底,对工程创优具有重要意义[21]。

(1)施工组织设计侧重决策,是一个工程的战略部署,是项目经理受企业法人的委托,为履行企业同业主签订的合同和对业主的承诺,依据合同、设计图纸以及各类规范、标准、规定和文件来编制,是对工程投标、签订承包合同和工程从施工准备到工程竣工验收全过程的综合性、纲领性文件。施工组织设计编制前由项目经理组织,项目全体人员在熟悉图纸和工程特点的基础上集体讨论,集思广益,最后由项目部总工组织相关人员,按照项目经理和全体项目管理人员的意愿编写。

(2)施工方案侧重实施,从项目管理层的角度出发,依据施工组织设计关于某一分项工程的施工方法而编制的具体的施工工艺,并对此分项工程的材料、机具、人

员、工艺进行详细部署，保证质量要求和安全文明施工要求。它应该具有可行性、针对性。

（3）技术交底侧重操作，从操作层的角度出发，是依据方案对操作工人的工艺交底，主要针对工序的操作和质量控制，技术交底应该具有可操作性，反映的是操作的细节。

（4）在工程实践中，传统的施工工艺展示多以"静态展示"为主，这一展示方式存在着一定的技术不足，难以全面反映施工工艺中的技术、质量管控要点，以及施工工艺逻辑顺序、穿插时机等核心要素[22]。通过BIM技术，进行三维可视化的展示，使得技术方案可以更直观地展示给人们，大大地提高了效率。让项目各方人员方便地协调项目方案，论证项目的可行性，及时排除风险隐患，减少由此产生的变更，从而缩短施工时间，降低由于设计协调造成的成本增加，提高施工现场生产效率。

7.6 工程质量特色及亮点策划

7.6.1 单位工程项目的策划要点

1. 地基与基础策划

地基与基础工程是结构质量的核心，不仅要保证工程在正常条件下的使用安全，还要保证其在特殊条件下的相应安全，确保建筑物的耐久性，保证合理使用寿命。严格按照设计要求和规范标准施工，杜绝出现地基基础引起的主体结构不均匀沉降、工程裂缝、倾斜及变形等，确保地基基础的安全可靠。

地基与基础处理施工，根据土质和设计的基础编制专项方案，施工中加强过程控制，保证桩基承载力，基础桩复合地基、打（压）桩、混凝土灌注桩等施工满足规范及强制性条文的规定，单桩承载力检验、桩身质量检测等检验的数量及方法必须满足规范及强制性条文要求。

当桩基工程由甲方分包，甚至总承包接手时桩基部分已经完成，应认真做好交接验收，对桩承载力、桩身质量、桩数、桩范围、桩位置、桩标高等进行测量和检测，符合设计和规范要求才可进行下一道工序。

2. 主体结构策划

主体结构的质量和稳定性直接关系到建造物的使用寿命和安全性。因此，制定一套科学合理的主体结构创优策划方案，对于确保建造工程的质量和安全至关重要；主体结构策划可以钢筋工程、模板工程、混凝土工程及砌体工程为主要分项开展（表7-8）。

主体结构策划主要内容 表7-8

序号	类别	主要策划内容
1	钢筋工程	（1）钢筋过密，要提前放样，如梁柱节点、剪力墙的门窗洞口等。 （2）悬挑构件的绑扎、钢筋接头的控制等。 （3）抗震结构的要求，如加强区、箍筋加密区、边跨柱头等。 （4）施工过程控制，从钢筋原材、加工、堆放、绑扎、大直径钢筋连接和钢筋保护层等方面重点要求，确保钢筋工程质量，以期达到工程总的质量目标。 （5）钢筋安装绑扎质量，钢筋的钢种、直径、外型、形状、尺寸、位置、排距、间距、根数、节点构造、锚固长度、搭接接头、绑扎以及保护层控制措施等，符合规范、规程、标准
2	模板工程	（1）模板尺寸准确，板面平整。 （2）具有足够的承载力、刚度和稳定性，能可靠地承受新浇筑混凝土的自重和侧压力，以及在施工中所产生的荷载。 （3）应尽可能扩大模板面积，减少拼缝等，进行模板的选型、设计、强度验算、细部处理、安装就位等施工策划
3	混凝土工程	（1）混凝土结构工程做到内坚外美，并保证梁、板、柱截面尺寸准确、节点方正。创建精品工程可提高允许偏差项目要求，并应从混凝土模板的选择、原材料、混凝土配制、运输、浇筑、振捣至结构工程脱模养护的全过程进行质量控制。 （2）整体结构混凝土密实整洁，面层平整，棱角整齐平直，梁柱节点、墙板交角、线、面顺直清晰，起拱线、面平顺；无蜂窝、麻面、掉皮、孔洞；无漏浆、跑模、涨模、错台、烂根、裂缝。施工缝结合严密平整、无夹杂物、无冷缝、无砂浆隔离层
4	砌体工程	砌体施工策划重点注意事项： （1）竖向灰缝不得出现透明缝、瞎缝和假缝。 （2）砌体水平缝的砂浆饱满度不得小于80%。 （3）砌体的转角处和交接处应同时砌筑，对不能同时砌筑而又必须留置的临时断处应砌成斜槎，斜槎水平投影长度不应小于高度的2/3。 （4）砖砌体组砌上、下错缝，内外搭砌，砖柱不得采用包心砌法。 （5）砖砌体的灰缝应横平竖直、厚薄均匀，水平灰缝厚度应为10mm±2mm。 （6）采用混凝土小型空心砌块材料，在地面踢脚板部位，用不低于C20的混凝土浇筑底墙。 （7）小砌块墙体应对孔错缝搭砌，搭接长度不应小于90mm。 （8）小砌块砌体水平灰缝内的钢筋居中置于灰缝中，水平灰缝厚度应大于钢筋直径4mm以上，砌体外露砂浆厚度不应小于15mm。 （9）设置在砌体灰缝内的钢筋，应采取防腐措施。 （10）填充墙砌体砌筑前，块材应提前2d浇水湿润。 （11）砌体工程每步架砌筑完毕后，间隔1d，再进行上部墙体施工。 （12）加气混凝土砌块、砌体的水平及竖向灰缝厚度分别为15mm和20mm。 （13）斜砖：填充墙砌至接近梁板底时，应留置约170mm，待填充墙砌筑完，间隔7d后，再用补砌（斜砌）墙体或用细石混凝土分两次嵌填密实。 （14）塞缝：墙顶与楼板或梁底留3～5cm，用木楔顶紧，7d后用C20膨胀细石混凝土分2次密实堵满填塞

3．建筑装饰装修策划

（1）吊顶策划

由于消防、空调与通风工程的施工图与装饰图分开，工程创优打造精品工程必须对吊顶进行二次深化设计。吊顶中各类终端设备口排列应整体规划，居中对称，间距均匀，有成行成线的观感效果，并且罩面板应交接严密。不吊顶顶棚在主体施工阶段就要做到预埋线盒成行成线。不吊顶顶棚在主体施工阶段就要做到预埋线盒成行成线。

当吊顶采用块材材料时，施工时应做到墙、地、顶面对缝。走道吊顶应奇数排版，确保喷淋头、灯具、烟管、风口居中成线排列；当材料规格限制不能做到奇数整块排版时，可采用吊顶两侧加条板处理，避免整板切割。吊顶与墙面接缝部位设凹槽连接，可有效解决接缝处裂缝现象；检修口采用成品材料，便于收口和成品保护。

（2）墙面策划

墙面不同材料交接处理措施、抹灰分层过厚处理措施、基层加强粘结措施、护角做法、风道及管道井内壁抹灰等，均应在方案中明确或者编制作业指导书。

墙面施工，阴阳角要方正、顺直，大面平整，不同平面施工防止交叉污染，保证界限分明，墙面线盒、插座、开关、箱体、检修口等布置需要在交底时明确，一些箱体为了美观和分色，可突出墙面3~5mm，一些难以到达部位和手工不易把握的部位，应制作专用器具施工，如捋角器。

保温管道应采用同材质的金属保护壳制作喇叭口，进行根部收口；穿墙及吊顶板处应采用装饰圈、防火板、铝塑板进行收口。

（3）地面策划

首先要认真把好各构造层施工质量，如回填土、垫层、填充层、隔离层等，做好基层处理。地面面层施工前要根据面层材料及地面设施（如地漏、地插等）绘制施工详图并进行弹线放样。对于块材地面，铺设前应对块材（面砖或石材）进行检查、挑选；对要求较高的石材地面还要在现场预排板块，尽量使花纹通顺、美观、协调。

镜面大理石（花岗石）的地面的色泽要做到均匀协调；无二次打磨，石材进行六面体防水处理和防碱背涂处理。玻化砖地面要控制空鼓，缝格要顺直，地下室车库的地面要注意防止出现空鼓、裂缝，卫生间地面要注意坡度合适，坡向正确，无积水，地漏布置合理，地漏口要做出规则的几何图形并按规定做出排水坡向，管道及地面设施周边套割严密、处理美观。

设计单位必须按工程建设强制性标准，在设计文件中标明无障碍设施的做法。任何单位和个人不得擅自更改或取消。残疾人坡道的坡度不应小于1∶12，坡道应采取防滑措施。

（4）踢脚线策划

踢脚线上口出墙厚度一致，根据不同建筑材料，采用不同的踢脚板，出墙厚度一般不超过踢脚线高度的1/10。

（5）楼梯、栏杆策划

粉刷楼梯踏步：阳角采用嵌铜条，齿角用掺胶粘剂的水泥浆，在踏步阳角将1.2mm厚铜条按45°角粘贴后，待水泥砂浆达到一定强度后，进行踏步面和踢脚面施工，相邻高差及同一踏步宽度偏差控制在5mm内；防滑凹槽可采用特制工具施工，确保凹槽周边顺直，深浅一致，槽内光滑；踢脚线上口可采用塑料条收边。

石材楼梯踏步：下料时踏步前端加厚1/4，圆内侧必须做到与侧板内面平齐，便于拆装维修，且端头组合构造观感较好。块材楼梯踢脚线、墙面粉刷时在踢脚线处不应进行粉刷和刮白，给块材施工留设厚度空间，确保块材踢脚线厚度符合上述要求。

护栏高度、栏杆间距、安装位置必须符合设计要求。护栏安装必须牢固。

栏杆要依据相关规定，选择合适的构造形式和产品，根据不同部位、临空高度和作用、栏杆底部构造，逐个确定满足要求的产品，形成文件，便于采购、施工和产品进场验收。

栏杆用玻璃应使用≥12mm钢化玻璃，当玻璃位于建筑高度5m以上时，应使用钢化夹层玻璃。低于规定要求的窗台，应采用护栏或窗下部设置相当于栏杆高度的固定窗作为防护，防护窗玻璃应采用夹层玻璃，厚度应符合相关标准规定。

栏杆连接细部处理，根据产品和规范要求，应提前研究确定施工工艺，特别是栏杆连接细部（自身和连接面）要求，如提前设置预埋构（配）件、留置安装点等，不是简单由施工人员随意安装，发现不妥再整改，施工时考虑与栏杆连接点处的墙面预留和处理。栏杆安装强度应符合设计和规范要求。

（6）卫生间策划

采用BIM建模预排，合理选择地砖、墙砖尺寸，确保卫生间的地砖、墙砖、吊顶全部对缝施工。

卫生洁具预留洞、电气开关、插座盒与排砖应结合弹线定位，确保地漏、洁具居中，电气开关、插座盒位置正确。

卫生间管道穿墙、楼板施工时，要确保套管居中，凸出楼板面高度一致，墙面平齐；保温管道应采用同材质的金属保护壳制作喇叭口，进行根部收口；穿墙及吊顶板处应采用装饰圈、防火板、铝塑板等进行收口。

（7）管道井策划

电井、管道井内做到暗处明做，不留死角，主体预埋施工前做好管线二次深化排列，确定管线位置。电井中弱电系统一般为行业自行后期布线，主体预埋时尽量预留过路线盒，设置在桥架和其箱体背后，确保装饰施工管线处于隐蔽位置。电、管井内待土建先进行粉刷、刮白施工后，再进行桥架、箱体、管道安装，避免出现施工死角和交叉污染。

4．屋面工程策划

屋面工程作为精品工程必须是亮点所在，注重对防水层的细部质量、防水效果、屋面整体排版策划、屋面砖的铺设、天沟、霹雷带（针）、四根（管根、女儿墙根、变形缝根、上人口根）、五口（排汽口、出气口、排水口、檐口、上人口）等的策划处理。

5．安装工程策划

安装工程管线复杂、纵横交叉，工程建设企业必须实施深化设计、布局合理。

给水排水各系统管道必须安装牢固、横平竖直，且坡度正确，成排安装，排列整齐，走向流畅，标识清晰、规范，现场抽查不应有跑冒滴漏现象。

电气设备及管线安装应精细，接地可靠；大厅、多功能厅、会议室、走廊等预先严格控制灯具、喷淋头、烟感探头位置，达到布置居中或对称协调，成排成线，美观细腻。

（1）给水排水、通风与空调工程

1）BIM管线综合优化及深化

设备安装前期应用BIM技术进行BIM管线综合优化及深化，即对设计院提供的图纸进行深化，完善综合布局，利用BIM技术全面策划，要达到：各路管道、风管、设备按工艺要求布置，同时保持与建筑物等距离，相对标高一致，成排成行，支架设置一致，接口固定统一，产品保护完美。对其他设备如电气桥架、配电柜、母线等无影响[23]。

2）动静设备安装

各类冷冻机组、给水排水泵容器等动静设备的安装：

一是要统一按工艺进行布置，与建筑物等距离，按规格同一直线，保持配管统一标高、支架统一标高。

二是按规范进行固定，保证可靠的连接，稳定性要好，如螺栓的垂直、露牙、垫铁高度、数量、间隙。

三是对有减振要求的设备，首先减振器需水平安装，并可靠地与基础固定；其次，动力设备减振补偿安装设置，应尽可能设在离动力设备较近的水平位置，应尽可能设在离动力设备较近的水平位置，并在补偿装置外设固定支架。

四是设置动力设备的位移措施，可直接在减振装置上与公用地座形成一体，也可在公用地座四周设限位装置。

3）伸缩补偿处理

对穿越结构伸缩缝的管道、风管，需要规范性补偿处理，尤其是要按结构伸缩的不同情况，采取对应的有效措施，确保功能完善、运行可靠。

一是管道穿越结构变形缝时，结构变形缝两边有墙时，应在墙体两边各设一个补偿装置，外侧各设固定支架。

二是管道穿越结构变形缝时，结构变形缝处无墙或单边墙时，在墙体任何一边设不少于一个补偿装置，外侧设固定支架。

三是风管穿越结构变形缝时，也应按管道穿越变形缝一样设置补偿和固定支架。

4）管道的连接及支架设置

①管道对接采用焊接的首先应考虑管材配管公差，即4mm以上均要设间隙，间隙需要按管壁厚选定，一般应是壁厚的1/2。同事要考虑管口的错边量，偏差值应是壁厚的0.2倍，最大不能超过2mm。

其次是控制焊接的成型，即焊接外型应均匀、饱满，不能低于母材（管道壁厚），无咬肉和飞溅物。

②管道对接采用沟槽型连接时，除按管径在规定距离设置支、吊架外，水平管的两侧，弯头两侧，三通、四通及异径连接管的接口处均应对称设支、吊架。支架距接头净距离不应小于150mm和大于300mm。支、吊架不得设置在沟槽的连接件上。

③管道连接的法兰、焊缝、阀门、仪表等应便于使用和检修，不得紧贴墙面、楼面和管架。

④管道支架不得设置在管道焊缝上，同时离法兰也应保持一段距离，管道上直接设置支架应先在本体上设保护板，不得利用法兰螺栓来吊挂和支撑其他设备。

⑤当建筑物是弧形时，管道等其他设备设置时均应加工制作成同曲率的弯管来进行敷设。

5）管道的外保温

①为确保保温的严密性，对需外保温的管道的支架应考虑：一是小口径（100mm以下）可设托架成双Ω形。二是大口径应设软木托架，这样就能使管道有效地起到保温和固定的作用。

②外保温的绝热层如橡塑施工时应放样落料，充分考虑与管道的紧密贴合，接口要选用胶水，不得用外胶带来替代。

③金属外壳保护应有效地咬变连接，纵缝应错开，不应有其他措施强行连接。

6）管道的标色

管道本体油漆标色和外保温标色都应按管道内介质来标定。管道本体可按介质标定色标来进行外涂料，外保温可按介质标定色标来作色环和流向标色。

7）卫生器具

洗脸盆的标高应符合规范，一般为800mm，其设置应牢固，同时应保持水平位置，还应做满水试验。

存水弯应与墙接口或地接口中心一致，同时应设置可靠的连接。其他卫生器具都应按其功能设置平整稳固，并与建筑物封闭，标高正确，接管中心一致。

8）消防箱

消防箱内各有关器具都应按其使用功能设置合理的位置。消火栓口应规定标高设置，即1100±5mm，单栓口应设置在门轴侧反向，皮带盘应设置在门轴侧。警铃应设置在消火栓口的上方，消防箱门应顺着疏散的方向开启，消防箱接入的消防管较近距离应设固定支架，消防箱门应有显著的标识。

9）通风管安装

风管的柔性短管应选用防腐、防潮、不透气、不易霉变或难燃阻燃性材料，长度应为150~300mm，与风管的同心度一致，不得扭曲。

风管穿越防火、防爆墙或墙板时，应设预埋管或防护管，其钢板厚度不应小于1.6mm，风管与套管之间采用不燃且对人体无危害的柔性材料封堵。

防火阀距墙表面不大于200mm，穿越墙体风管段应由2~3mm钢板制作。防火阀直径大于630mm时应设固定独立支、吊架，且不得妨碍手柄的操作。

水平悬吊的风管，当改变方向时或长度超过20m时，均应设置防晃动固定支架。

10）风机安装

悬吊式通风机机座与吊框架应使用隔振垫块或隔振器，并用螺栓固定，其吊杆与框架固定时应采用上下螺母锁定，并有防松装置。

室外顶层风机安装应设固定装置，非金属软接需选用金属瓣跨接，风机与风管的软接应同心一致，不得扭曲。同时要考虑金属设备的防雷接地。

（2）电气、智能、电梯工程

1）BIM管线综合优化及深化

利用BIM技术进行BIM管线综合优化及深化布置，使电气桥架、电管等设备与建筑物和其他设备成等距离设置，成排成行，强、弱电保持规定距离，支架统一，接地排同步于桥架柜，器具设置规范，配套成排，弧形一致，固定支架统一。灯具标高一致，直线度强，开关、插座统一标高。

2）防雷设施

建筑物顶部避雷带应与顶部外露设备连成一个整体的电气通路，各金属设备需可靠地与防雷干线连接，且与避雷引下线连接可靠。

顶部避雷带一般高度150mm，并设置在女儿墙中心；当女儿墙宽度大于300mm时，避雷带宜设置在距墙外侧150mm。

避雷带跨越变形缝时应设置补偿措施。

避雷带、接地线的焊接应采用搭接焊：如采用扁钢，搭接长度为其宽度的2倍，且至少3个棱边焊接；如采用圆钢，搭接长度应为其直径的6倍，且双面焊接。当选用钢管时，在其对接处应用同样材质的扁钢进行跨接，接口两边不少于2倍扁钢宽度进行焊接，且双面焊接。

3）配电柜、配电箱

配电柜与基础型钢地座应接触紧密、平整、无间隙，并有明显的可靠接地。

配电箱内导线连接紧密，配线整齐，无铰接现象，回路编号齐全，标识正确。垫圈下螺栓两侧导线接触面积相同，同一端子上导线连接不多于2根，防松垫圈等零件齐全，并应设置零线和保护地线或接零汇流排，零线和保护地线应进汇流排配出。金属门上有仪器设备的需将门与接地通过金属辫、螺栓有效地跨接。

4）金属电缆桥架

金属电缆桥架及其支架和引入或引出的金属电缆导管必须接地或接零可靠。

①封闭型镀锌金属桥架及其支架全长应不少于2处与接地或接零干线相连，金属支架应通过防松垫圈可靠地与金属桥架连成一体。金属桥架连接板处应设不少于2个有防松螺母或防松垫圈的连接固定螺栓。

②封闭型镀锌金属桥架的跨接需在接口的连接板两端跨接铜芯接地线，接地线截面积不应小于4mm²。

③梯节式镀锌金属桥架的支架接地：需顺着桥架走向在支架上敷设一根4mm×25mm的镀锌扁铁，选用大于8mm的镀锌螺栓加防松装置与每个支架可靠连接。该接地扁铁全长应不小于2处与接地或接零干线相连接。其他同步于镀锌金属桥架。

5）母线槽

母线槽应选用三相五线制，安装的位置应选择独立的环境，要避免与水管相近，并要有充分的通风条件。

母线槽本体除了按规定对三相五线的连接、接地的连接外，其支架应按负载等距离设置，一个单元不少于2个，分接口应设置防晃支架。支架与母线槽之间应设压板进行可靠连接，支架的接地应同步于梯节式的金属镀锌桥架，即沿母线槽全程用4mm×25mm镀锌扁铁设在支架上，并与支架可靠地连接，镀锌扁铁全长不少于2处与接地或接零干线相连接。

母线槽的接口均需用专用的金属辫来进行跨接。

在垂直穿越楼板时，应按工艺要求规范地设置弹簧支架，即要保证母线能随着结构伸缩自由松动。孔洞应用防火泥柔性材料封堵，严禁用水泥封堵。

6）灯具

当灯具距地面高度小于2.4m时，灯具的可接近裸露导体必须接地或接零可靠，并应有专用接地螺栓和标识。

大型花灯的固定和悬吊装置应按灯具重量的2倍做过载试验。

固定灯具带电部件的绝缘材料以及提供防触电保护的绝缘材料应采用阻燃材料。

游泳池和类似场所灯具等电位连接可靠，且有明显标识，其电源的专用漏电保护装置应全部检测合格。自电源引入灯具必须采用绝缘导管，严禁采用金属或有金属保护层的导管。

7）导线的连接

当采用多相供电时，同一建筑物、构筑物的电线绝缘层颜色选择应一致，即保护地线应是黄绿相间色，零线用浅蓝色；相线用：A相—黄色，B相—绿色，C相—红色。

单股铜芯线的连接宜采用阻燃型安全压接帽，压接帽的规格与导线截面积相匹配，并须采用配套的"三点抱压式"，多用压接钳压接。多股铜芯线连接时必须搪锡或压接，搪锡应均匀、饱满、光滑。

建筑物顶棚、装饰面板内严禁裸露导线。电线不得在线槽或导管内接头。

8）开关插座

开关的高度应距地面1.3m，并考虑便于操作的位置，如门框边0.15~0.2m，相同型号并列安装及同一室的开关高度一致。插座的标高应按场所的规定设置，同一室内插座安装高度应一致。

接线时色标应符合规定要求，即火线中一相，零线蓝色，接地线黄绿色，不能随意变动。开关接线应选五种色线以外的色线，如白色、咖啡色。

对于单相两孔插座，面对插座的右孔或上孔应与相线连接，左孔或下孔应与中性导体（N）连接；对于单相三孔插座，面对插座的右孔应与相线连接，左孔应与中性导体（N）连接。单相三孔、三相四孔及三相五孔插座的保护接地导体（PE）应接在上孔；插座的保护接地导体端子不得与中性导体端子连接；同一场所的三相插座，其接线的相序应一致。开关接线不能一孔进二线，不能串接。

6．智能建筑策划

（1）安装平稳牢固，便于操作维护，机架、配线、接地要符合规划；现场控制器箱、所有传感器实施规划安装。

（2）综合布线：线缆的布放，尤其是经过桥架、管线拐弯处，不紧贴底部、不悬空、不受牵引力等等，机柜内线要绑扎两侧埋线架，配线架要牢固，信息点位要标识清楚等等。

7．室外工程策划

（1）散水表面平整，坡向正确，无色差，砂浆面层无空鼓、起砂、裂缝；镶边及石材拼接严密，分格缝打胶平顺、深浅一致。

（2）室外台阶的踏步高度不应大于0.15m，踏步宽度不应小于0.30m；室外台阶踏步数不应少于3级，当高差不足3级时，应按照坡道设置，且采取防滑措施。

（3）人流密集的场所台阶高度超过0.70m且侧面临空时，应有防护设施。

（4）要求设计单位按工程强制性标准要求在设计文件中标明无障碍设施的具体做法，残疾人坡道的坡度不应小于1：12，坡道采取防滑措施。

7.6.2 工程质量特色及亮点策划

根据工程特点、重点、难点，有意识因势利导，制造一些令人耳目一新的亮点。

使人们看了后为之感动、心动。

工程质量特色及亮点争取做到：人无我有、人有我优、人优我精、人精我特。在科学性、趣味性、人性化、舒适性上下功夫，有些虽然是很小的改动和努力，但也能产生不一样的效果。工程质量策划可以事前进行，不排除过程中也可以随机发挥。工程的风格、质量特色要根据投资和设计而定（图7-5～图7-16）。

图7-5　屋面透气孔精致美观、成排成线

图7-6　屋面广场砖排版合理、面砖平整方正

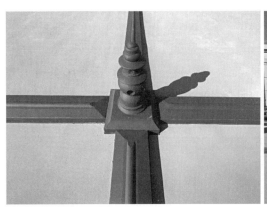 

图7-7　屋面透气孔、排汽口造型美观

图7-8 屋面管道设置天桥

图7-9 地砖、墙面砖对缝、成线

图7-10 石材排版合理,纹理细致,拼缝均匀

图7-11 吊顶灯具、烟感、设备等居中,成排成线

图7-12　楼梯踏步高度、深度一致,防滑槽设置合理

图7-13　管线复杂、纵横交叉、布局合理

图7-14　管道穿墙根部套管处理

图7-15　泵房设备安装牢固、排列整齐,标识清晰、规范

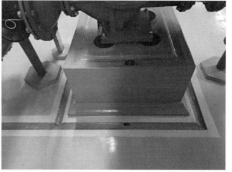

图7-16 设备基础安装牢固、四周设置排水沟、分色标识、排水顺畅

7.7 科技创新及新技术推广应用策划

7.7.1 科技创新

科技创新是指通过引进先进技术、吸收消化先进技术，并在此基础上加以改进或通过自主研发得到先进技术，以及将多种相关技术有机地融合集成形成新的技术，实施后取得好的经济效益，形成市场竞争力。

1．科技创新实施要求

（1）科技创新内容：

1）降低能源、用工、原材料以及低值易耗品的消耗，厉行节约，降低成本；

2）施工工艺的改进，生产效率的提高，工程质量的改善；

3）施工生产中急需解决的技术难题；

4）适用于施工生产中的新技术、新材料、新工艺、新设备；

5）施工设备和机具的改造；

6）管理方式和方法的改进；

7）质量通病的防治、安全隐患的排除、绿色施工创建、10项新技术的应用、项目重点难点攻关活动。

（2）企业和工程项目部从事技术创新工作的相关人员应当具备相当的专业知识，或者经过相应的专业技术培训，掌握相关的知识和技能，具有较丰富的工程实践经验。

（3）鼓励各级部门、项目部积极和科研机构、高等院校、设计院等产学研合作，开展建设项目科研课题的立项、实施、总结等工作；逐步培养独立开展建设项目科研课题研究的能力。

1）提高生产效率、保护环境、循环经济、降低能耗、提高产品质量的技术与产品的合作开发；

2）公司支柱产业，关键施工技术，新材料、新工艺的合作开发；

3）高技术含量、高附加值的施工材料产品、工艺的合作开发及其产业。

（4）工程创优应尽量开展QC小组活动，企业和项目部应根据工程特点进行施工工艺改进，择优选题开展QC小组活动，按照企业QC小组活动管理相关规定进行。

（5）工程施工中应优先采用《建设领域推广应用技术公告》中的技术与产品，不得使用《建设领域淘汰和限制使用技术公告》中的淘汰技术与产品。

（6）积极推广建筑业10项新技术的应用，有创优目标的工程宜申报新技术示范工程，应用新技术宜不少于7大项。国家级创优目标的工程必须申报省级及以上新技术示范工程。

（7）制定相应的奖励制度，对在技术创新工作中形成技术成果显著、做出突出贡献的部门和个人予以奖励。

2．创新成果立项申报

（1）根据公司发展规划，结合公司的特点、实际经营情况，有计划、有组织、有重点地对项目施工影响面大、作用明显、经济效益和社会效益明显的课题进行研究、开发和推广。

（2）企业根据自身管理情况组建企业技术创新管理组织。根据上级的计划安排，结合公司发展规划及公司安全、生产、经营等方面的需要，每年下达一次项目计划，实行创新成果立项管理。

（3）技术创新相关成果申报由项目所在部门（或项目部）人员提出立项申请，并填写相关技术创新活动的申报表，经项目技术负责人审查，企业技术主管部门负责人审核，企业技术负责人审批后，由企业技术主管部门向相应上级主管单位申报立项。

（4）经企业及上级主管单位审定并行文下达的立项项目，项目负责人要拟定项目实施方案，做到措施、人员、资金、设备、仪器等各项工作的落实到位，认真组织实施。工程部全过程跟踪监控，及时了解、掌握、督促、协调立项项目的实施，提出指导性建议，保证立项项目按期完成。

（5）QC成果申报标准：

1）QC成果分为国家级QC、省部级QC、市级QC、企业级QC成果。

2）项目部QC小组在开始QC活动前必须到企业相关部门进行QC小组及课题注册。

3）申报材料包括：《QC小组成果发表申请表》一份、《QC小组活动现场评审表》一份、《建筑工程QC小组备案汇总表》一份以及装订成册的QC成果书面资料一份，QC成果Word版本及汇报PPT电子文档一份（刻光盘）。

4）凡申报市级以上QC成果，必须经过相关单位的鉴定或评议。

（6）工法成果申报标准：

1）工法分为国家级工法、省部级工法、企业级工法；

2）工法申报材料包括：工法申报申请表、工法文本、技术鉴定（或评审）证书和效益证明等；工法申报材料必须齐全，打印装订成册；

3）企业级工法，可以企业规模，以年、季度或者月评审一次，申报项目部负责将工法材料装订成册报企业技术主管部门；省级工法一般每年评审一次，省级工法一般在此期间每月下旬进行申报；

4）凡申报公司级以上工法，必须经过相关部门的鉴定或评议，按照不同层次成果的具体规定和要求，出具完备的鉴定或评议材料。

（7）专利成果申报标准：

1）专利分为发明专利、实用型专利和外观设计专利；

2）申报材料：发明或实用型专利包括专利申请书、摘要、摘要附图、说明书、权利要求书、说明书附图；外观设计专利包括专利申请书、图片或照片以及对该外观设计的简要说明；

3）专利申报文件格式严格按照相关要求执行；

4）企业应即时组织开展专利申报，发明人负责将专利申报资料报企业技术主管部门或者研发部门审核，经企业技术负责人批准后上报国家知识产权局专利局。

（8）示范工程申报标准：

1）示范工程包括绿色施工科技示范工程、建筑节能示范工程、新技术应用示范工程、绿色施工示范工程等；

2）申报材料与申报时间根据每年上级主管部门的文件来执行；

3）申报材料应在规定时间内上报上级主管部门登记备案；

4）所有申报材料应有电子文档存档。

3．实施管理

（1）企业技术主管部门及项目部是企业技术创新的主体，负责相关范围内的技术创新工作的组织实施和目标落实。企业技术负责人应进行统筹管理，由具体分管技术创新专员负责推动，技术创新专员负责组织协调，落实相关工作任务到施工团队及个人，同时负责将相关创新课题审批备案。

（2）创新项目实行负责人责任制。实施负责人可以是项目技术负责人、项目负责人、企业技术负责人及企业相关技术人员，实施负责人必须从事项目相关专业的研究，并对完成项目负有直接责任。在不违反经费管理及财务规定的基础上，根据项目计划和实际进度，按经费包干使用的原则，有权自主使用研究经费，并自觉接受监督。

（3）在立项的项目完成后，根据创新成果难易程度及研究对象规模，确定成果评议材料及报告提交时间，由企业技术主管部门汇总审核后报有关单位，申请组织评议和验收。

（4）实施负责人应保存有关文件和技术资料档案，在项目完成后，装订成册，企业技术主管部门应建立技术创新管理档案。

（5）为保证技术创新项目的顺利完成，实施负责人必须认真配合，汇报真实进展情况、经费使用情况。项目实施过程中，每一研究项目每年至少就开展的研究工作上报阶段性技术总结。

（6）创新项目要严格按计划执行，不得随意变更或终止，确需变更或终止的，应由实施负责人提交书面报告，企业技术主管部门负责人签署意见，企业技术负责人批准后，项目才可变更或终止。

4．成果总结

（1）开展技术创新活动的项目部应在项目结束后就开展的工作进行成果总结，对活动执行中存在的问题及时向企业技术负责人汇报；

（2）企业技术负责人对各项目反映的问题进行汇总，及时组织有关专家对执行的情况进行检查和评估，并根据创新项目的执行情况进行调整；

（3）每一项技术创新活动开展时，所属项目部应编写总结报告，并符合下列规定：

1）项目立项的背景，包括项目实施的原因（来源）、项目技术（管理）发展形势分析、立项的意义及重要性等；

2）项目实施情况概述，包括项目总体目标、项目实施思路、项目实施目标完成情况、项目组成员完成工作情况逐一介绍；

3）项目成果及阶段成果提炼完成情况，包括项目实施总成果及阶段成果、技术方案及原理、阶段成果的分别描述总结、成果运用情况介绍、技术（管理）成果的最终固化结论；

4）关键技术的科学性、先进性和创新性分析，包括项目特色及解决的关键技术及内容、取得的专利（尤其是发明专利）及知识产权分析、项目涉及的技术改造、技术引进及外部合作、项目技术水平与国内外的对比评价；

5）项目实施效益分析；

6）项目资金筹措与经费管理情况；

7）存在问题与建议；

8）其他有关附件，包括项目查询报告、产品检测报告、项目实施所获得的知识产权及技术成果证明、项目实施效果判定文件、技术（管理）水平判定文件。

5．成果的验收和鉴定

（1）企业技术主管部门会对公司范围内的技术创新成果进行验收和鉴定；申请市以上鉴定的技术创新成果由项目部提出申请，经企业技术主管部门审核通过后上报鉴定主管单位，按照国家有关程序组织鉴定。

（2）企业技术主管部门对技术创新成果的验收采用会议验收和现场验收两种方式。

1）会议验收是指由企业组织有关方面的专家组成验收委员会，通过会议的形式对技术创新活动的相关资料进行审查。

2）现场验收是指由企业组织有关方面的专家组成验收委员会，按照上级主管部门的验收标准和方法对现场进行测试、验收，并做出结论。

（3）通过查询报告和有关技术机构权威鉴定具有开拓性意义的，可以由企业技术主管部门协助申报各种等级的专利鉴定和技术进步奖项。

7.7.2 工程项目新技术推广应用方法

新技术推广应用要围绕工程总体目标，以解决实际问题为切入点，以技术创效为导向，深入分析工程的难点、重点、关键点，积极采用住房和城乡建设部重点推广的《建筑业10项新技术（2017版）》、建设领域百项重点推广项目以及企业先进成熟技术，并努力开展技术创新，形成自有新技术成果。《建筑业10项新技术（2017版）》，共覆盖10个大项，107个小项，具体包括"地基基础与地下空间工程技术""钢筋与混凝土技术""模板脚手架技术""装配式混凝土结构技术""钢结构技术""机电安装工程技术""绿色施工技术""防水技术与围护结构节能""抗震、加固与监测技术""信息化技术"。

1．项目部新技术推广应用责任分工

项目部应组织进行工程新技术推广应用的策划、立项、方案制定、过程实施、资料收集整理、成果总结和验收等管理工作。项目负责人应负责项目新技术推广、应用、策划的组织工作，并保障新技术推广应用所需资源的投入。项目技术负责人负责新技术推广应用的全面管理，主持新技术推广应用方案的研讨、编制、论证、技术研发、试验、应用评价和总结等。项目管理人员包括土建、机电、装修等参与《建筑业10项新技术（2017版）》工作的各类人员，在项目技术负责人的领导下完成新技术推广应用的实施、检测、记录、总结等工作。

2．新技术推广应用工作流程

新技术推广应用工作主要分为立项策划与申报、过程实施、总结与验收三个阶段。

（1）立项策划与申报

1）项目经理部在工程开工后进行新技术推广应用立项。申报新技术应用示范工程，应在基础工程完成前进行申报。

2）项目负责人负责组织新技术推广应用；项目技术负责人负责编写新技术推广应用方案，并上报企业管理部门审批、备案。

3）项目经理部成立新技术推广应用小组，成员应包括技术、质量、生产、预算、物资等部门和相关专业分包技术人员，并根据新技术应用情况进行分工，明确工作目标、内容和职责等。

4）新技术推广应用方案要有针对性和可操作性。要围绕工程总体目标，进行全面分析论证，明确工作目的和标准。要以解决工程实际难题为抓手，以提高技术水平，增强项目技术创效能力，总结、传承先进技术为落脚点，申报条件应符合各地方具体要求，以下以浙江省为例（表7-9）。

新技术应用示范工程的申报条件　　　　　　　　表7-9

序号	申报级别	申报条件
1	市级新技术应用示范工程	应符合各地区相关规定条件要求
		一般应为新开工工程、建设规模大、技术复杂、质量标准要求高、社会影响大的房屋建筑工程、市政基础设施工程、铁路、交通、水利等土木工程和工业建设项目
		一般宜应用八项（含）以上住房和城乡建设部推广的"建筑业10项新技术"。单项示范工程必须是某一项（子项）新技术应用水平突出的
		有切实可行的创建计划和创建目标
		规定年限内完成申报的全部新技术内容的
		应用新技术可取得显著的经济效益和社会效益的
2	省级新技术应用示范工程	应符合各地区相关规定条件要求
		应具有一定的工程规模
		一般采用住房和城乡建设部"建筑业10项新技术"数量不少于八大项，且工程中应用的新技术、新产品、新设备和新工艺的使用率达到可使用部分的90%以上

5）新技术推广应用方案主要包括：
①工程简介；
②工程难点与重点；
③新技术应用与创新计划；
④成果和效益目标；
⑤工作部署与实施方法。

6）新技术应用示范工程申报工作要点：

①申报新技术应用示范工程应填报《建筑业新技术应用示范工程申报书》，经企业审查后，报上级行政主管部门审批、立项。申报书由项目概况，拟应用新技术名称、应用部位、数量，拟组织技术攻关和创新项目及内容，工程计划进度及采取措施（进度计划），预计经济效益和社会效益以及各单位申报意见组成。

②立项材料中施工组织设计方案应包含新技术应用示范工程创建方案（包括工程概况、新技术来源、实施措施、风险分析等），施工组织方案（新技术应用部分），技术、经济、社会与环境效益分析，施工许可证复印件等内容。

（2）过程实施

新技术应用示范工程实施过程采取有效措施，认真落实新技术应用示范工程实施要点（表7-10），强化管理。

新技术应用示范工程实施要点　　　　　　表7-10

序号	实施要点	具体内容
1	策划方案	列入计划的示范工程必须切实可行地创建计划和创建目标，落实项目责任人和技术总负责人，并有详细的实施细则
2	培训与交底	企业对参加示范工程实施的项目技术人员和操作人员有计划地进行培训。针对示范工程目标、示范方案、技术要点进行交底
3	技术支持	对示范工程进行全面技术指导，制定切实可行的控制程序，并跟踪检查，及时解决新技术应用中遇到的问题。对关键技术的推广应用，应结合工程特点，组织技术攻关和创新
4	日常巡检	工程部对示范工程的实施质量、安全等进行跟踪检查
5	措施到位	示范工程在组织上进行周密安排，对人力、资金、设备进行合理调配，确保顺利实施
6	实施控制	加强劳务作业层施工队伍的施工管理，加大落实力度，措施到位，强化劳务作业层的施工操作技艺，确保技术到位、精细作业
7	实施记录	示范工程加强资料收集管理工作，对实施过程进行跟踪记录，及时收集新技术应用中的文字、照片、录像记载，并编号归类存档，保证资料完整、过程可追溯

单项新技术推广应用过程管理重点：

①单项新技术实施流程：

方案编制与优化→方案审批→样板制作→性能测试→批量应用→过程检测→改进提高→总结验收→技术经济性分析→综合测评。

②实施要点：

a. 在实施每项新技术之前，应编制新技术推广应用方案。由分包单位施工的推广技术，方案由分包单位编写，由项目技术负责人进行审批；对于具有较大风险的项目方案，应组织专家对方案进行论证，论证后的方案方可进行推广应用。

b. 对在推广应用之前需要进行试验的项目，要根据方案进行施工前的技术试验，根据试验结果对方案进行调整，调整后的方案经项目技术负责人审批后方可进行推广应用。

c. 新材料的应用：在进场时根据规定要进行材料性能的抽检，合格后才能准许应用于工程中。对于不合格产品应进行更换，并做好记录。

d. 在单项技术推广应用过程中要进行过程检查，根据规定，需要进行分批抽检的项目应按要求进行分批检查验收，每道工序衔接都要有检查记录。

e. 单项新技术完成后，要留有完整的过程管理和验收资料。

f. 单项新技术完成后，由项目负责人组织相关人员对推广的项目进行技术经济性分析，并进行应用评价，及时进行成果总结。如应用中超出经济计划范围，必须对方案进行分析，查找原因，为下一个工程提供改进依据。

③影像资料留存

影像资料能最直观地体现新技术应用示范工程的实施情况，同时是新技术示范工程验收资料的重要组成部分之一，各示范项目必须重视工程影像资料的收集及内容整理（表7-11）。

影像资料内容　　　　　　　　　　表7-11

序号	资料内容	举例
1	各项新技术应用涉及的原材料进场、进场验收、材料堆放等照片	钢筋、混凝土、预制构件、铝合金门窗等
2	施工现场材料加工的机械、加工过程、构件成品或半成品照片	直螺纹钢筋机械加工、套筒加工、绿色施工设备装置等
3	能反映新技术应用的各个施工关键节点情况的照片	钢筋连接、混凝土养护、支模架搭设、装配式吊装、扬尘控制、深基坑监测等
4	各项新技术应用实施后形成的效果照片（现场实体照片）	钢筋底板、预制构件、支模架、种植屋面等
留存的工程照片像素清晰，内容真实、有效		

④检测报告

检测报告能体现各项新技术应用实施效果，也是新技术示范工程验收资料的重要组成部分之一。

a. 材料、设备合格证，混凝土配合比单等；

b. 原材料的进场复试报告，过程试验报告，成果检测报告，如钢筋进场复试报告、直螺纹机械连接检测报告、混凝土抗渗试验报告等。

（3）总结与验收

1）新技术应用示范工程总结主要包括应用新技术综合报告、单项新技术应用工作总结和效益分析三部分内容。

①应用新技术综合报告应扼要叙述应用新技术内容，综合分析推广应用新技术的成效、体会。

②单项新技术应用总结主要反映每项新技术在分项工程中的应用状况，关键技术

的施工方法及创新点，保证质量的措施，直接经济效益和社会效益。

③效益分析可包括相关单位出具的社会效益证明及可计算的经济效益证明，以及通过示范工程总结出的技术规程、工法、专利、QC成果等技术文件。

2）工作总结分三种类型：一是结合项目实施特点的常规性应用总结，可作为工程项目经理部或二级单位层面的经验积累；二是经查证具有创新性的成果总结，能够形成论文、工法、专利等，为申报奖项作准备；三是为通过示范工程验收进行的综合总结。

新技术推广应用工作应根据推广应用方案中的内容有针对性地进行总结。总结资料主要包括：新技术应用总结、课题研究与应用总结、工法应用总结、科技创效总结等。

新技术应用示范工程总结要在新技术推广应用的基础上，加强创新性技术、工法开发、专利申报和论文发表等方面资料的总结。同时，应加强技术应用专有化与产权保护，包括基础应用的研究过程资料、技术鉴定资料、阶段试验报告和最终报告等资料，均应整理归档，对形成的专有技术及时申报并加以保护。

3）新技术应用示范工程验收资料应包括以下5项内容：

①新技术应用示范工程申报书；

②建筑业10项新技术示范工程验收申请表；

③综合工作报告；

④单项技术总结；

⑤附件。

4）新技术应用示范工程验收"综合工作报告"，内容应主要包括如下方面。

①工程概况

a. 工程简介

工程的整体情况，包括工程地点、结构形式、建筑类型、建筑面积、建筑高度、建设单位、监理单位、施工单位开竣工日期等；建筑设计概况（可列表描述）；结构设计概况（可列表描述）；专业设计概况（可列表描述）；主要部位图纸（平、立、剖）。

b. 工程管理目标

工期目标、创优创奖目标、安全施工目标等。

c. 工程的技术特点与难点

施工环境和施工周期的特点、技术难点、施工组织难点等。

d. 新技术应用示范工程的组织运行机制

组织机构、推广应用管理流程、组织保障措施等。

②创优工作总结

主要分5个方面：创优计划、质量控制措施、质量保证体系、现场质量管理、质量效果。

③科技、节能、环保示范工作总结

a．10项新技术应用总结

重点对应用《建筑业10项新技术（2017版）》、建设领域百项重点推广项目、创新技术等实施情况进行简要介绍，并填写《建筑业10项新技术（2017版）》推广应用表、建设领域百项重点推广项目应用情况表、创新技术应用表等。

b．节能技术总结

重点从保温、隔热，提高供暖、通风、空调设备系统的能效比，增进照明设备效率等"四节一环保"方面进行施工技术应用情况的总结。

c．环保总结

重点从绿色施工技术和建筑垃圾的消纳和处理等方面进行总结。

④综合效益分析

重点从对工程产生的良好影响，形成的直接经济效益、间接经济效益、社会效益等方面进行分析。

⑤新技术应用示范工程体会

重点从对人才培养、技术提升、促进工程目标实现、形成的知识产权情况等方面进行总结。

5）新技术应用示范工程"单项技术总结"，要重点突出，主要对工程项目在推广应用《建筑业10项新技术（2017版）》中有所改进的技术、推广量有所突破的技术、有显著效益的技术、形成的创新技术、形成工法的技术等进行总结。此外，应编制1~2项工法。

6）新技术应用示范工程"附件"主要为证明性文件，包含的主要内容为：

①质量验收文件；

②节能验收、检测证明；

③查询报告；

④用户意见；

⑤绿色施工证明文件；

⑥质量管理获奖证明；

⑦编制工法。

7.7.3 新技术应用示范项目创建

优质工程是建筑艺术的完美体现，不但在设计上要合理、先进、完美，在施工中，也必须体现高科技含量。

1．立项申报

项目正式开工前，制定项目新技术应用示范工程创建目标，报企业技术负责人审批后下发项目部贯彻实施，并第一时间对项目部开展新技术应用示范工程实施交底。

2．实施管理

（1）开展新技术应用技术交底。项目负责人应对所实施的项目加强领导与协调，严格管理，根据工程实际对示范工程实施策划，进一步完成并认真组织实施。

（2）企业建立示范工程定期检查制度，至少每季度进行一次检查，加强过程管理。企业根据工程进展情况，对示范工程进行不定期的检查。

（3）项目部及时对推广应用的新技术进行总结，指派专人负责过程资料收集、整理，并对相关技术的知识产权加以保护。

3．验收评审

（1）项目部应注意日常的资料积累，技术总结要坚持及时、准确、源于项目、高于项目的原则，且应与项目实际紧密结合并加以提炼。

（2）项目部在完成竣工备案后填写《建筑业新技术应用示范工程验收申请书》，并依据《建筑业新技术应用示范工程实施指南》完成新技术应用示范工程验收资料整理。

项目技术负责人和项目负责人应对示范工程验收资料进行审查，并报企业技术管理部门审核、企业技术负责人审批后，报送省市主管单位。

（3）示范工程验收工作分两个阶段进行，包括资料审查和现场查验。执行项目采用PPT形式对新技术应用进行汇报，验收专家根据验收资料情况，实事求是地提出验收意见。

（4）示范工程验收主要内容：

1）提供评审的资料是否齐全；

2）是否完成了申报书提出的应用新技术内容；

3）工程建设企业应用新技术中有无创新内容、工法、QC成果；

4）应用新技术后对工程质量、安全、工期、效益的影响；

5）现场演示发布效果（内容齐全、思路清晰、口齿伶俐等）。

（5）对通过验收的示范工程，应及时汇总专家组提出的整改意见，执行项目应逐条修改，企业技术管理部门审核、企业技术负责人审批后，报上级主管部门。

（6）对未通过验收的示范工程，执行项目应根据专家组提出的主要问题和改进意见限期整改，并进行总结提升。

7.7.4　BIM技术应用

企业BIM技术应用应有统筹策划，进行阶段性发展，从重点示范项目向所有在建项目普及，并逐步实现BIM全生命周期应用，实现BIM技术从设计、施工到运维的"项目全生命周期"的有效动态数字化、信息化管理。加快落实推进BIM数字化深度转型，不断加强工程数字化与信息化深入实践应用与探索研究，三年规划期内初步形成一套匹配BIM图审要求的BIM数字化工程成本预、结算应用全流程标准体系，构建完成基于BIM数字化技术的企业成本大数据库，实现与ERP信息化系统互联互通等目标规划。

1. BIM数据交互标准

BIM技术执行标准体系是建立标准的BIM语义和信息交互的规则，是建筑数字化全生命周期的信息资源共享的基础，也为各专业协作提供了有力保证，主要包括建模制图、设计、施工应用、平台应用、交付标准等。模型创建、管理、应用应建立统一标准（表7-12），各专业分别建立、维护自己的专业模型，专业间通过中心共享链接协同。

模型创建、管理、应用统一标准　　　　　表7-12

序号	标准内容
1	统一、集中协同工作地点，协同工作流程化
2	确定BIM模型分类原则、各阶段的建模范围和详细程度
3	以基础建模软件为中心配套相应的软硬件环境
4	统一BIM模型的模型命名、类型命名、构件命名等规则
5	统一BIM模型文件轴网与基准定位
6	统一项目样板及相关参数的设定
7	统一的规范化、数字化编码建模系统
8	规范二维出图与三维表达方式，平面表达方式尽量沿用现有规范
9	数据文件的唯一化管理
10	统一的应用共享参数、项目参数
11	参数化族库的建立和共享
12	项目模型文件格式的传递及储存

2. 主要软件配置

BIM核心软件大致包括核心建模软件、BIM方案设计软件、几何造型软件、BIM结构分析软件、BIM机电分析软件、BIM可视化软件、BIM模型检查软件、BIM深化设计软件、BIM模型综合碰撞检查软件、BIM造价管理软件、BIM运营管理软件、BIM可持续（绿色）分析软件12个大类。项目团队应根据项目的具体特性和需要配置相应的BIM软件体系（表7-13）。

部分软件配置及功能说明　　　　　　表7-13

序号	BIM软件名称	软件类型	主要功能应用
1	Autodesk Revit Architecture & MEP	基础三维实体建模软件	自由形状几何建模与分析，从单一基础数据库提供所有明细表、图纸、二维视图与三维视图
2	DynaMo for Revit	几何造型软件	基于Revit参数化设计的开源的三维可视化编程软件
3	Autodesk Navisworks	BIM模型综合冲突检查软件	轻量化整合集成多种格式的三维设计模型，并进行碰撞、4D模拟分析
4	LuMion	BIM模型渲染软件	用于3D可视化场景创建和图像、视频渲染
5	3D Studio Max	BIM模型渲染软件	拥有强大的绘图、纹理和建模工具集与工作流，以及渲染和仿真功能
6	PKPM/YJK	BIM结构分析软件	国内结构计算模型建模、设计数据输入、计算与分析、校核计算、深化出图
7	Tekla&Xsteel	BIM模型深化设计软件	创建钢结构三维模型以后自动生成钢结构详图和各种报表
8	品茗、广联达系列软件	BIM造价管理、BIM5D施工管理软件	国内BIM的造价及施工管理平台，集成全专业模型，并以集成模型为载体，协助工程人员实现进度、成本管控，以及质量安全问题的系统管理
9	Autodesk BIM 360 Glue、广联达协筑平台	BIM协同设计软件	所有项目成员都可以通过桌面终端、移动设备和网络界面查看项目信息，实现云端存储与控权，随时随地浏览和协作，提供所需的即时信息
10	Facility Management	BIM运营管理软件	对建筑空间、设施设备资产提供运维管理的信息化，包括设备主数据管理、组织及人员管理、知识库管理、空间基础信息管理、供应商信息管理、设备管理、计划工单管理等

3．BIM数据交互模式

BIM基础建模软件常用的有Revit系列、Micro-Station平台、ArchiCAD、SolidWorks和CATIA。建立以基础建模软件为项目数据基础，构建数据自由共享和协同交互网络图（图7-17）。

4．工程建设过程BIM技术应用

BIM在项目中应用十分广泛，主要包括场地仿真模拟、三维地质模拟、空间管理、设计方案比选、人车动线模拟、建筑策划、协同设计、可视化设计、碰撞检测、工程量统计、管线综合优化、节点深化、设计及深化模型出图、施工进度及方案模拟、施工工艺模拟、三维可视化交底、构件库及二维码应用等。

（1）BIM图纸会审

工程建设企业必须按照工程设计图纸和施工技术标准施工，在施工过程中发现设计

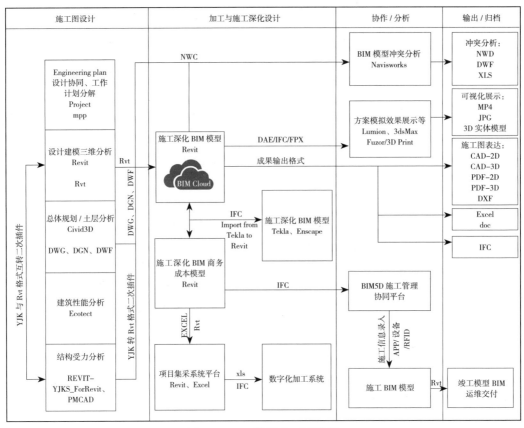

图7-17 BIM数据交互网络图

文件和图纸有差错的，应当及时提出意见和建议；图纸的质量对于工程的顺利建设至关重要。以往的图纸会审都是技术负责人组织各专业负责人分别审查图纸上存在的问题，但是这些查漏补缺的过程往往受到各专业负责人知识储备的影响，经验和细心程度决定着图纸审查的深度，更别说各个专业之间的协调，基本很难审核出碰撞，这就为后期的施工带来了返工的隐患，而施工图会审的深度和全面性将在一定程度上影响工程施工的质量、进度、成本、安全和工程难易程度。通过创建BIM模型找出建筑物尺寸上的偏差，而且能够将建筑、结构、机电、装饰装修等不同专业的模型链接到一起，各工程构件之间的空间关系一目了然，直观地反映图纸不合理的地方，提出图纸错漏碰缺问题，提前规避并进行优化，为施工节约时间和成本，降低返工风险。

（2）BIM信息化样板

工程建设企业BIM信息化样板主要分为现场临时设施标准化、项目管理标准化两大类，现场临时设施标准化包括安全类、质量类、生活办公类等三类，项目管理标准化包括安全文明类、质量类、生产类和综合类等四类。工程信息化样板实施应遵循经济、适用、美观、节能环保及绿色施工的原则，PDCA的科学管理方法，做到策划先行，样板引路，过程控制，持续改进。

1) BIM数字样板制作

结合企业VI形象手册、施工现场安全文明、工程质量标准手册建立企业标准化样板族库，在每一道工序施工前通过三维模型、二维图纸、施工动画等多种形式对作业人员进行交底，并安排专人在每日岗前负责实体样板与现场关联部位的施工要点交底，有效地减少了施工过程中易发、频发质量问题，实现了实体样板到现场施工一个标准的目标。

采用三维建模软件进行工程实体样板图纸正向设计（图7-18~图7-21），出具深化施工图，结合移动设备、360°全景及二维码轻量化浏览等措施，指导现场施工。

图7-18　主体工程信息化样板

图7-19　砌体工程信息化样板

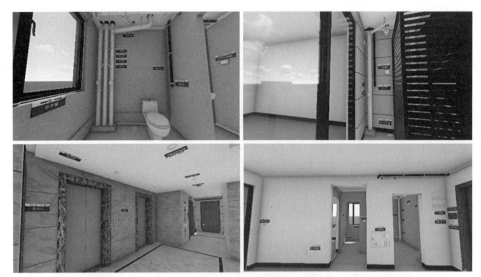

图7-20 交付信息化样板房

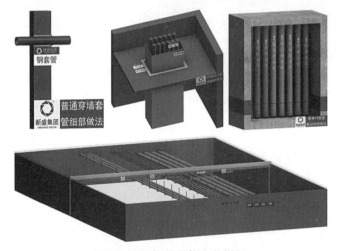

图7-21 细部节点信息化样板

2)场地数字化策划

基于标准化族库结合永临原则,对材料加工区、物料堆放区、样板示范区、绿色施工、安全文明等功能区进行了统筹考虑(图7-22),以减少材料二次搬运、减少不必要硬化为准则,制定多套方案,比选最优方案,BIM场地策划可以大大提高场地布置经济性及一次成优率。

3)临建成本控制

按照计量规范的分类要求将建筑物的构件进行分类,建立临建标准化基础模型,同时在模型中载入相关的工程量计算规则,特别是相交构件的扣减规则,通过BIM基础模型直接提取工程计价所需的工程量,辅助把控项目成本。利用模型转化临建施工详图用于现场作业指导(图7-23)。

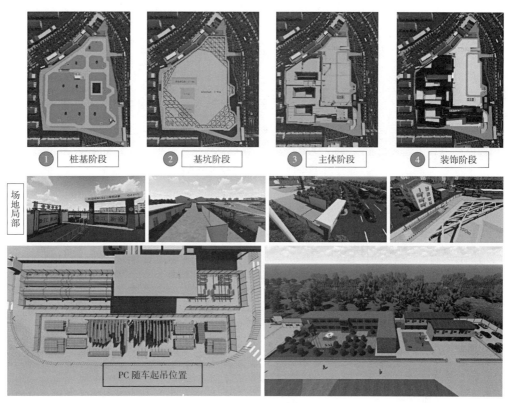

图7-22 BIM场地策划

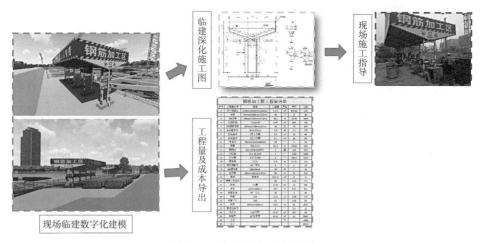

图7-23 临建设施成本测算

（3）施工深化设计

1）钢筋节点深化设计

采用BIM平台建立钢筋节点模型，并进行钢筋翻样（图7-24），同时输出材料量及图纸，在满足钢筋下料规范的同时提高钢筋利用率和减少不必要的现场钢筋返工。

图7-24 临建设施成本测算

2)二次结构、砌体排砖深化

通过设置砌块规格、导墙、灰缝等参数,结合构造柱、圈梁、过梁等二次结构的参数化布置,进行砌体BIM三维综合排布,整合机电安装模型,构造柱、圈梁避开管线,综合考虑管线预留洞口位置(图7-25),完成后输出二维排版图用于施工上墙张贴,保障了砌体施工的观感,减少了后续安装二次开孔数量,提高了材料利用率。

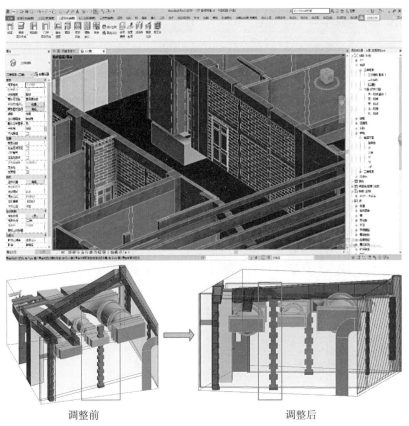

调整前　　　　　　　　　调整后

图7-25 二次结构、砌体排砖深化

3）装配式结构深化设计及应用

对预制部品部件进行钢筋排布、管线设备、预留孔洞、预埋件、施工预留预埋等一体化集成设计，集成预制构件的全部属性信息后，整合预制部品部件与现浇部分模型，完成现浇节点深化工作（表7-14）。采用Navisworks对预制部品部件内部及之间、现浇连接部位等进行冲突检测，及时进行可视化优化调整。通过BIM技术虚拟仿真工程实际加工、运输、施工全过程状态，直接快速审查施工工序、施工计划、资源安排等的合理性，对不合理和实际可能出现的问题提前发现并提出解决预案，根据预案调整BIM模拟参数重新进行预演模拟，直到不合理计划和其他可能出现的问题全部消除。利用BIM深化出图，用于工程建设全过程指导。

4）专项工程深化应用

通过BIM进行深化设计，创建各专项工程预制模型并出具预制加工图，在预制工厂完成深度加工，现场完成装配化施工。预制加工厂集中化进行文明施工与安全管

装配式结构BIM深化内容　　　　　表7-14

预制部品部件类型	BIM-3D模型2D信息表达内容	BIM-3D模型示例展示
预制叠合板	1）预制叠合板模板图（标注构件安装方向）：正视图、背视图、顶视图、底视图、左视图、右视图、剖视图 2）楼板配筋图（结合模板图放置钢筋并编号） 3）预留孔洞、吊点布置，线盒布置，桁架布置，粗糙面布置 4）桁架钢筋详图 5）混凝土强度、方量、重量信息 6）钢筋加工下料单 7）预制构件平面位置索引图（KEY PLAN）	
预制柱	1）预制柱模板图（标注构件安装方向）：正视图、背视图、顶视图、底视图、左视图、右视图、剖视图 2）钢筋配筋图 3）吊点布置，套筒布置，注浆孔、出浆孔、出气孔、竖向连接钢筋布置，临时支撑预埋套筒布置 4）顶部剪力键槽布置、底部剪力键槽布置 5）混凝土强度、方量、重量信息 6）钢筋加工下料单 7）预制构件平面位置索引图（KEY PLAN）	

续表

预制部品部件类型	BIM-3D模型2D信息表达内容	BIM-3D模型示例展示
预制竖向墙板	1）预制竖向墙板模板图（标注构件安装方向）：正视图、背视图、顶视图、底视图、左视图、右视图、剖视图 2）钢筋配筋图（一般按照内视图视角） 3）预留孔洞、吊点布置，预留接线口布置，四周咬合面键槽布置，线脚大样、企口的节点大样、临时支撑预埋套筒布置，套筒布置，注浆孔、出浆孔、竖向连接钢筋布置，线盒线管布置，线槽布置 4）特殊节点做法大样 5）混凝土强度、方量、重量信息 6）钢筋加工下料单 7）预制构件平面位置索引图（KEY PLAN）	（图示：预制竖向墙板，标注竖向分布筋、设备预留洞、脱模埋件、预留插筋、吊装埋件、水平分布筋、粗糙面或剪力槽、拉结筋、拉模埋件、水平筋加密区、预留插筋、灌浆孔、设备手孔、钢筋套筒、预留线盒）
预制阳台板	1）预制阳台板模板图（标注构件安装方向）：外视图、内视图、顶视图、底视图、左视图、右视图、剖视图 2）钢筋配筋图 3）预留孔洞、吊点布置，止水节布置，粗糙面布置，阳台线脚大样、栏杆预埋件、线盒线管布置，剪力键槽布置 4）特殊节点做法大样 5）混凝土强度、方量、重量信息 6）钢筋加工下料单 7）预制构件平面位置索引图（KEY PLAN）	（图示：预制阳台板，标注设备预留孔洞、阳台线脚、梁纵筋、箍筋、吊点、板钢筋、线盒、线管、预留剪力键槽、阳台挑梁插筋）
预制楼梯	1）预制楼梯模板图（标注构件安装方向）：顶视图、底视图、侧视图 2）钢筋配筋图、配筋剖面图 3）销键预留孔洞、吊点布置、栏杆预埋件、滴水槽布置、防滑条、预埋套筒 4）节点连接做法大样 5）混凝土强度、方量、重量信息 6）钢筋加工下料单 7）预制构件平面位置索引图（KEY PLAN）	（图示：预制楼梯，标注销键预留洞口、吊装埋件、吊装补强钢筋、防滑条、梯段受力钢筋、脱模吊点、销键预留洞口、底部预留滴水槽）

理，减少发生安全事故的不确定因素，减少现场施工垃圾。安装工序更加程序化、标准化，更加简单、明了、便捷，可避免需要长时间的高强度的高空作业，减少了发生

生产安全事故概率；工厂化预制有利于成本控制，起到良好的降本增效作用。

（4）BIM+VR体验

以BIM模型为数据信息载体，基于项目BIM数字化模型，与云计算、大数据、互联网、物联网、人工智能、VR、GIS等技术相结合，将"人、机、料、法、环"等要素和项目计划、执行、检查到优化改进所形成的效率闭环进行数字化转化，通过建筑多维度信息的流转，化解全过程建造复杂繁琐过程中的不确定性，提升项目经济及社会效益。BIM+VR体验的主要功能在于能够在BIM技术实施全过程中与VR技术优势互补，将Revit建立的BIM模型输出FBX格式文件，导入3Dmax中添加材质纹理，再导入Stingray增加视觉效果（图7-26），通过BIM+VR来体验未建成项目实际施工后的效果，让建设各方更清晰了解建筑构件，提前发现视效不足等问题，提前修改，保证项目在加工及现场施工时一步到位。另外通过BIM模型和虚拟危险源的结合，让体验者

图7-26 装饰装修BIM+VR体验展示

可以走进真实的虚拟现实场景，通过沉浸式和互动式体验让体验者得到更深刻的安全意识教育，以提升全员的生产安全意识水平。

（5）方案仿真及施工进度计划模拟分析

BIM技术应用于施工方案模拟将建筑信息模型与工程实际施工方案进行结合，可以帮助施工管理及作业人员提前了解施工流程，让现场管理及施工人员对整个工艺流程的技术重难点及细部处理有一个更清楚的认识（图7-27）。同时，可以预测施工中可能出现的问题，从而确保安排和组织施工任务，加快施工进度，提高工程质量。

基于BIM的进度管理体系可以进行工期进度优化、进度可视化模拟、计划与实际进度的对比、偏差分析等，分析结果可从不同的角度指导项目进度目标控制。在施工过程中，通过创建跟踪视图、更新工程进度等对工程进度实时跟踪监控（图7-28）；

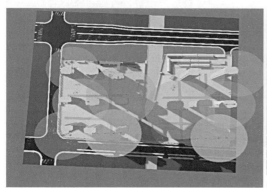
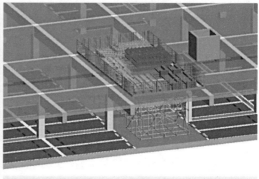

图7-27　PC构件吊装及堆场分析

图7-28　施工进度计划BIM模拟

根据进度跟踪结果，从进度、资源、费用等角度开展不同层次、不同角度的计划进度与实际进度偏差分析。如果进度偏差量过大，则需重新调整进度计划，更新最终目标进度计划，及时制定有效措施。资源措施包括重新分配，增加资源，替换资源，拆分工作，平衡工作安排等；成本措施包括检查计划成本设置，调整作业依赖性，降低成本，替换资源，对关键环节、薄弱环节重点监控，提高劳动生产率，加强施工现场管理等；进度措施包括组织措施、技术措施、管理措施、经济措施等，多方面平衡，最终实现进度的有效控制。

（6）工程量统计

以工程成本业务为核心，将建筑物的三维模型与造价数据结合，实现自动化的数量提取和计算，结合BIM模型与生产进度，以目标责任成本为切入点，从源头和过程把控成本风险。根据构件编码规范，通过BIM软件建立建筑物的三维模型，包括所有构件、设备等，并为每个构件和设备等设置属性参数，如尺寸、材质、数量等（表7-15）。利用BIM软件提取模型中所有构件和设备的数量及属性信息，并依据编码映射预设的计价定额信息，自动计算和统计工程造价。

BIM算量建模规则　　　　　　　表7-15

流程节点	主要工作	实际工程案例展示	流程节点	主要工作	实际工程案例展示
1	规范口径，进入算量模式		5	对构件类型映射二	
2	分层归类，按照编码标准要求进行建模		6	工程量清单统计汇总	
3	对构件类型映射一		7	工程量统计	
4	构件属性定义编制扣减项目、计算方法		8	工程量对比核算	

（7）BIM+测量机器人

BIM模型导入测量机器人全站仪中，机器人内部自建坐标系并计算出各个节点的三维坐标数值，以此作为控制依据，利用测量机器人对目标进行自动照准、锁定、跟踪、快速判断的功能，辅助钢构件施工关键节点和提升对接安装位置的监测与校正，避免误差积累到对接接口而造成对接困难，实时监控关键点，在多个千斤顶等设备同步微调的技术支持下确保对接口位置误差控制在限值以内，最终在测量机器人辅助下实现钢结构所有连接节点的精准对接。

（8）BIM+激光扫描

三维激光扫描技术具有高效、准确、可操作性强等优势，对异形空间幕墙测量工作具有很强的针对性和契合性。采用三维激光扫描仪对现场实体点云信息采集，数据处理可以在后台软件完成，并生成现场实体BIM模型，同原设计模型进行合模对比分析，可以检测和控制施工过程中的施工质量（图7-29）；基于点云拟合的模型避免了由于过度的人为干预导致的二次精度的损失，从而提高了建模率和准确度，为解决复杂异形空间钢结构测量及幕墙精准安装提供了全新的施工方法。

图7-29 点云扫描建模

（9）BIM+VR安全教育

BIM+VR安全教育能够真实地反映整个施工内外环境的基本信息，项目管理人员能够在建设初期就对工程全过程施工中存在的危险区域一一识别，并对危险区域的危险程度进行分类，采取有效隔离措施，同时将安全区域采用安全色进行标识，引导外来人员和施工作业人员安全通行，避免因误入危险区域而导致事故的发生（图7-30）。

图7-30　现场BIM+VR安全教育

（10）BIM+无人机倾斜摄影

无人机巡检及360°全景主要应用于现场质量、安全、进度管理，其具备视野范围广、灵活、信息全面、可记录等显著优点。建设过程中引入无人机巡检、测绘等现场施工管理及逆向建模数字应用技术，有效提升大型项目施工管理和智慧建造水平，为项目建设发挥了重要作用。

通过无人机的摄像功能，按照一定的时间安排，拍摄现场施工情况，识别现场当前形态进度；通过对比图像的前后变化判断现场人员工作状态，分析施工现场的窝工情况，从而适当调整劳动人员配置，优化现场施工结构。另外，无人机全景航拍可以和智慧工地结合应用，通过智慧工地管理平台对现场施工、人员、材料堆放、施工外架及施工机械等质量、安全隐患问题进行全景图可视化标识，管理人员编辑上传问题整改流程，指定整改人员整改，整改结束后上传整改照片，进行复核检查闭环。汇总信息分析，对多发问题及部位进行警示培训教育。

应用流程包括以下几方面：航拍准备→无人机航拍→航拍图像处理→成果应用（多媒体表示流程）。

①航拍准备：无人机选型及备案，航拍参数策划，掌握天气、飞行管制情况等信息。

②定点高清悬拍、全景拍摄：开启控制器，连接无人机，查看周边环境，选择安全区起飞。拍摄位置、高度固定，根据天气情况调整航拍参数。

③航拍图像处理：全景图修理，720°云平台轻量化展示及应用编辑，定点照片积累用于上报工程形象进度。

④全景图共享至智慧工地管理平台,通过智慧工地管理平台对现场施工、人员、材料堆放、施工外架及施工机械等质量、安全隐患问题进行全景图可视化标识(图7-31)。管理人员编辑上传问题整改流程,指定整改人员整改,整改结束后上传整改照片,进行复核检查闭环。最后,收集汇总信息进行分析,对多发问题及部位进行警示培训教育。

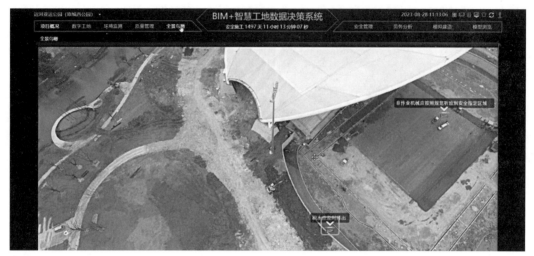

图7-31　无人机全景图与智慧工地结合应用

⑤通过无人机航拍,实时把控项目的实际进度,分析实际进度目标与计划目标的偏差,及时纠偏调整,优化施工工序安排,同时定点照片生成工程建设全过程影像,用于竣工备案留存。

7.8　绿色施工策划

绿色施工改变了传统施工中"大量建设、大量消耗、大量废弃"的施工模式,降低了资源的浪费和环境的污染,成为施工技术发展的必然趋势,成为工程建设企业可持续发展的必然选择。绿色施工实质上是对传统施工技术的重新审视。需要通过采用降耗节能的环保型施工工艺和技术,节约水、电、材料等资源能源,通过系统化、集约化和产业化的整套适用技术、材料、工艺、装备等方面整体提升施工乃至建筑业的内涵[25]。

坚持科学发展观,大力发展循环经济,建设资源节约型、环境保护型社会,这是我国的基本国策。在建筑业推行可持续发展战略,在工程建设中体现为绿色施工。企业发展绿色施工技术,不但能获得较好的社会效益,而且能够节约大量的成本。因此，我们以保证工程项目施工过程的质量安全为基础，推进技术进步和科学管理作为手段，在施工过程中将实行"五节一环保"（节能、节材、节水、节地、人力资源节约和环境保护）作为重要目标，建立资源节约型、环境友好型施工模式。

7.8.1 组织管理

绿色施工组织管理体系就是通过绿色施工的组织策划，制定一系列管理制度，通过现场执行，实现绿色施工整体目标。项目部成立以项目经理为核心的项目绿色施工管理团队，企业工程技术、安全生产等主管部门为主的领导小组，指导项目绿色施工管理（表7-16）。业主、监理、各专业分包单位的相关人员为绿色施工管理的协助团队，配合项目各岗位绿色施工工作的开展（表7-17）。

项目各部门绿色施工职责　　　　表7-16

序号	部门名称	绿色施工职责
1	项目技术组	（1）负责绿色施工的策划、分段总结及改进推广工作； （2）负责绿色施工示范工程的过程数据分析、处理，提出阶段性分析报告； （3）负责绿色施工成果的总结与申报； （4）负责原材料的取样送检以及结果反馈； （5）负责施工质量过程的动态监控，施工质量的自查验收； （6）负责施工原始台账资料的收集
2	项目工程组	（1）负责绿色施工实施方案具体措施的落实； （2）过程中收集现场第一手资料数据，提出建设性的改进意见； （3）监控绿色施工措施运行效果，及时向绿色施工管理小组反馈； （4）负责项目安全生产、文明施工和环境保护工作； （5）负责项目职业健康安全管理计划、环境管理计划和管理制度，并监督实施； （6）负责水电布置方案，进行管线的敷设、计量器具的安装； （7）对现场临水、临电设施进行日常巡查及维护工作； （8）定期对各类计量器具的数据进行收集
3	项目核算组	（1）负责组织材料进场的验收； （2）负责物资消耗、进出场数据的收集与分析； （3）负责绿色施工经济效益的分析

项目各岗位绿色施工职责　　　　表7-17

序号	岗位名称	绿色施工职责
1	项目负责人	（1）负责建立绿色施工领导小组； （2）负责制定绿色施工目标、奖罚制度，并指定绿色施工管理人员和配合人员； （3）负责落实绿色施工专项经费

续表

序号	岗位名称	绿色施工职责
2	项目副经理	（1）负责绿色施工的宣传管理，绿色施工的验收工作，对全体员工绿色施工相关制度执行情况进行考核、评比； （2）负责核算绿色施工成本，进行"五节一环保"措施的经济效益分析； （3）负责对工程绿色节能材料（产品）质量、施工质量进行严格控制；推行国家新的施工工艺和验收标准，加强过程质量控制； （4）负责监督项目贯彻落实绿色施工各项规定、绿色施工方案
3	项目技术负责人	（1）负责制定绿色施工方案，对全员进行绿色施工相关知识培训；负责绿色施工新技术、新设备、新材料与新工艺的研究与应用； （2）负责对绿色施工各阶段工作进行总结；负责对项目管理人员、专业分包方进行绿色施工技术交底； （3）负责落实各项绿色施工措施；组织操作工人参与绿色施工相关活动

7.8.2 策划管理

1．绿色施工图纸会审

绿色施工开工前应组织绿色施工图纸会审，也可在设计图纸会审中增加绿色施工部分，从绿色施工"四节一环保"的角度，结合工程实际，在不影响质量、安全、进度等基本要求的前提下，对设计进行优化，并保留相关记录。

现阶段的绿色施工处于发展阶段，图纸的绿色施工会审应由公司技术部门人员参加，充分了解工程基本情况后，结合建设地点、环境、条件等因素提出合理的设计变更申请，经监理、设计、业主等各方同意后，由项目部具体实施。

2．绿色施工实施方案

实施绿色施工，应编制绿色施工实施方案，明确绿色施工方案管理责任（表7-18）。充分考虑绿色施工的总体要求，为绿色施工提供基础条件。实施绿色施工，应对施工策划、机械与设备选择、材料采购、现场施工、工程验收等各阶段进行控制，加强对整个施工过程的管理和监督。

绿色施工方案管理责任　　表7-18

类别	内容	责任人
方案编审时效	在项目开工后一个月内编制完成，并经企业技术负责人审核，报监理公司批准	项目技术负责人、企业技术负责人

续表

类别	内容	责任人
方案内容	（1）工程概况：包括建筑类型、结构形式、基坑深度、高（跨）度、工程规模、工程造价、占地面积、工程所在地、建设单位、设计单位、承建单位、计划开竣工日期等。 （2）绿色施工目标：承建单位和项目部分别就环境保护、节材、节水、节能、节地、人力资源节约、创新创效制定绿色施工目标，并将该目标值细化到每个子项和各施工阶段。 （3）组织机构：项目部成立建筑业绿色施工示范工程领导小组，企业领导或项目负责人作为第一责任人，所属单位相关部门参与，并落实相应的管理职责，实行责任分级分担。 （4）实施措施：包括钢材、木材、水泥等建筑材料的节约措施；提高材料设备重复利用和周转次数、废旧材料的回收再利用措施；生产、生活、办公和大型施工设备的用水用电等资源及能源的控制措施；环境保护如扬尘、噪声、光污染的控制及建筑垃圾的减量化措施等。 （5）技术措施：包括采用有利于绿色施工开展的新技术、新工艺、新材料、新设备；采用创新的绿色施工技术及方法；采用工厂化生产的构配件；项目为达到方案设计中的节能要求而采取的措施等。 （6）管理制度：建立必要的管理制度，如教育培训制度、检查评估制度、资源消耗统计制度、奖惩制度，并建立相应的书面记录表格	项目技术负责人
方案修订变更	必须依照公司方案管理办法，由项目技术负责人修订变更的绿色施工方案，并报原审批部门（人员）重新审核、审批	项目技术负责人、企业技术负责人

7.8.3 目标管理

1．绿色施工目标确定

绿色施工的目标值依据工程拟采用的各项措施，结合《绿色施工导则》《建筑工程绿色施工评价标准》《建筑工程绿色施工规范》等相关内容，在充分考虑施工现场周边环境和项目团队以往施工经验的情况下确定。绿色施工目标应结合"因地制宜、结合实际、可操作性强、科学合理"等原则进行确定，且应具有先进性。

因地制宜：目标值必须是结合工程所在地区实际情况制定的。

结合实际：目标值的设置必须充分考虑工程所在地的施工水平、工程建设企业的实力和经验等。

可操作性强：目标值必须清晰、具体，在实施过程中方便收集对应的实际数据与其对比。

科学合理：目标值应该是在保证质量、安全的基本要求下，针对"四节一环保"提出的合理目标，在"四节一环保"的某个方面相对传统施工方法有更高要求的指标。

2. 目标的动态管理

项目实施过程中的绿色施工目标控制采用动态管理，要求我们在施工过程中对项目目标进行跟踪和控制。收集各个绿色施工控制要点的实测数据，定期将实测数据与目标值进行比较。当实施过程中的实际情况与计划目标发生偏离时，及时分析偏离原因，确定纠正措施，采取纠正行动，对纠正后仍无法满足的目标值，进行论证分析，及时修改，设立新的、更适宜的目标值。在工程建设过程中一直按照"PDCA"循环，直至目标值实现为止。

7.9 工程资料策划

7.9.1 工程资料特点

整理完整的工程资料是确保得奖的一项重要工作，是工程创优工作中的重要环节。在施工过程中，对工程资料的收集和整理应注意工程资料的全面性、可追溯性、真实性、准确性。

1. 工程资料的全面性

工程资料必须要有总目录、分册目录，页码应清楚便于查找，装订整洁美观。

一项精品优质工程，从立项、审批、勘测、设计、施工、监理、竣工、交付使用，到报评精品优质工程过程中，涉及众多的环节和众多的部门，这就要求工程资料齐全完整。应会同建设单位收集、整理一并归入档案。如有关计划、规划、土地、环保、人防、消防、供电、电信、燃气、供水、绿化、劳动、技监、档案等部门检测、验收或出具的证明。常见的有：

公安消防部门对审计的审查意见书，工程验收资料意见书，消防技术检测部门的检测报告，工程建设企业的消防施工许可证。

变电工程的施工资料，环保部门的检测记录，劳动（技监）部门对电梯的管理等资料。

各种设备的安装资料，如制冷机组、空调机组的安装；按规定应检测和抽检的实验记录，如阀门、闭式喷头、气体灭火、系统组件等检验报告。

上述资料有的是前期管理资料，有的是施工中建设单位指定分包施工或者行业垄断施工的单位的资料，作为主承建单位申报项目的精品优质工程，收集这些资料的确有很大的难度，但无论怎样，精品优质工程的资料必须是全面的、齐全的、完整的。

2. 工程资料的可追溯性

对于精品优质工程来讲主要是原材料、设备的来源和施工（安装）过程中形成的资料，涉及产品的合格证、质量证明书、检验试验报告等。

进货时，供应商提供的原件应归入工程档案；提供的抄件应要求供应商在抄件上加盖印章，注明所供数量、供货日期、原件在何处，抄件人应签字。重要部位的使用材料应在原件或抄件上注明用途，使其具有追溯性。如设备运转记录应一机一表。设备安装的记录表格也不能只有一个试运转表格，安装各程序的情况均应进行记录，如设备基础验收、设备开箱检查、划线定位、找正找平、拆卸清洗、联轴器同心度、隐蔽工程等均不可缺少。这些资料在精品优质工程的复查中都是必须具备的。对于用计算机采集、存储的数据及编制的报告和工程资料，必须有相关责任人亲笔签字，否则就失去了可追溯性。

3．工程资料的真实性、准确性

各种工程资料的数据应符合且满足规范要求，在施工过程中，检测人员应从严把关，真实反映检验和试验的数据。同时邀请监理单位确认检验或试验结果，并真实记录。

施工组织设计，要有质量目标和目标分解。专业施工方案，要结合该工程的实际进行布局，满足施工顺序、工艺要求，同时满足材料设备使用要求。

水、电、设备的隐蔽工程验收记录与施工资料时间相吻合，要能表明隐蔽工程的数量与质量状况；均压环的设置也要纳入隐蔽工程记录，隐蔽工程记录要能覆盖工程所有部位。

绝缘记录要齐全，要能覆盖所有电气回路，回路编写要清晰，与图纸能一一对应，零线与地线间绝缘值不能漏项。

7.9.2 工程资料策划要点

（1）建立健全工程资料管理制度、明确岗位责任，将资料管理纳入工程建设管理的各个环节和各级相关人员的职责范围。工程资料的填写、编制、审核、审批、签认应及时进行，由各岗位人员各司其职，对资料的真实性、完整性、有效性负责。项目部应落实专人负责工程资料的审核、收集、整理、组卷。负责人员应具有丰富的资料管理经验和专业知识，熟悉建设程序、设计图纸、施工工艺、技术要求和相关标准规范等。

（2）明确工程创优目标，了解该创优目标相关的评审要求、申报条件、评审资料范围等内容，清楚该创优目标需具备的资料清单及相关要求。评审资料包括：前期文件、施工技术资料、竣工验收资料、竣工图、监理文件等。

（3）工程开工前，工程建设企业应与建设单位、监理单位、质量监督站沟通协调，对单位工程的划分进行统一和明确，结合工程实际情况编制《单位工程、分部、分项、检验批划分方案》，工程建设过程中应按照方案实施，并形成相关记录。

（4）工程建设过程中，原材料进场复试、施工试验检验是一项非常重要的工作。开工前，工程建设企业应编制《原材料见证取样送检及结构实体检测方案》，经监理审查同意后严格按方案实施。该方案应明确：工程涉及的需进场复试的材料名称、品种规格、复试项目、取样批次、取样方法和数量；标养、同条件、拆模、抗渗等混凝土试块、砂浆试块留置计划；结构实体检测等施工过程质量检测试验项目、主要检测试验参数、部位等内容。

（5）涉及工程质量、安全、性能等检测应由建设单位委托检测单位进行，检测合同应由建设单位与检测单位签订。

7.9.3　工程资料的签认和审批

各种工程资料只有经过相应人员的签认或审批才是有效的。施工组织设计、质量计划要经过相关部门会签和总工审批，要由监理单位和建设单位审核同意。重要的施工方案，作业指导书也要送监理单位确认。

各种检验和试验报告签字要全，既要有操作者、质检员、工长或技术负责人的签字，又要有监理单位或建设代表的签字。工程文件应采用耐久性的书写材料，如碳素墨水、蓝黑墨水，不得使用易褪色的书写材料，如红墨水、纯蓝墨水、圆珠笔、复写纸、铅笔等。

工程文件材料幅面尺寸规格统一采用A4幅面，图纸应采用国家标准图幅。所有竣工图均应加盖竣工图章，包括竣工图字样、工程建设企业、编制人、审核人、技术负责人、编制日期、监理单位、现场监理、总监。如果利用施工图改绘竣工图，必须标明修改依据。

7.9.4　工程资料的收集与整理

工程资料的形成，涉及各个专业，要求人员到位，分工明确。

工程资料整理的质量水平如同工程质量水平，直接影响到精品优质工程复查的最终效果。因此工程资料应达到：齐全完整、编目清楚、内容翔实、数据准确，各项试验、检测报告完全合格，隐蔽工程验收签证齐全等。必须满足以下基本要求：在工程开工前要明确资料编制标准和依据（地方标准、企业标准、国家标准），以保证资料形成的统一性、系统性；资料多级目录（总目录、分卷目录、子目录）清楚，便于检查和查找；资料内容齐全、真实、可靠、及时，填写规范，签名盖章完整；资料纸张规格统一，装订整齐，封面规矩美观，有统一的资料盒。

7.10　工程创优管理保证措施

7.10.1　建立工程创优领导班子

项目部要建立工程创优领导班子，领导班子以项目经理、主任工程师为主要负责人,全面主抓工程质量创优的相关事项,协调与其他单位包括总包单位在内的各专业工程建设企业创优领导班子的工作。

项目部"创优"小组应由项目专业工程师、工长、质量检查员、材料员、安全员、资料员等人员组成。

项目部要定期开会布置工程质量"创优"的相关事项,落实工程"创优"的实施方案,把创优工作和责任落实到每个单位、每个部门和每道工序的每一个人,使整个工作的开展形成全员参与,全工序进行,事后有总结的良好风气。

7.10.2 坚持"优质样板先行"的管理制度

在工程进行当中建立"优质样板先行"的管理制度,每道工序的施工要竖立样板,在关键施工工序或标准不确定的工序进行施工时,样板间可经过相关部门负责监督审查的专业人员查看后,再组织推广,以避免对工程质量造成影响。

1. 工程质量样板管理的原则

(1)策划在先原则:样板实施前均应进行策划,编制样板策划书,保证样板类型的完整性;

(2)预防为主原则:通过样板先行提前发现问题,防治规避质量通病,避免或减少后期损失;

(3)唯一标准原则:样板是后续施工质量管理的标尺,同一项目同一分项工程的样板必须是唯一的;

(4)先进性原则:样板应体现施工工艺的先进性,以及表现形式、方式的先进性。

2. 样板策划与审核

(1)质量样板分为工艺样板与交付样板两类。建议对有地、市级及以上创优目标的工程,应设置工艺样板展示区和交付样板展示房;对地、市级以下或无创优目标的工程,应进行分项工程样板确认,并设置交付样板展示房。鼓励无创优目标的项目部积极开展工艺样板工作。

(2)工程开工后一个月内宜完成样板策划书的编制。样板策划书中应明确样板类型、样板内容、表现形式、样板布置图、分阶段完成时间、样板管理责任人等内容。

(3)样板展示可采取实体样板和虚拟样板或两者相结合的方式,倡导项目部积极使用BIM技术和二维码技术建立虚拟样板,并与质量交底相结合,提高受众面和使用率。

(4)在工程施工总平面布置图设计时应规划工艺样板展示区的位置,实体样板展示区应设置在保障安全、空间开阔、采光良好、便于参观与保存、对正常施工无较大影响的区域,虚拟样板展示区应考虑设备防雨和防盗措施。

(5)工艺样板展示区应包括结构工程、装饰工程、屋面工程、安装工程等对工程结构质量、安全使用功能和观感质量影响较大的分部分项工程,精装修样板以实体样板间或样板工艺形式展示，具体按照相关规定执行。为降低样板制作成本，提倡采用虚拟样板，当采用实体样板时宜采用移动式样板展示。

3．分部分项工程工艺样板展示内容

（1）结构工程

1）后浇带与混凝土梁、板、柱、墙支模架及模板安装，钢筋绑扎，楼梯混凝土抹面；

2）楼面混凝土翻边，砖（或砌块）砌体砌筑、塞顶，构造柱马牙槎、拉结筋（或连接片）模板安装；

3）装配式建筑的构件、连接件、临时支撑件、灌浆、打胶；

4）标高、轴线控制线，同条件试块放置与标识，实测实量工艺与标识。

（2）装饰工程

1）内墙面粉刷与涂料构造，吊顶与饰面，内墙饰面砖粘贴，不同墙体材料交接处理；

2）楼地面与踢脚线、楼梯踏步，楼梯栏杆与扶手，管道、排汽道锥台，电梯门套；

3）卫生间防水层构造，排汽道防水及挡水凸肩；

4）门窗框固定片与固定方法，框边发泡剂填充，外框边打胶，外窗台粉刷；

5）外墙面保温系统构造、分格，外墙饰面层构造；

6）幕墙外墙面保温、钢架、挂件、饰面板；

7）地下室配电房、水泵房设备基础粉刷及排水沟。

（3）屋面工程

1）屋面找平、防水、保温、保护等各层构造；

2）屋面排烟道、排汽孔、分仓缝、泛水、排水口、过水孔、过桥、水簸箕等；

3）屋面管墩、设备基础。

（4）安装工程

1）管线、箱盒开槽、预埋、补洞；

2）配电箱、弱电箱、开关、插座、给水管、排水管、洁具安装；

3）强弱电井桥架、母线和计量箱、水管井给水管、水表、消防管和消防箱；

4）风管、消防管、给水管、桥架综合排布，水泵房、配电房管线排布；

5）屋面避雷针、消防管道、透气管、正压送风机。无法在样板展示区体现的样板内容，可在实体工程施工过程中做样板，但应在分项工程大面积施工前完成样板确认，并进行样板标识与保护。

4．交付样板展示房

宜选择代表性强、对正常施工无较大影响的户型或区域，并应征得建设和监理单位同意。交付样板展示房应以"套"或一个功能区为单位，样板展示应按照相关规定执行。交付样板展示房应包括且不限于以下内容：

（1）楼面混凝土翻边，砖（或砌块）砌体砌筑、塞顶、构造柱；

（2）内墙粉刷、腻子或涂料，顶棚腻子；

（3）楼地面与踢脚线，楼梯栏杆与扶手，管道、排汽道锥台；

（4）卫生间排汽道防水及挡水凸肩；

（5）外门窗框边打胶，门窗扇安装，外窗台粉刷；

（6）户内配电箱、弱电箱、开关、插座、给水管、排水管、洁具，进出线标识；

（7）分户验收要求的标识。

5．样板实施与验收

项目部应根据样板策划书要求，在规定的时间内完成样板制作。对于有地下室的工程，宜在第一块地下室顶板完成后三个月内完成工艺样板展示区布置；对于无地下室的工程，宜在第一个单体工程基础完成后两个月内完成工艺样板展示区布置。交付样板展示区宜在首次主体结构验收前完成。

6．样板交底

（1）样板实施前，企业样板负责人应组织对项目部样板负责人进行书面交底，主要内容应包括样板指导意义、质量要求、实施要点、报验流程、后期应用与保护。交底记录应签字并妥善保存。

（2）样板实施前，应对样板实施管理人员和样板操作人员进行书面交底，内容应包括样板类型、展示内容、样板布置图、质量要求、操作要点、完成期限、样板管理责任人、成品保护等。交底记录应双方签字并妥善保存。

（3）项目部应在大面积施工前组织对作业班组进行样板交底，内容包括分项工程（或工序）质量要求、工艺要求、操作要点、质量控制关键点、质量通病及防治、成品保护等。交底应覆盖分项工程（或工序）的所有操作人员，交底记录应双方签字并保存。

（4）如同一分项工程（或工序）持续作业时间超过两个月宜再次交底。当同一分项工程（或工序）的操作人员发生较大变化时应重新交底。

7．样板管理

（1）企业应设置样板推广管理归口部门，负责监督项目部样板落实与推广，定时或不定时对样板执行情况进行检查。发现实体工程质量与样板要求不符时，应根据偏离程度，采取责令整改、返工、暂停施工等管理措施及时进行纠偏。在管理过程中应及时收集相关信息，便于样板的改进与提高。

（2）项目部应加强对已完成样板的管理，做好样板区的防护和成品保护，确定样板区管理责任人，防止因管理不善而造成样板损坏。受损的样板应及时修复。

（3）项目部应按照验收通过的样板标准进行大面积施工质量控制与管理，强化样板推广应用,结合日常管理每天对作业班组的样板执行情况进行检查,当发现后续工程质量偏离样板要求时,应立即进行纠偏。当同一班组连续三次出现同一质量问题时,需重新评估其完成施工任务的能力。

7.10.3 工程的观感质量保证措施

工程的施工质量要符合国家、地区、行业有关的法规、规章、标准、规范以及各种规范性文件中的相关要求。

工程的观感质量要好,我们要着重注意以下施工部位和相关部位的细部做法。

1. 工程结构

(1)主体工程应不得出现影响结构安全的变形与裂缝;

(2)地下室、墙体、卫生间、屋面不得出现大面积渗漏;

(3)工程不得出现明显的质量缺陷或质量问题(如存在违章拆改现象等);

(4)不得出现使用过程中的安全隐患(如栏杆设置不规范、楼梯踏步设置不规范等)。

2. 装饰装修工程

(1)屋面工程

1)屋面、天沟、檐沟不得积水,排水坡度应符合设计要求;

2)防水卷材收头处理和做法应符合规范要求;

3)屋面排汽道纵横间距宜为6m,宜每36m^{2}设置一个排汽孔,排汽孔出口高度不低于25cm,应成行排列;

4)上层屋面排水管向下层屋面排水时,下层屋面应有滴水板(簸箕);

5)出屋面的门口上方应设置雨篷;

6)上人屋面铺贴有块材的,排砖应合理,无空鼓现象;

7)上人屋面卫生间排汽管高度应不小于2m,并固定牢固;

8)卷材屋面不应有翘边、开裂、起鼓现象;

9)上人屋面女儿墙或临空栏杆高度应符合设计及规范要求(底层和多层不应低于1.05m,中高层不应低于1.10m;栏杆垂直杆件间净空不应大于0.11m,并应有防儿童攀爬措施);

10)相关细部节点处理到位,满足使用功能及安全要求。

(2)门窗工程

1)夹心板门上、下冒头应设置排汽孔,油漆应到位;

2)卫生间木门下部应设通风孔(百页);

3)门窗安装应牢固,位置应偏移,铝合金窗、塑钢窗在砌体上安装时应用射钉固定;

4）窗台高度应符合规范和设计要求，高度低于0.90m的应采取防护措施；

5）门窗的制作及安装应做到精致、细腻。

（3）地面工程

1）块材地面不应有空鼓和裂缝；

2）块材踢脚线的高度和出墙厚度应符合要求；

3）块材（地砖）铺贴应对称协调，排砖应合理；

4）楼梯休息平台宽度应不小于楼梯梯段宽度；

5）楼梯踏步的高度应符合规范要求，踏步相邻高差不应超过10mm；

6）水磨石地面应无明显的裂纹、砂眼和磨纹，石粒应均匀、密实，分格条应顺直、清晰。

（4）装饰装修工程

1）抹灰、饰面应光洁、平整、色泽一致，无空鼓、裂缝；

2）吊顶的喷淋、烟感、灯具、风口等的布置应合理、美观；

3）室内装饰工程无交叉污染现象（如涂料与抹灰面）；

4）不同材料在交接处应作分色处理；

5）楼梯扶手高度及楼梯水平段长度超过500mm部位的扶手高度应符合规范要求，底部应封闭；

6）外墙采用饰面砖应按相关规范要求设置伸缩缝，其排砖应得当，饰面砖不得出现小于1/2块材。

（5）室外工程

1）建筑物四周应设置散水，与主体结构隔断，散水伸缩缝设置应符合要求，填嵌密封胶应平整、顺直；

2）沉降观测点设置应符合设计要求，安装时应与主体结构可靠连接，标识清晰；

3）室外台阶高度应符合规范要求，坡道表面应平整、无裂缝，无障碍设施应符合要求；

4）应设置无障碍设施的工程，其室外坡道、护手、栏杆应符合规范要求。

3．安装工程

1）管道安装应横平竖直，固定牢固可靠，有坡度要求的管道，其坡向、坡度应正确；

2）管道支、吊架设置应合理，间距均匀、固定牢固，支、吊架的制作、防腐等均应规范，不得有锈蚀；

3）管道接口应严密无渗漏，法兰连接的垫片数量、材质必须符合规范要求，紧固螺栓的外露长度应符合规范规定；

4）管道的金属保温外壳制作应规范、精细，咬口严密，管道转弯处的金属保温外壳应按管径大小及管道的弯曲半径分节制作，咬口、拉铆或自攻钉连接，不得采用直角对接；

5）各种管道均应有明确的流向、用途标识（包括管井和吊顶内），标识的颜色、间距等应符合设计要求或规范的规定；

6）穿越楼板、墙体的管道的套管应齐全，套管应与管道同轴，套管长度应符合规范的规定，套管与管道之间应密封处理，密封材料应满足防水、防火、绝热等要求；

7）各种设备的运行应平稳可靠；

8）成排安装的设备应排列整齐；

9）仪表、阀门及设备基础可以按照相关要求检查；

10）大口径管道应采用顺水三通、四通连接；

11）风管的安装应严密，风管材料的厚度应符合规范规定，风管在运行时不得产生振动及噪声；各种软接头安装的松紧应适度，且接口应严密；

12）设备的减振装置必须齐全有效；

13）设备机房地面应有主排水沟或集水井，设备周边应设置集水或挡水措施；

14）应将水有组织地引向主排水沟或集水井；

15）气压给水系统应设置安全阀，且安全阀的泄压应引向排水沟或集水井，不宜直接排放；

16）喷洒头安装应成排成线，高度一致；

17）喷洒头的安装位置距顶棚、水平障碍物的间距必须符合规范规定；

18）喷洒头的布置应与装饰相协调，不得因装饰、装修而影响喷洒的效果；

19）配水支管应按规范要求设置刚性防晃吊架；

20）自动喷水灭火系统的镀锌钢管不得采用现场焊接连接；

21）室内消火栓箱安装应端正、平整，暗装的消火栓在外部必须有醒目的标识，且字体、颜色、尺寸等应符合规范的规定，且应采用拉手等直接开启方式；

22）消火栓箱门开启应灵活，开启方向、角度等应符合规范规定；

23）栓口的高度必须符合规范的规定，箱内附件必须齐全、有效；

24）室外消火栓的位置应符合设计要求；水泵接合器的位置应符合设计要求，当接合器为暗装时，应有明显的标志；

25）电缆、母线排放整齐，固定牢固；电缆头制作规范，包扎严密，相序颜色正确，回路标识清晰；

26）电缆桥架、母线的防腐层必须完整，不得损坏、污染；

27）开关、插座应安装端正、牢固，标高一致；

28）PE线在插座间不得串接；

29）相线、中性线不得利用开关、插座内的端子转接供电；

30）接闪针（带）必须与防雷引下线可靠连接；

31）接闪针（带）表面及焊接处不得有锈蚀现象；

32）接闪带应顺直，支撑点间距均匀，接闪带与支架间应固定牢固；

33）屋面、外檐上的金属物体及通向室内的金属管道应就近与防雷系统可靠连接；

34）接地电阻测试点的制作应与建筑物的外装饰相结合，做到实用、美观；

35）金属桥架的跨接必须可靠，镀锌桥架的连接板的两端应有不少于2个具有防松功能的固定螺栓；

36）金属桥架及其支架全长应有不少于两处与保护接地干线可靠连接；

37）变配电间、设备机房沿墙敷设的接地干线应固定牢固、敷设顺直，距离墙面10~15mm，距离地面250~300mm，并作黄绿相间的色标；

38）镀锌扁钢制作的接地干线规格应符合设计要求，其搭接长度、连接方式应符合规范的规定，转弯处应采取冷弯制作，不应直角搭接，镀锌层不应污染、损坏。

7.10.4 技术准备工作保证措施

由项目技术负责人牵头，根据施工图纸、设计交底等文件要求，收集工程中涉及的施工工艺、质量验收规范、强制性标准条文和施工图集；并组织全部技术管理人员、班组长认真学习质量验收规范、强制性标准条文，掌握各工序质量控制中的关键环节；组织编制各种施工文件；针对工程的难点、关键点成立相应的QC小组，编制攻关计划，并就有关的资源占用计划报项目经理批准。

7.10.5 工程资料质量控制

（1）工程资料要符合国家、地方标准的相关要求；

（2）资料要求内容真实、齐全有效，资料应包含以下方面内容：

①图纸会审记录、设计交底记录；

②施工组织设计、施工方案、各种技术措施及交底记录；

③工程创优计划目标以及可行的管理和质量保证措施；

④各种检验批的质量验收记录；

⑤各种检验、试验记录，调试记录，报验记录，验收记录等。

（3）工程资料的整理要及时，资料分类存放，签字齐全，编目清晰。

①资料采用A4纸张计算机打印成型；

②资料目录及时整理，编目清晰，资料内容签字齐全。

第8章 工程质量细部策划

8.1 工程细部策划的要点

工程的细部质量一直是质量创优的关注重点，也是我国工程质量落后于发达国家的比较突出的问题。包括精品优质工程、国家优质工程奖在内的"精品工程"，也都或多或少地存在"细部不细，精品不精"的情况。所以，每个拟创优的工程都需要考虑细部质量问题，使工程的细部质量得以提高，从而成为名副其实的"精品工程"。工程的细部是国家质量验收规范中规定的细部、细节；国家质量验收规范中一般项目下的允许偏差项；工程可见部分的点、线、面、界；方便使用、维护的人性化细节等。

1. 策划与创精品工程的关系

优质精品工程是通过精心策划、严格过程控制、科学管理而创建出来的。工程质量管理的基础是技术管理，合适的技术措施和方法是保证工程质量的前提，因此抓工程质量首先应抓好技术管理。施工策划是一个技术活动，是在施工之前进行规范的执行、管理措施的落实、工艺做法的研究和过程控制的持续改进。施工策划包含三个不同层次的质量预控措施。

一是总体控制措施，也就是施工组织设计、总体策划要求，它是实现施工合同目标、指导施工全过程的纲领性文件，同时也是监理、业主在工程施工前了解工程建设企业实力、掌握工程质量情况的必要途径。

二是各分部（分项）工程、工程重点部位、技术复杂及采用新技术的关键工序的质量预控措施，通过策划理顺工种、工序之间的矛盾，达到减少互相干扰、省工省料、一次成优的目的，也就是扩大版的施工方案。这是保证工程质量、实现施工组织设计中质量策划的关键环节，也是施工策划的重点内容。

三是对作业层的质量预控措施，就是技术交底，目前的劳务队伍流动量很大，技术水平参差不齐，要保证工程质量，应通过技术交底来实现。施工策划的成果是编制策划书，策划书应达到：一是按工艺综合考虑，尽量避免各工种在施工图设计中出现交叉配合不到位的现象；二是把土建、安装工程的各个工种之间的配合问题通过施工策划来统一；三是通过策划书来规范参建各方的行为。从而保证工程质量达到创精品的目标。

施工策划包括工艺、标准、做法、施工技术、施工方法、装饰色彩、材料选择、管线布置及走向、装饰细部以及现场施工的各种要素等的综合统筹。通过统一的施工策划，保证各个分项工程内在质量和外部表现上的一致性和统一性。

2．房屋建筑工程策划的主要部位

（1）屋面工程：主要是屋面防水构造，出屋面构件的防水处理和出屋面构件、管道、设备的总体布置、走向、标高尺寸控制，防雷接地布置构造，防排烟风机的安装等布置；变形缝节点、屋面机房雨篷及排水、屋面天沟排布、块材排布、设备基础排布、保护层效果、分格缝布置、排汽孔布置等；台阶、爬梯、栏杆、天沟、泛水、雨水口、滴水线、过桥、设备支墩等细部构造。

（2）外装饰工程：外墙总长、轴线尺寸、门窗尺寸与外墙块材尺寸的模数协调，应尽量做到整砖、通缝镶贴。可利用色带调整模数不一致的状况。

（3）重要功能部位：大堂、会议室、多功能厅等重要部位的墙、顶、地面对缝排版，应做到通缝、对缝铺贴，尽量做到整砖铺贴。可利用色带调整模数不一致的状况。

（4）三小间：卫生间、开水间策划要做到天地对缝、三维对缝，要避免错缝、乱缝和小半砖现象。卫生洁具、感应件、开关插座、地漏等位置应与拼缝分中、对称，位置准确。楼梯间拼缝应与上、下楼层拼缝对缝铺贴，关注楼梯踏步起、落步位置，楼梯平台、梯段净高，栏杆、踢脚线、挡水、滴水、堵头构造。

（5）内走道平顶及平顶内管道安装策划：要把平顶面的各种构配件及器皿做到整齐划一、走向统一、成行成线；平顶内的各种管道应首先明确安装次序，布置得当，安装牢固；平顶吊筋、龙骨的构造，管道穿墙构造，防火封堵应精细、便于检修；对各种管线质量通病应加以控制和消除（如软管超长、锁卡脱落、导线外露、油麻外露等）；注重管道支架的统一制作、统一安装，最好是支架形式统一；关注主体结构温度材料收缩裂缝和节点构造。

在封吊顶面板前应组织相关工种做一次隐蔽工程验收，确认无误后再行封板。

（6）专业机房策划：专业机房包括配电房、冷冻机房、消防泵房、报警阀室、生活水泵房、中水机房、热力站、风机房、发电机房、电梯机房等。策划内容包括内部设备、管道总体布局，设备基础布置整齐，标高尺寸一致，管道走向、综合支架利用、管道保温构造、管道穿墙节点、与墙体相对位置关系；墙体构造、踢脚线设置、有组织排水沟槽设置、排水走向清晰、排水沟槽节点整齐精细；设备安装布置整齐、标高一致，设备保护接地、电缆桥架及软管构造整齐规范；操作检查检修通道空间合理、整齐、明亮。

为使管道系统布局、走向科学，应对整个支架系统进行策划，做到合理布局、规范施工。

（7）地下车库策划：地下车库整体地坪策划应关注地坪构造与施工方法相适应，可采用整体浇筑、后置分格缝的施工方法，关注分格缝布置、构造和切缝时间、方法、地坪养护、变形缝构造、踢脚线设置，汽车坡道面层构造，截水沟、变形缝的细部构造等。

地下室成排管线安装排布，管线系统整体刚度控制，综合共用支架利用，固定支架、抗震支架的设置，管线接头构造及跨接、接地构造，管线变形缝处的构造处理，标识设置等应关注。

3．施工策划的基本方法

（1）拼缝策划

抓好统筹策划，做好综合布局。拼缝策划做到"一条缝到底、一种缝到边、整层交圈、整幢交圈"，避免错缝、乱缝和小半砖现象。拼缝策划的要求是做到一个楼层一条缝，最高境界是一栋楼一条缝。拼缝策划主要为了美观，且尽最大可能做到整砖铺贴，达到省料、省工的目的。

（2）三同缝

墙砖、地砖、吊顶、经纬线对齐；三维对缝，把地砖拼缝模数与隔墙厚度、墙砖模数一致或对应起来。

（3）卫生间设施六对齐

1）洗脸台板上口与墙砖对齐；

2）台板立面挡板与墙砖对齐；

3）镜子上下水平缝对齐，两侧对称，竖缝对齐；

4）门上口和水平缝，立框和砖模数对齐；

5）小便器、落地、上口、墙缝、两边和竖缝对齐；

6）电器开关、插座、上口与水平缝对齐。

（4）分中、对称布置

地漏在地板砖中心。墙的排砖图和安装的电器不能各行其道，设备器皿与墙、地砖拼缝的协调性，位置的准确性（如开关面板位置距门边0.15~0.20m，距地面1.30m）等问题应关注，必须在预埋管线时就对整个卫生间进行布局策划。

（5）确定重点，做好过程控制

体现我要你怎么干，你就怎么干；而不是你想怎么干，我来检查再整改；并达到以下效果：

1）一居中：吊灯、地漏、插座、开关等居中；

2）二对齐：上下对齐，左右对称对齐；

3）三成线：横成排、竖成行、斜成线；

4）四一致：内、外一致；上、下一致；明、暗一致；大面、小面一致。

8.2 土建工程细部策划

8.2.1 地基与基础工程

1. 支护结构

（1）钻孔灌注桩排桩支护

1）钻孔灌注钢筋混凝土排桩（悬臂式排桩）施工应符合现行行业标准《建筑桩基技术规范》JGJ 94、《建筑基坑支护技术规程》JGJ 120相关规定。

2）桩径不宜小于600mm。排桩采用素混凝土与钢筋混凝土桩间隔布置的钻孔咬合桩形式时，桩径不小于800mm，相邻桩咬合深度不宜小于200mm（图8-1）。

3）排桩施工应保证钢筋混凝土质量，桩位允许偏差50mm，须预防缩径、断桩等问题。

4）冠梁施工前，应将桩顶浮浆、低强度混凝土及破碎部分清除，桩主筋锚入冠梁的长度符合设计要求（宜取冠梁高度；当冠梁按结构受力构件设置时应满足锚固长度要求）。冠梁混凝土应振捣密实，表面平整、顺直，截面尺寸准确。

5）排桩应采用低应变动测法检测桩身完整性，检测桩数不少于总桩数的20%，且不少于5根。

6）应按基坑监测方案进行基坑支护结构位移及变形监测，如有异常变化则按应急方案处置。

7）基坑支护结构应由有资质单位进行专项设计。基坑支护结构设计使用年限，不同规范标准均有不同限定，应满足设计使用年限及规范要求。超过5m深基坑的支护设计施工方案须经专家论证。支护排桩中心距不宜大于桩直径的2倍。桩身混凝土强度等级不宜小于C25。

图8-1 钻孔灌注桩排桩图

图8-2 内支撑体系图

（2）内支撑体系

1）支撑结构的安装与拆除顺序，应同基坑支护结构的计算工况一致。必须严格遵守先支撑后开挖的原则（图8-2）。

2）立柱穿过主体结构底板以及支撑结构穿越主体结构地下室外墙的部位，应采用止水构造措施。

3）支撑梁拆除应做好地下室底板与预留钢筋的保护措施，可采用分段切除的方法拆除支撑梁。

2．工程桩

（1）泥浆护壁混凝土灌注桩

1）施工过程中应对成孔、清渣、放置钢筋笼、灌注混凝土等工序严格检查控制（图8-3）。

2）合理确定泥浆池、沉淀池、排浆沟位置。护筒内泥浆面应高于地下水位1.0m左右，防坍孔。

3）用沉渣测量仪测量沉渣厚度以控制桩的偏差。桩孔沉渣厚度：摩擦型桩不应

图8-3 泥浆护壁混凝土灌注桩施工图

大于150mm；端承型桩不应大于50mm；抗拔桩、抗水平力桩不应大于200mm。

4）桩孔深度应符合设计要求。用带有重锤的测量绳或在钻杆上标记测量孔深。

5）按照施工方案控制护壁泥浆密度，确保成孔质量。

（2）预应力管桩

1）确认预应力管桩强度达到设计强度，混凝土有效预压应力须达到相应型号规定值方可进场。

2）预应力筋保护层厚度不应小于35mm（外径300mm的管桩不小于30mm）。

3）严格进行进场检查验收，并形成完整的验收记录（图8-4）。

4）混凝土强度等级：预应力混凝土管桩（代号为PC）不低于C50、预应力高强混凝土管桩（代号为PHC）不低于C80、薄壁管桩（代号为PTC）不得低于C60。

5）采用电焊接桩时应焊接饱满，确保焊接质量。重要工程应对电焊接头做10%的焊缝探伤检查。应检查记录电焊接桩质量、电焊后停歇时间等施工情况。

6）按照设计图纸准确放线定位，桩位允许偏差100mm且符合规范要求。

7）根据设计要求尽量采用静力压桩机压桩，设计许可时可采用筒式打桩机锤击贯入。

8）填芯混凝土强度等级一般同承台或基础梁，可与承台或基础梁一起浇筑。

9）严格检查桩贯入、桩顶完整等情况。完工后及时进行桩基承载力及桩体质量检验。

（3）桩基钢筋笼工程

1）钢筋笼主筋按照设计要求连接，通常采取焊接连接或者直螺纹套筒机械连接方式。机械连接应在试连接型式检验试验合格之后正式连接，并随机取样检测。套丝前采用无齿锯将钢筋端头切平，套丝长度准确，拧紧后外露丝扣1~2丝。箍筋间距允许偏差±20mm。

2）按设计文件加工钢筋笼，严格控制钢筋笼长度，允许偏差±100mm。

图8-4 预应力混凝土管桩施工过程隐蔽工程验收

图8-5 桩基钢筋笼

3)钢筋的规格、型号、分布,焊条的选用,箍圈焊接及搭接长度等,均应符合设计及规范要求,环形加劲箍平面必须与钢筋笼长度方向垂直、与纵向钢筋焊接;螺旋箍筋缠绕要紧密(图8-5)。

3.地下室底板后浇带及施工缝

(1)先施工后浇带部位附加防水卷材,两侧分别外延250mm宽;然后铺设大面防水卷材。按照设计强度等级和厚度施工防水保护层混凝土,养护期保湿养护。

(2)后浇带采用橡胶止水带、补偿收缩混凝土等防水措施,补偿收缩混凝土的抗压强度和抗渗等级均不得低于两侧混凝土强度和等级。中埋式止水钢板带埋设位置应准确,其中间空心圆与变形缝中心线应重合,止水钢板接长焊接焊缝饱满(图8-6)。在后浇带两侧设置快易收口网。浇筑混凝土应振捣密实,保湿养护14d;浇筑3d后拆除后浇带两侧快易收口网,剔凿施工缝。

(3)地下室施工缝防水混凝土应连续浇筑,宜尽量少留施工缝;墙体上一般不留垂直施工缝,垂直施工缝应与变形缝相结合;墙体施工缝应避免设在墙体承受剪力最大的部位,不应留置在剪力最大处或底板与侧墙的交接处,且距墙孔洞边缘不应小于300mm,并应避免设在墙板承受变形弯矩或剪力最大的部位。墙体最低水平施工缝

图8-6 地下室底板后浇带及施工缝做法

图8-7 地下室底板大体积混凝土施工

应高出底板表面不小于300mm。

4．地下室底板大体积混凝土

（1）地下室底板大体积混凝土钢筋层间支撑（马凳筋）的设置必须经过严格计算，确保安全稳固，应严格按照施工方案确定的材料、规格型号、纵横间距、连接方式支设（图8-7）。严禁在底板钢筋上集中堆放成捆的钢筋。

（2）地下室底板大体积混凝土应严格执行施工方案确定的降温措施、测温措施、应对温差过大的措施。

（3）大体积混凝土施工过程中应检查混凝土的坍落度、配合比、浇筑的分层厚度、坡度以及测温点设置，上下两层的浇筑搭接时间不应超过混凝土的初凝时间。养护时混凝土结构构件表面以内50~100mm位置处的温度与混凝土结构构件内部的温度差值不宜大于25℃，且与混凝土结构构件表面温度的差值不宜大于25℃。

5．地下室防水

（1）防水材料

1）地下防水工程所使用防水材料的品种、规格、性能等必须符合《地下防水工程质量验收规范》GB 50208等现行国家或行业产品标准和设计要求。

2）防水材料必须经具备相应资质的检测单位进行抽样检验，并出具产品性能检测报告。

3）防水卷材包装应规范，包装上应有合格证标志，注明生产厂名、商标、产品名称、规格型号、产品标识、生产日期和批号、生产许可证号、贮存运输注意事项。

4）生产厂应提供一式三份《产品合格证》，内容除了包装上的合格证标志内容外，还应有供货数量、工厂盖章，并附有《出厂检测报告》。

5）进场的每批防水材料必须在现场监理工程师见证下随机取样，并且见证封样送检。取样须有代表性。经具备相应资质的检测单位复试检验合格后，办理"材料报验"及进场验收记录后方可使用（图8-8）。

图8-8 防水材料进场检查

6）不得进场和使用没有国家产品标准和行业产品标准的防水材料。

7）防水卷材所选用的基层处理剂、胶粘剂、密封材料等均应与铺贴的卷材相匹配。

8）地下室顶面种植土下须铺设耐根穿刺卷材（卷材内含有铜板、铜箔、铝板等）。

9）地下防水工程施工期间，必须保持地下水位稳定在工程底部最低高程0.5m以下，必要时应采取降水措施。对采用明沟排水的基坑，应保持基坑干燥。

10）从人、机具、材料、设计做法、技术交底、施工方法、环境等方面加强防水工程等特殊过程控制，确保地下室等部位防水功能。

11）由施工员、质量员旁站监督。SBS防水卷材等接缝在热熔状态压紧粘贴牢固，地下室外墙铺贴卷材须用滚筒等工具压紧。

12）地下室垫层上施工防水层期间随时清扫砂子、石子等异物，施工通道采取防护措施。

（2）防水卷材铺贴

1）铺贴卷材的基层应洁净平整、坚实牢固，阴阳角呈圆弧形，阴阳角最小半径50mm，表面平顺、洁净，接槎平整，不允许有明显的尖角棱边、凹陷、起皮、起砂、空鼓和开裂现象；

2）防水卷材施工前，基面应干净、干燥，并应涂刷基层处理剂；基层阴阳角应做成圆弧形；

3）铺贴各类防水卷材，应先铺设卷材加强层；对变形较大、易遭破坏或易老化部位，如变形缝、施工缝、转角处、三面角及穿墙管道根部周围、地下出入口通道、后浇带、电梯坑等处，均应铺设卷材加强层，加强层宽度不应小于500mm（图8-9）；

4）卷材防水层的搭接缝应粘贴或焊接牢固，密封严密，不得有扭曲、折皱、翘边和起泡等缺陷；

5）采用外防外贴法铺贴卷材防水层时，立面卷材接槎的搭接宽度，高聚物改性沥

图8-9 防水卷材施工

青类卷材应为150mm，合成高分子类卷材应为100mm，且上层卷材应盖过下层卷材。

（3）防水涂料

1）涂料防水层的平均厚度应符合设计要求，最小厚度不得小于设计厚度的90%；

2）在转角处、施工缝、墙面的管根、变形缝、穿墙管等部位（薄弱环节），应增加胎体增强材料和增涂防水涂料（2层附加层），附加层（加强层）宽度不应小于500mm；

3）防水涂料应涂刷均匀；有机防水涂料基面应干燥；基层含水率不大于9%；

4）涂膜防水施工时，操作工人必须穿平底鞋，使用塑料或橡胶刮板进行刮涂，或者采用涂刷、喷涂方式；每层涂刷前，上一层必须充分干燥；

5）每遍涂刷时应交替改变涂层的涂刷方向，同层涂膜的先后搭压宽度宜为30~50mm；

6）涂料防水层完工并经验收合格后应及时施工保护层，底板的细石混凝土保护层厚度不应小于50mm，侧墙宜采用软质保护材料或铺抹20mm厚1:2.5水泥砂浆保护层（图8-10）。

图8-10 防水涂料施工

8.2.2 主体结构工程

1. 钢筋工程

（1）钢筋加工、制作

1）钢筋切平头：钢筋端部应使用砂轮切割机或直螺纹套丝专用平头切断机切断，切口面应与钢筋轴线垂直，避免出现马蹄形或翘曲；严禁直接用普通剪断机剪断或用气割切割下料的钢筋加工丝头；

2）钢筋丝头加工：钢筋丝头加工丝扣完整，端头用磨光机打磨一遍，丝扣的长度和直径满足要求，经检验合格；钢筋丝头连接部位应符合设计要求，标准接头安装后的外露丝扣不大于两个完整丝扣（图8-11）；

3）箍筋加工：钢筋末端弯钩，其弯弧内直径D及平直段长度应符合规范要求；箍筋平面无翘曲变形，箍筋弯钩的弯折角度：一般结构，不应小于90°；有抗震等要求的结构，应为135°；异型箍筋加工设置定型模具，并进行放样制作；调直后钢筋直径不得小于规定限值。

（2）钢筋安装

1）墙钢筋安装（图8-12）

①竖向梯子筋的钢筋规格比图纸设计钢筋高一规格，用来替代梯子筋位置的设计钢筋。中间三根用砂轮切割机切割，宽度同墙厚，端头刷防锈漆。

②竖向梯子筋：剪力墙暗柱钢筋绑扎完成后，在剪力墙内自暗柱或转弯100～200mm处开始安放竖向梯子筋，梯子筋安放间距不大于2m。

③水平梯子筋：在上层现浇板面上方200mm处安装工具式水平钢筋定位卡具。水平钢筋定位卡具应专墙专用，可周转使用。

2）墙钢筋塑料卡安装

①全部钢筋绑扎完毕后，呈梅花形安放保护层垫块和模板定位撑。垫块可采用

图8-11 钢筋丝头加工

图8-12 墙钢筋安装

图8-13 墙钢筋塑料卡

图8-14 墙钢筋水泥撑条定位保护层

PVC垫块，PVC垫块应有足够的硬度，其安装后卡口应背向模板方向，可与混凝土垫块间隔放置使用，以减少模板变形（图8-13）；

②钢筋间距允许偏差10mm，保护层厚度允许偏差±3mm。

3）墙钢筋水泥撑条定位保护层

模板定位水泥撑条与墙体钢筋用扎丝绑牢，水泥垫块支撑间距宜为400mm，不应超过600mm（图8-14）。

4）柱钢筋定位

①柱钢筋绑扎成型后，在距离楼面标高上200mm处安装定位柱箍，并与主筋绑扎牢固，混凝土浇筑后取出定位柱箍循环使用（图8-15）；

②定位柱箍可采用内置式、外置式、内外双控式。

5）楼板钢筋绑扎

①楼板钢筋绑扎前要定位放线，根据楼板钢筋的设计间距，在模板表面弹出每道钢筋位置线；

②第一道钢筋距梁边50mm。按照所弹墨线定位、放置钢筋并进行绑扎，钢筋保护层垫块呈梅花形设置，间距不大于1000mm（图8-16）。

6）楼板钢筋垫块设置

①楼板钢筋绑扎间距均匀、顺直，间距偏差符合规范要求；

②在钢筋交叉处呈梅花形安放保护层垫块，垫块距板边不大于50mm。垫块应和钢筋保护层厚度、板厚度及钢筋规格相适应（图8-17）。

（3）钢筋保护

1）墙、柱钢筋防混凝土污染

①墙、柱竖筋在浇筑混凝土前套好塑料管保护或用彩布条、塑料条包裹严密，高

图8-15　柱钢筋定位图

图8-16　楼板钢筋定位图

图8-17 楼板钢筋垫块图

度不小于50cm。并且在混凝土浇筑时,及时用布或棉丝沾水将被污染的钢筋擦净(图8-18)。

②楼板混凝土终凝后将保护措施拆除。

2)钢筋马道搭设

①根据楼板厚度制作定型化钢筋马道,钢筋马道宜高出板面10cm(方便操作)(图8-19);

②梁板钢筋绑扎完一段,至少放置两条马道,防止工人及管理人员在绑扎钢筋、

图8-18 墙柱钢筋塑料管保护

图8-19 现场钢筋马道搭设

浇筑混凝土及检查验收时踩踏钢筋。

2．模板工程

（1）墙模板

1）外墙柱、楼梯间、电梯井竖向模板底部与已浇筑混凝土搭接200mm以上，利用预留螺栓固定，保证模板与混凝土紧密贴合，避免上下层间混凝土错台，在模板与混凝土之间粘贴双面胶带，避免漏浆。

2）剪力墙模板拼缝位置及阳角部位用木楔处理，防止涨模及漏浆。

3）剪力墙模板加固采用2~3道钢管对称斜撑，斜撑间距≤2m，起步不大于1500mm（图8-20）。

（2）柱模板

框架柱型钢加固，保证框架柱平整度，不涨模、跑模，或采用新型柱模板进行加固（图8-21）。

（3）梁模板

1）梁内使用顶衬顶实，梁外加固牢固，拉线调直模板，要特别注意楼层边缘梁、楼梯外围梁、电梯井外围梁，梁口不顺直或截面尺寸偏差将会导致墙面平整度、

图8-20　剪力墙模板

图8-21　柱模板

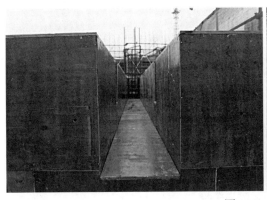

图8-22 梁模板

图8-23 楼面高差控制定型化做法

垂直度不合格,错台漏浆,影响观感(图8-22);

2)梁底模采用梁侧模包梁底模,次龙骨包梁侧模的施工方法;

3)梁底模现场加工成定型模板,便于周转利用。

(4)楼面高差控制

1)降板挡模采用方钢或铝合金作为模板,保证棱角顺直,便于拆模,便于模板清理(图8-23);

2)转角拼装处采用插销连接,焊定位卡控制水平标高及轴线位置;

3)浇筑混凝土,严格控制楼面标高。

(5)后浇带、施工缝模板

1)梁板后浇带模板

①后浇带模板及支撑与两侧分开支设,必须采用独立设计系统,后浇带两边立杆立于后浇带边距离宜为200mm,后浇带浇筑前应居中增设一排立杆,与满堂脚手架安拆互不影响,上下层立杆放置同轴心。后浇带模板支撑不得随意拆除,拆除时间必须满足设计及规范规定(图8-24)。

图8-24 梁板后浇带模板

②后浇带两侧设置宽度为10cm的活动模板条作为清扫口,将垃圾、杂物清扫干净后,再将活动板固定牢固、严密。

③在后浇带两侧砌筑单皮砖挡水台,外侧抹灰,防止雨水流入;在挡水台上部用废旧模板、木方进行固定覆盖。

2）墙体水平施工缝

①支设墙柱模板时,在模板接槎部位外侧底部设置第一排钢管,与模板一同加固牢固,能够很好地增加墙柱模板接槎部位的密封性（图8-25）;

②下层距施工缝20cm处预留一排对拉螺栓;外侧模板底部比正常配模下延20cm,以满足下挂20cm紧固;

③浇筑墙柱混凝土时,务必做好墙、柱根部混凝土收面,水平施工缝要平齐。水平施工缝模板支设前,沿模板底部内侧贴宽度不小于25mm、厚度不小于2.5mm的海绵条,增加模板底部的密封性,减少墙柱接槎部位混凝土漏浆。

(6) 地下室外墙新型止水对拉螺杆

1) 按照模板控制线支设好地下室外墙内侧模板,模板开孔位置应避开钢筋,安

图8-25 墙体水平施工缝支模

装新型中间防水、两端可拆卸重复利用的止水对拉螺杆,在外侧模板螺杆对应位置开孔,并安装外侧模板(图8-26)。

2)拆模时,松掉螺母及拆除模板加固材料,用扳手卸掉螺杆两端可周转使用部分,拆除模板。

3)螺杆端孔填塞微膨胀干硬性防水砂浆与墙面平齐。

(7)柱根部防漏浆处理

1)现浇板混凝土收面时,加强墙柱根部收面的平整度控制,并进行凿毛处理,凿毛前宜先弹好墙柱边线和模板控制线;

2)在支设墙柱模板时,在模板根部外加设∟50×50角钢,与模板一同加固,能够很好地增加墙柱模板根部的刚度及密封性;

3)在放置角钢前,沿角钢底部(沿墙边线让开模板厚度)在地面上贴宽度不小于25mm、厚度不小于2.5mm的海绵胶条,填塞角钢与地面之间的缝隙,增加角钢底部的密封性(图8-27)。

图8-26 地下室外墙新型止水对拉螺杆

图8-27 柱根部防漏浆处理

3. 混凝土工程

（1）施工缝处理

1）模板支设前进行凿毛，凿毛前对需凿毛的位置进行弹线切割，去除表面浮浆使混凝土表面露出石子，混凝土浇筑前浇水湿润；剔凿完毕后应将松动的石子等清除干净，然后用水冲洗（图8-28）；

2）顶板留置在板下，独立柱一般在梁上2～3cm；

3）弹线、切割、剔凿，保证墙体、板面施工缝是一条直线；

4）浇筑混凝土前先用同混凝土配比的砂浆铺一层，墙体及楼板施工缝可刷浆。

（2）梁柱核心区隔离措施

1）柱混凝土与梁板混凝土强度等级相差大于一级时，在距柱梁节点边500mm范围且大于1/2核心区高度位置绑扎钢板网，或h/2钢筋快易收口网依据梁钢筋的位置、规格开口。用扎丝绑扎固定在附加固定钢筋上，附加固定钢筋应与梁箍筋焊接牢固。先浇筑梁柱核心区混凝土，初凝前浇筑梁板混凝土（图8-29）。

2）隔断气囊安装固定：在梁柱节点钢筋绑扎完毕后，根据钢筋间距缝隙安放未充气的橡胶充气气囊，安放好后使用打气筒充气，利用气囊充气膨胀将止回空隙填塞

图8-28 墙柱施工缝处理

图8-29 梁柱核心区隔离措施

密实，将梁柱节点高强度混凝土与梁板低强度混凝土完全隔开，然后浇筑梁柱节点高强度等级混凝土，在浇筑梁板低强度混凝土前，将气囊放气后收缩，气囊与混凝土脱离，即可将其拔出，清理后使用到下一楼层或流水段。

（3）大面积楼板混凝土收面

为有效减少混凝土裂缝的发生，现浇板面混凝土在初凝前采用磨光机收面，做到机械化找平，在找平的表面再进行拉毛处理（图8-30）。

（4）混凝土浇筑及养护（图8-31）

1）严格控制不同强度等级梁柱节点部位混凝土浇筑，对于框架柱与梁板混凝土强度差两个等级及以上的需要采取"拦槎"措施防止混凝土混浇；

2）加强楼板混凝土面的标高控制，注意混凝土表面二次抹压；

3）合理采用混凝土养护措施，保证养护时间及养护效果，混凝土强度达到1.2MPa前不得上人踩踏、堆放荷载、安装模板及支架，以避免破坏混凝土表面。

（5）混凝土进场检测及试块管理

1）混凝土进场后先进行混凝土现场检测，通过查看混凝土运输单了解混凝土是

图8-30　楼板混凝土收面

 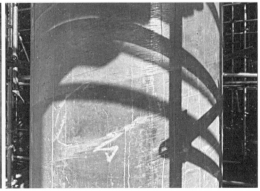

图8-31　混凝土浇筑及养护

否满足规范要求,满足要求后进行现场混凝土坍落度试验,验证混凝土是否满足运输单要求;

2)标准养护室进行恒温恒湿控制,保证室内处于标准养护状态,拆模后试件应立即送入工标准养护室养护,试件间应保持10~20mm的距离,并避免直接用水冲试件;

3)同条件养护的试件成型后应将表面加以覆盖。试件拆模时间可与构件的实际拆模时间相同;拆模后,试件仍须保持同条件养护(图8-32)。

4. 砌体工程

(1)墙体顶部做法

1)做法一:填充墙砌至梁、板底时留30~50mm空隙,静置14d待墙体沉实,用经防腐处理的小木楔将砌块与梁(板)底楔牢,用柔性填充材料和水泥砂浆将空隙填实抹平;

2)做法二:填充墙砌至梁、板底时留80~200mm空隙,静置14d待墙体沉实,将顶部空隙斜砌顶紧(图8-33)。

图8-32 混凝土标准养护室养护及同条件养护

图8-33 墙体顶部做法

(2)构造柱施工

1)构造柱马牙槎自下而上先退后进,退后尺寸为每边60mm,高度不大于300mm。进槎下口砖切成宽60mm、角度45°的斜角(图8-34);

2)构造柱混凝土强度等级严格按照设计要求,不得私自更改为细石混凝土;

3)为保证混凝土浇筑密实,应将一侧模板的顶端做成漏斗状喇叭口;

4)浇筑混凝土时必须用小型振捣棒振捣密实。

(3)墙面管线开槽及填补

1)砌体上应用开槽机进行开槽,开槽前应弹线确定位置;

2)开槽深度应保证管线埋设后距表面不小于20mm,且不大于100mm;

3)线管埋设后用水泥砂浆固定牢固,宽度小于100mm的槽用M10水泥砂浆填补,大于100mm的槽用C20细石混凝土填补密实,补槽后砂浆(混凝土)表面较砌体面高3~5mm(图8-35)。

(4)砌体植筋

根据配筋砌体要求,在现场定位放线,植筋孔竖向间距不大于500mm,与灰缝

图8-34 构造柱施工

图8-35 墙面管线开槽及填补

位置对应，距墙皮不小于15mm用电锤进行钻孔，孔径比所植钢筋直径大一个规格，深度大于钢筋直径的10倍（图8-36）。

（5）门窗洞口预埋混凝土预制块

1）根据门窗洞口大小及墙体材料规格，现场加工或购买混凝土预制块；

2）洞口边立皮数杆确定混凝土预制块位置，上、下第一个混凝土预制块中心线距洞口顶和洞口底不超过150mm，中间预制块距门洞口不大于1.2m，窗洞口不大于0.5m，按确定的位置随砌随安预制块（图8-37）。

5．钢结构工程

（1）钢结构安装

1）柱柱对接安装

①先在柱表面中心弹线（应与牛腿中心对应）作为控制基准；

②出厂前应根据柱面尺寸对称焊接耳板，连接板与耳板采用螺栓连接，临时固定上、下柱；

③用缆风绳或千斤顶配合经纬仪测控调整垂直度，保证上、下柱控制线对应重合；

图8-36　砌体植筋

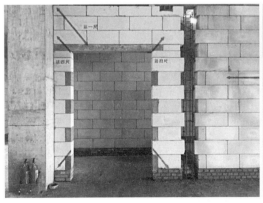 

图8-37　门窗洞口预埋混凝土预制块

④根据标高调整柱对接间隙，拧紧耳板螺栓，点焊固定；

⑤验收标准：垂直度偏差≤H/1000，且不大于10mm；标高偏差≤±2mm；轴线偏差≤±3mm。

2）梁柱对接安装

①用钢丝刷将梁柱对接处清理干净，摩擦面清刷方向应与摩擦受力方向垂直，孔边毛刺必须彻底清理（图8-38）；

②吊装就位后，螺栓连接用冲钉和安装螺栓临时固定；

③用电动定扭矩扳手施工高强度螺栓（替换安装螺栓）；

④验收标准：螺栓扭矩及焊缝等级达到设计要求，无扩孔、错孔现象。

（2）高强度螺栓连接

1）螺栓孔应在工厂加工完成，孔位准确，成排成行；

2）现场用安装螺栓或冲钉临时固定，安装螺栓应均匀布置，数量不应少于螺栓总数的1/3且不少于2个，冲钉穿入数量不宜多于安装螺栓数量的30%；

3）高强度螺栓应自由穿入螺栓孔，逐根替换安装螺栓，螺栓孔不应采用气割扩孔，用铰刀扩孔的孔径不应超过1.2d（d为螺栓孔直径）；

4）高强度螺栓紧固分为初拧和终拧，对于大型节点（单排/列螺栓个数超过15个），分为初拧、复拧和终拧，初拧、复拧扭矩为终拧扭矩的50%，初拧和复拧后应作出标识；

5）大六角头高强度螺栓按终拧扭矩值控制，终拧后用不同的颜色进行标识；

6）扭剪型高强度螺栓应以尾部梅花头拧断控制，初拧、复拧和终拧应在24h内完成；

7）终拧完成1h后、48h内进行终拧扭矩检查；

8）安装高强度螺栓时，构件的摩擦面应保持干燥，不得在雨中作业，摩擦面不应有飞边、毛刺、飞溅物、焊疤、氧化铁皮；

图8-38　梁柱对接安装

9）抗滑移系数检验应以钢结构制造批为单位，由制造厂和安装单位分别进行，每批三组，单项工程的构件摩擦面选用两种及两种以上表面处理工艺时，每种表面处理工艺均需检验；

10）抗滑移系数检验用的试件由制造厂加工，试件与所代表的构件应为同一材质、同一摩擦面处理工艺、同批制作、使用同一性能等级、同一直径的高强度螺栓连接副，并在相同条件下同时发运；

11）当型钢构件拼接采用高强度螺栓连接时，其拼接件宜采用钢板，以使被连接部分能紧密贴合，保证预拉力的建立；

12）在高强度螺栓连接范围内，构件接触面的处理方法应在施工图中说明；

13）验收标准：螺栓位置、初拧扭矩、终拧扭矩；连接板密贴、高强度螺栓排列整齐，外露丝扣2～3扣；扭矩合格（图8-39）。

（3）焊接与焊缝

1）钢衬垫应与母材金属贴合良好，并在整个焊缝长度内保持连续，衬垫板厚度≥4mm；

2）引、熄弧板材料与母材相同，引、熄弧板的长度≥25mm；

3）焊缝均匀整齐，焊缝宽度≤20mm时，焊缝余高控制在0～3mm；

4）当母材厚度12mm<t≤20mm，要求角焊缝焊脚尺寸≥6mm，焊缝余高为0～3mm；

5）立焊对接焊缝（一级）要求无表面气孔、咬边、夹渣、未焊满、裂纹等缺陷，焊缝均匀整齐，焊缝宽度≤20mm时，其焊缝余高≤3mm；

6）焊缝尺寸不要求超过焊接接头中较薄件厚度的情况除外；承受动荷载的角焊缝最小焊脚尺寸为5mm；

7）焊缝外观不能有表面气孔、表面夹渣、飞溅、裂纹、弧坑缩孔、电弧擦伤

图8-39 高强度螺栓连接安装

等，焊缝必须饱满，不能出现未焊满、错边等缺陷（图8-40）。

（4）钢结构防腐与防火涂料

1）先用合适的清洁剂清除表面的油脂等污染物；

2）采用喷砂或者抛丸方式清洁表面，表面粗糙度在30～60μm；清洁后的表面必须在4h内施工底漆；

3）油漆施工完成后，表面必须光滑、无色差；

4）防火涂料必须符合相关规范的技术要求，进场前经消防部门认可；

5）防火涂料涂装基层不应有油污、灰层和泥沙等污垢，不应有误涂、漏涂，涂层无粉化松散和浮浆等外观缺陷；

6）厚型防火涂料80%及以上面积涂层厚度应符合有关耐火极限设计要求，且最薄处厚度不应低于设计要求的85%；

7）涂料施工完成后应表面光滑（图8-41）。

图8-40　钢结构焊接施工

图8-41　钢结构防腐与防火涂料施工

8.2.3 屋面工程

1. 屋面布局

屋面工程涉及多个专业，有土建、装饰、钢结构、电器、给水排水、通风空调、消防等专业，屋面地砖排版复杂，设备管线众多，施工前进行策划排版，应用BIM技术进行综合排版布局，可达到事倍功半的效果（图8-42）。

2. 屋面女儿墙

（1）女儿墙结构根部应设置500mm以上混凝土翻边（与屋面结构同时浇筑）；

（2）女儿墙内侧抹灰应设置分格缝，并与屋面刚性层分格缝贯通（图8-43）；

（3）女儿墙压顶应为细石混凝土，压顶向内坡水不小于2cm，转角处应做成45°凹脊线（图8-44）；内悬挑压顶内侧下端应做滴水线（槽），滴水线（槽）宽度和深度不小于10mm；压顶要求顺直、平整、美观（图8-45）。

（4）上人屋面栏杆临空高度不得低于1200mm。栏杆高度为可踏面（宽度不小于

图8-42 屋面整体布局统筹优化

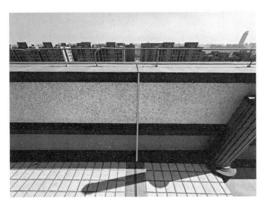

图8-43 抹灰分格缝与屋面分格缝对齐

图8-44 女儿墙压顶向内坡水

22cm，高度不大于45cm，栏杆底横杆离台面净空高度大于11cm）至栏杆扶手顶面垂直高度（图8-46）。

3．屋面泛水

混凝土弧形加厚，防止根部出现破损、开裂、空鼓问题；泛水细部处理要求圆弧光滑、流畅，排水坡向正确、排水通畅；贴面地砖排版精准、铺贴牢固，分缝规范，分色设置巧妙，砖缝顺直饱满（图8-47）。

4．屋面天沟及落水口

（1）天沟结构：钢筋混凝土檐沟、天沟净宽度不应小于300mm，分水岭处最小深度不应小于100mm，沟内纵向流水坡度不应小于1%，沟底水落差不得超过200mm。要求坡向顺直、表面平整、排水畅通、不积水（图8-48）。

（2）天沟装饰要求：根据天沟尺寸及坡度加工块材，阳角部位块材应倒角，石材背涂应涂刷到位；铺贴是平面压侧面，面砖应与屋面砖对缝，颜色搭配协调；由于天沟坡度形成非整砖，应贴于侧面下部，条砖或石材应密贴，沟壁高度方向宜为整块，平面与面砖交界处应打胶。

图8-45　悬挑压顶内侧下端做滴水线

图8-46　可踏面部位增设栏杆

图8-47　屋面泛水

 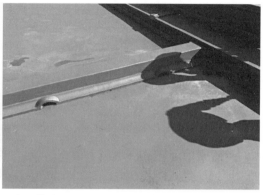

图8-48 屋面天沟及落水口

（3）落水口：屋面落水口必须设置在最低处，直式水落口周围半径500mm范围内坡度不应小于5%，防水层和附加层伸入水落口杯内部不小于50mm。严禁用地漏代替雨水斗。

5．伸出屋面管道

（1）出屋面通气管根部直径500mm范围内的找平层宜做圆锥台或棱锥台，高度大于完成面250mm，坡向周围，以防根部积水（图8-49）；

（2）出屋面通气管根部防水收头应保护在圆锥台或棱锥台内；

（3）管道根部周围做附加增强层，宽度和高度不小于150mm；

（4）通气管与找平层间留20mm×20mm凹槽，并嵌填柔性密封材料；

（5）防水层贴在管道上的高度不应小于完成面250mm，附加层和防水收头处应用金属箍箍紧，并用柔性密封材料封严。

6．屋面排汽管

（1）封闭式保温层或保温层干燥有困难的卷材屋面，宜采取排汽构造措施；

（2）排汽槽、排汽孔设置应统一排版，均匀布置、纵横贯通，排汽孔应设置在分

 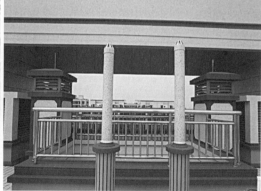

图8-49 伸出屋面管道做法

格缝纵、横交点中心位置，安装牢固，成行成线，排汽通畅。排汽孔防水材料泛水高度不得小于250mm（图8-50）。

7. 屋面烟道

（1）上人屋面，烟道出屋面高度同女儿墙高度，且大于1.8m。不靠近女儿墙烟道也应满足上述要求。烟道高度应尽量统一，不得高低不一（图8-51）。

（2）非上人屋面，烟道出屋面高度同女儿墙高度。

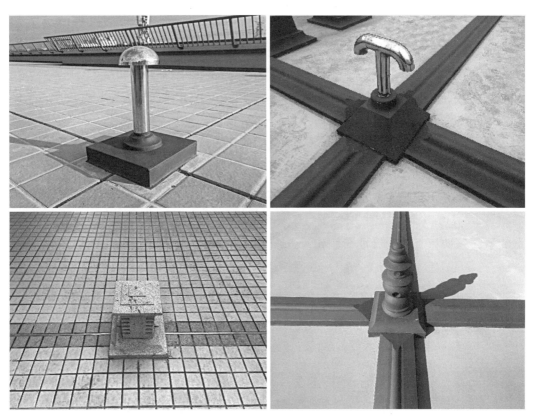

图8-50 屋面排汽管做法

图8-51 屋面烟道做法

8. 面层分格缝

（1）分格缝应对应屋脊、柱中设置，并与女儿墙分格对缝；女儿墙四周、突出屋面构筑物四周均应设置，分格缝宽度宜为20~30mm；所有屋面分格缝必须打耐候胶处理；

（2）分格缝间距不应大于4m，宽度为20~30mm，并与下部找平层及保温层分格缝上下贯通对应；

（3）分格缝两侧和突出屋面构件周围，应采用其他颜色饰面砖镶边。用钢丝刷清理缝内杂物，加压水冲洗干净，吹风机吹干缝槽。填嵌背衬泡沫棒，用胶轮挤紧塞实，泡沫棒宽度应大于缝宽的20%，泡沫棒嵌填深度不小于10mm，碾压后表面低于面层不小于9mm，打胶前在缝槽两侧贴美纹纸防止污染面层。缝壁涂刷基层处理剂，待其表干后，用胶枪把耐候胶均匀地挤入缝内，用专用工具或手指蘸水捋光、顺平。胶层厚度应为5~6mm，胶面低于面层2~3mm，表面应呈凹弧形，十字交叉处形成X形。打胶完成后取下分色带，裁割清理砖缝处溢胶（图8-52）。

9. 屋面水簸箕

现行国家标准《屋面工程技术规范》GB 50345中规定高跨屋面为有组织排水时，水落管下口应加设水簸箕，避免下口被雨水冲刷而设置的保护块，材料可以用细石混凝土砂浆抹面、石材或饰面砖制作（图8-53）。石材或饰面砖加工时，棱角应倒角，

图8-52　面层分格缝做法

图8-53　屋面水簸箕做法

用石胶或胶粘剂拼装，应与墙面结合严密，并与水落口中心对应，底部石材宜内高外低，与墙面及屋面交接处应打胶封闭。

水簸箕造型应美观、协调，粘结牢固，胶缝均匀顺直。

10．屋面避雷带

（1）避雷线在固定支架上应平直、牢固，其顶部距建筑物应为100mm，不应有高低起伏、弯曲、下垂等现象。

（2）明装避雷带随建筑物造型弯曲，弯曲处均做成圆弧，其圆弧半径为100mm，严禁做成90°直角弯或小于90°死弯。

（3）避雷带应和建筑物顶部的其他金属物体连接成一体（图8-54）。

11．屋面构架

（1）室外构架梁设置有组织排水，在梁上表面居中位置可设置排水槽，埋设PVC管穿梁，有组织排水。

（2）梁下口设置滴水线，防止有反水流挂等现象，涂料施工时应分色清晰（图8-55）。

（3）构架梁采用铝板包封时，铝板应根据构架梁尺寸进行排版，铝板分缝应合理，梁柱对缝，胶缝平直光滑（图8-56）。

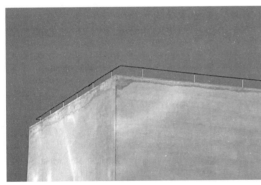

图8-54　屋面避雷带做法

图8-55　构架梁滴水线顺直

图8-56　构架梁分色协调美观

12. 屋面爬梯

（1）爬梯宜采用分离式，下部2m范围内的梯段为折叠式或活动式，2m以上爬梯应加设护笼（图8-57）。

（2）屋面爬梯宜采用不锈钢或热镀锌材质，屋面钢爬梯应与防雷接地网可靠连接。

13. 屋面栈桥

跨管道、桥架、设备或变形缝处，设置人性化跨越栈桥，既方便检修，又具有美观和成品保护的效果，在放置栈桥处应提前留设防雷接地点（图8-58）。

8.2.4 装饰装修工程

1. 楼梯施工

（1）栏杆扶手

1）栏杆施工控制要点：间距、高度、平直段长度、转弯弧度；

图8-57 屋面爬梯做法

图8-58 屋面栈桥做法

2）质量要求：楼梯栏杆、扶手固定牢靠无晃动；竖向栏杆净空间距不大于110mm，栏杆高度应从踏步前沿量起，且不小于900mm，高层或临空平直段高度不小于1.10m，高度允许偏差不大于3mm，间距允许偏差不大于3mm（图8-59）；

3）焊缝质量要求：栏杆焊缝饱满平滑，主节点焊缝长度应大于连接面周长的1/2。

（2）楼梯底部挡台

在楼梯间顶层或临空高度超过2m的楼梯平台栏杆下应设防物体坠落挡台。挡台面层可采用水泥砂浆面层、块材面层及不锈钢等，挡台面层宜与楼梯间踢脚线材质及高度一致且不小于100mm，厚度宜为120mm或镶边宽度的一半。外边沿与临空面平齐，挡台为不锈钢板时应固定于立柱中心，靠墙立柱距墙不应大于110mm。块材面层铺贴时，应与镶边对缝，阳角应割角拼缝（图8-60）。

（3）水泥砂浆楼梯面层

1）工艺方法：基层清理干净后洒水湿润，按楼层控制标高等分踏步高度和宽度，并在墙面弹出楼梯大样图，弹线时应考虑楼梯及平台粉刷层厚度；护角圆钢或铜条调整后固定，固定点每根不少于3处，固定后进行水泥砂浆抹压，踏步阴阳角及与

图8-59 楼梯栏杆

图8-60 楼梯底部挡台

踢脚线交角应清晰顺直。同一楼梯间宜用同一品牌同一规格的水泥，抹压后及时清理护角条，养护时间不少于7d（图8-61）；

2）控制要点：护角镶嵌、砂浆收面；

3）质量要求：面层光洁无色差，护角显露清晰，相邻楼梯踏步高度及宽度偏差不大于2mm。

（4）块材楼梯面层

1）工艺方法：测量楼梯间实际尺寸，测量时应考虑踢脚线、镶边及踏步侧面挑出部分宽度。并按下列原则进行排版：

①平台上下梯段处踢板应在一条线上（结构施工时考虑），平台与楼梯踏步块材铺贴对缝。

②按排版委托进行材料加工，加工时应考虑防滑条，石材踏面阳角倒角。石材铺贴前应6面涂刷防污剂，铺贴时应先立面后平面，如有镶边，先铺贴踏面板再铺贴镶边，镶边在转角处应45°拼接，梯井处楼梯块料应伸出楼梯侧面8~10mm（图8-62）。

2）控制要点：排版、对缝、挑出长度、铺贴。

图8-61　水泥砂浆楼梯面层

图8-62　块材楼梯面层

3）质量要求：铺贴平整无空鼓，拼缝严密无打磨，相邻楼梯踏步高度及宽度偏差不大于2mm。

（5）楼梯滴水线

1）工艺方法：楼梯滴水线可用水泥砂浆滴水线和贴地砖滴水线两种，水泥砂浆滴水线宽度为90mm，在中间镶嵌10mm宽PVC分格条，侧面镶"T"形分格条。施工时用素水泥浆先将中间及侧面PVC分格条固定好后，再抹水泥砂浆，水泥砂浆厚度应与PVC分格条平齐，粉刷后及时清理干净。地砖刻槽滴水线宽度宜为50mm，刻槽深度3mm，宽度10mm，用聚合物砂浆粘贴，粘结层厚度不大于5mm，滴水线侧面与楼梯底板交接清晰顺直。硅酸钙板类滴水线为双层，基层板宽50mm，面层为两条20mm宽面层板，中间离缝10mm，两层间用万能胶粘结后，用射钉枪固定于混凝土楼梯底板下，射钉间距为20~30mm密排，安装固定后侧面离缝处刷黑色油漆，其他刷灰色涂料。滴水线在梯井处应交圈，分格条、地板砖在转角处45°拼接。楼梯梯板侧面及水泥砂浆滴水线应刷灰色涂料防止污染（图8-63）。

2）控制要点：PVC分格条镶嵌、交圈、侧面厚度及交接。

3）质量要求：粘贴牢固、交圈吻合、边缘清晰顺直，接缝平整度不大于1mm。

2．厨卫间、阳台

（1）卫生间墙、地、顶应提前进行BIM策划排版，合理选择地砖、墙砖尺寸，使所有卫生间的地砖、墙砖、吊顶全部对缝、成线，避免出现小于1/3的板块窄条（图8-64）。

（2）策划排版时，小便斗、大便器应分别居于砖中或缝中（图8-65）。大便器与四周地面地砖做好一定坡度，便器与地面高低差不超过3mm。

（3）地漏应设置在合理位置，地漏四周坡向正确，地漏居于地砖中，四边八字切

图8-63 楼梯滴水线

图8-64　厨房卫生间策划排版

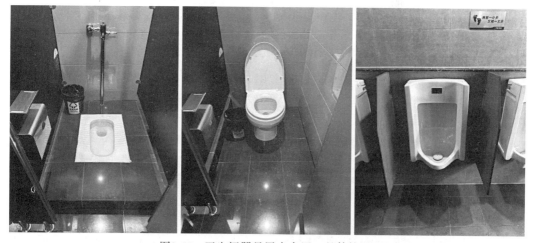

图8-65　卫生间器具居中布置，整体协调

割，坡度坡向地漏（图8-66）。

（4）卫生间门设通风百叶或通风孔，卫生间门套底部采用不锈钢、石材等材质防潮（图8-67）。

（5）无障碍卫生间内各项设施设备的材料种类、型号、尺寸、安装位置、高度应满足设计及规范要求，满足残障人士使用需求（图8-68）。

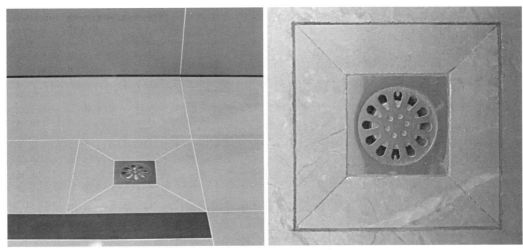

图8-66　地漏居中布置

图8-67　卫生间门

图8-68　无障碍卫生间卫浴、洁具、栏杆、扶手、各类设备安装准确

3．吊顶工程

（1）相关规范及质量要求：

现行国家标准《建筑装饰装修工程质量验收标准》GB 50210有如下条文应关注：

①外墙和顶棚的抹灰层与基层之间及各抹灰层之间必须粘结牢固；

②重型设备和有振动荷载的设备严禁安装在吊顶工程的龙骨上；

③装饰抹灰分格条（缝）的设置应符合设计要求，宽度与深度应均匀，表面应平整光滑，棱角应整齐；

④吊杆距主龙骨端部距离不得大于300mm，当大于300mm时，应增加吊杆；当吊杆长度大于1.5m时，应设置反支撑；当吊杆与设备相遇时，应调整并增设吊杆或型钢支架；

⑤吊杆上部为网架、钢屋架或吊杆长度大于2500mm时，应设有钢结构转换层；

⑥吊顶标高、尺寸、起拱和造型应符合设计要求；

⑦吊杆和龙骨的材质、规格、安装间距及连接方式应符合设计要求；金属吊杆和龙骨应经过表面防腐处理；木龙骨应进行防腐、防火处理；

⑧石膏板、水泥纤维板的接缝应按其施工工艺标准进行板缝防裂处理；安装双层板时，面层板与基层板的接缝应错开，并不得在同一根龙骨上；

⑨面板上的灯具、烟感器、喷淋头、风口箅子和检修口等设备设施的位置应合理、美观，与板面的交接吻合、紧密；

⑩木龙骨及木墙面板的防火和防腐处理应符合设计要求。

（2）为了防止吊顶面板在接缝处开裂，应特别注意要加强龙骨的整体刚度，只有龙骨变形小才能保证面板不开裂。对于大面积、大空间的吊顶应设置专门的钢框架固定龙骨，保证龙骨刚度。对于大面积吊顶不仅要按规定设置吊杆，同时还要设置顶撑。在吊点处形成"一拉一顶"来保证吊点不变形（图8-69）；另外采用石膏板吊顶，吊顶与墙面接缝部位设凹槽连接，可有效解决接缝处裂缝现象（图8-70）。

（3）各类长度超过12m的大跨度吊顶，应预留伸缩缝且伸缩缝两边应设置独立的主副龙骨。

（4）石膏板吊顶转角容易开裂，应采取有效措施加强转角节点，可以采用角部加固、双层板材、L形角部处理来强化（图8-71）。

（5）吊顶施工前应提前进行板块排列的深化，板块排列应做到对称、协调，不宜有小于1/3的小块。安装平整无下坠，各种灯具、烟感器、喷淋头、喇叭、风口等应做到居中、对称、成线、协调。如排列中有小块时，宜加大尺寸（厂家定制加工），或采用其他材料走边等方式进行优化（图8-72）。

（6）吊顶灯具、风口、喷淋、烟感、监控等末端点位在满足功能的前提下要本着等分、居中、均匀、对称的原则综合排布，做到横成行、竖成排、斜成线（图8-73）。

图8-69 装饰吊顶

图8-70 石膏板吊顶预留伸缩缝

图8-71 石膏板吊顶转角节点强化

图8-72 板块吊顶排版

图8-73 末端点位综合排布

（7）格栅吊顶

1）格栅吊顶的材质、尺寸、规格、颜色及厚度符合设计及标准要求，不得有弯曲变形（图8-74）。

2）吊顶的吊杆、配套龙骨格栅的安装必须牢固，分格宽度应符合设计及标准要求。吊杆、龙骨的材质、规格、安装间距及连接方式应符合设计要求。

3）格栅与配套龙骨的搭接应平整、吻合，板缝应平直、宽窄一致，格栅与格栅之间的拼接搭接应平整、顺直。

4）如面积较大时，必须处理好铝方通、格栅与矿棉板、吊顶之间，吊顶与墙、柱之间的垂直或平行关系，对此，应将相关轴线引测到墙柱立面，并按此基准线拉线找规矩抹灰，从而保证墙面与轴线平行、两个相邻面相互垂直，以此作为吊顶平面位置的基准面。

4. 轻质隔墙工程

（1）隔墙板材安装应垂直、平整，板材不应有裂缝或缺损，接缝应均匀、顺直；

（2）墙上的孔洞、槽、盒应位置正确、套割方正、边缘整齐，必须安装牢固，与周边墙体的连接应符合设计要求且牢固；

图8-74 格栅吊顶

（3）条板隔墙与顶板、结构梁的接缝处，钢卡间距不应大于600mm；

（4）条板隔墙与主体墙、柱的接缝处，钢卡可间断布置，且间距不应大于1m；

（5）当单层条板隔墙采取接板安装且在限高以内时，竖向接板不宜超过一次，且相邻条板接头位置应至少错开300mm；

（6）板材隔墙应提前与安装单位、装饰单位沟通，确定好预留洞位置、预留洞尺寸，在安装隔墙板之前进行切割，防止后续砸墙施工；

（7）为防止隔墙板缝开裂，板缝之间应采用嵌缝石膏进行填缝，隔墙基层采用粉刷石膏找平处理，内加耐碱网格布防止墙面开裂。

5．地面与楼面

（1）楼地面

①在水泥混凝土施工中，应保证基层表面的坚固密实、平整、洁净，不允许有凸凹不平和起砂等现象；

②水泥混凝土地面铺设时，应在基层表面涂一层水灰比为0.4~0.5的水泥浆，并随刷随铺设混凝土拌合料，刮平找平；

③水泥混凝土初凝前，应完成面层抹平、搓打均匀，待混凝土开始凝结即用铁抹子分遍抹压面层，注意不得漏压，并将面层的凹坑、砂眼和脚印压平，在混凝土终凝前需将抹子纹痕抹平压光（图8-75）；

④浇筑钢筋混凝土楼板或水泥混凝土垫层兼面层时，可采用随捣随抹的施工方法，这样做一次性完成面层不仅能节约水泥用量，而且可提高施工质量，加快进度，防止面层出现空鼓、起壳等施工缺陷。

（2）石材、面砖等块料地面

①砖面层的表面应洁净、图案清晰，色泽一致，接缝平整，深浅一致，周边顺直。板块无裂纹、掉角和缺棱等缺陷。面层邻接处的镶边用料及尺寸应符合设计要求，边角整齐、光滑（图8-76）。

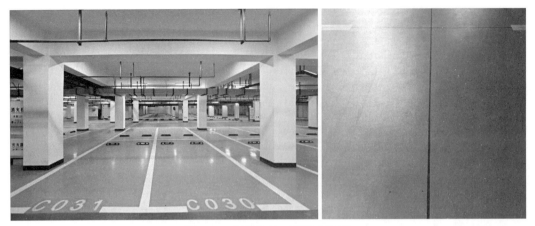

图8-75 水泥地面、混凝土地面

图8-76 石材、面砖等块料地面

②面层块材铺贴前,应先根据铺设的房间及部位进行排版,排版满足要求后方可铺贴施工,排版一般包括砖缝大小、图案及色泽等。

(3)变形缝

地面变形缝,留缝宽窄一致,缝隙处用硅酮胶封填。宽度>20mm的水平缝采用橡胶条进行镶填。留设伸缩缝间距≤6m,面积≤36m²(图8-77)。

6. 抹灰工程

1)室内墙柱面和门洞口的阳角应采用1:2水泥砂浆做暗护角,高度不低于2m。

2)不同材料基体交接处、后剔槽线管处等部位须铺设抗裂钢丝网。

3)房间应规整,抹灰表面应光滑、平整、洁净、颜色均匀。采用专用炉子,保证阴阳角方正、顺直。

4)护角、孔口、槽、盒周围的抹灰表面应整齐、光滑,管道后面的抹灰表面应平整。

5)楼梯梯段下部等有排水要求的部位应做滴水线槽,线槽应整齐顺直,滴水线

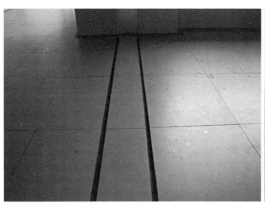 

图8-77　地面变形缝做法

图8-78　一般抹灰做法

应内高外低，宽度和深度均不小于10mm。

6）应按设计要求在易开裂等部位留设分格缝，分格缝应清晰，深浅宽窄应均匀一致，表面应光滑、棱角应整齐（图8-78）。

7．门窗工程

（1）门、窗框安装

1）门、窗框安装位置准确、牢固、无变形、无渗漏；

2）门、窗框与墙体间缝隙应按设计要求材料填嵌饱满，外门、窗框与墙体间隙应填充保温材料；

3）打胶粘结牢固、均匀顺直、宽厚一致，表面平整、光滑，接头或拐角处平滑。

（2）门、窗扇安装

1）门、窗扇安装牢固，无变形、渗漏；

2）合页位置准确、附件齐全、紧固螺钉平卧；

3）开关灵活稳定、关闭严密、缝隙均匀，无回弹，无阻滞，无倒翘；

4）表面洁净、平整、光滑、色泽一致，无划痕，无碰伤，无污染，无锈蚀。

（3）门窗玻璃安装

1）玻璃的品种、规格、裁割尺寸和色彩、涂膜朝向等应符合设计要求，玻璃安装牢固不得松动；

2）临空的窗台低于0.80m时，应采取防护措施，防护高度由楼地面起计算不应低于0.80m；住宅窗台低于0.90m时，应采取防护措施；

3）防火墙上必须开设窗洞时，应按防火规范设置；天窗应采用防破碎伤人的透光材料（图8-79）。

（4）门窗密封

1）密封条、密封胶与玻璃及其槽口应接触紧密、牢固、平整；

2）带密封的玻璃压条，其密封条与玻璃必须全部贴紧；

3）镶钉木压条应紧贴玻璃、割角严密，不外露钉、木条，与裁口平齐。

（5）特种门安装

1）自动门、旋转门、全玻门、卷帘门、防火及防盗等特种门安装工程，品种、规格、安装位置、开启方向、机械装置、自动装置或智能化装置等，应符合设计要求和专业规范、标准；

2）自动或弹簧门扇应自动定位准确；

3）全玻门（或隔断）应用醒目防撞标识。

（6）门窗五金配件做法

1）合页距门窗扇上下两端宜取立挺高度的1/10，并应避开上下冒头；

2）合页安装采用三托二的方法，即合页主页一侧必须安装在门窗框一侧，副合页安装在门窗扇一侧；合页应在门框、门扇两面开槽，螺钉与合页必须配套使用；

3）使用木螺钉时，先用手锤打进1/3，接着用螺丝刀拧入，十字花横平竖直；

4）锁具、拉手：门锁具、拉手距地面高度宜为900~1050mm；

5）门锁扣入卡槽后，门扇不能松动、晃动。

图8-79 玻璃门窗

（7）门吸、门挡、闭门器、顺位器：门扇开启一侧应设置门吸或门挡，以避免门扇磕碰墙面、踢脚等；建议联合门窗厂家推广内嵌式闭门器；

（8）医院类工程闭门器应能保证停滞3s以上后缓慢回弹。

8．涂饰工程

（1）阴阳角及分格缝、分色线

1）涂饰工程施工前，应使用腻子或专用封底材料，对基层进行刮平、磨光、找方正，确保基层表面平整，阴阳角方正、直线顺直、弧线光滑（图8-80）；

2）涂饰工程颜色应均匀一致，不同颜色的涂饰应分色清晰，分色线顺直；

3）涂饰工程表面应光滑洁净，无流坠、刷纹、皱皮、泛碱等情况；

4）设有分格缝的装饰面，分格缝应顺直，宽度和深度一致。

（2）与不同材质的接缝

1）涂饰与其他材质相交处应线条顺直，分色清晰，无交叉污染。

2）涂饰与其他材质的相交处，可留设明缝，也可以采用装饰线条分隔。当采用打胶处理时，胶线应饱满、光滑、圆润、顺直，宽度合适且一致；当采用明缝时，一般先施工涂饰面层，再将其他材质如门框、饰面板等压在涂饰层上；明缝应线条顺直、宽度一致，无交叉污染（图8-81）。

3）涂饰与地面踢脚线相交时，应采取必要措施，有效避免涂饰污染踢脚线。

9．幕墙工程

（1）玻璃幕墙（明框、隐框、半隐框）

1）玻璃幕墙深化设计要遵循对称、对缝、美观大方的原则，充分考虑立面造型、立面分格的形式。

2）玻璃之间的胶缝宽度控制在10mm，注胶时双面贴美纹纸，胶缝应饱满、密实、连续、均匀、无气泡，十字节点处应打出八字形。

3）玻璃幕墙表面应平整、洁净；整幅玻璃的色泽应均匀一致；不得有污染和镀

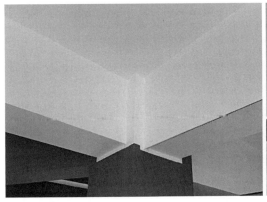
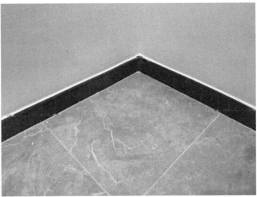

图8-80 阴阳角做法

图8-81 不同材质的接缝做法

图8-82 玻璃幕墙

膜损坏。

4)玻璃幕墙的龙骨安装时应横平竖直,颜色均匀一致。玻璃板面与龙骨之间采用密封胶条密封,密封胶条外露面应与龙骨面平齐,胶条应顺直,与龙骨和玻璃贴合紧密。

5)幕墙与不同材质衔接处,外观应平直顺滑、贴合紧密、安装牢固。

6)幕墙与楼层结构之间的防火封堵。封堵面板下料加工要精确,套割收边应规整;封堵安装应牢固、不易变形;安装完成后,面层应平整,与周边衔接处应界限清晰、美观、贴合紧密(图8-82)。

(2)金属幕墙

1)幕墙深化设计要遵循对称、对缝、美观大方的原则,充分考虑立面造型、立面风格;

2)幕墙面板、主次龙骨等材料加工时应结合设计图纸和现场尺寸复核,采用软件进行排版,加工制作质量应精细;

3)严格控制安装质量,金属幕墙的相邻板块之间衔接应顺滑、顺直,间隙均匀一致,接头无翘曲;

4)金属幕墙与门窗、不同材质部位的衔接处接头应平整、顺滑,衔接处可采用

定型金属压条或注胶;

5)幕墙衔接处接缝注胶应饱满、密实、连续、均匀、无气泡,胶缝宽窄均匀一致,接头外观应顺滑;

6)幕墙表面应平整、洁净,色泽应均匀一致,不得有污染、损坏、缺失(图8-83)。

(3)石材幕墙

1)幕墙整体版面排列应整齐、规整、对称、美观。

2)石材幕墙与玻璃幕墙等不同材质幕墙组合时,应综合考虑整体性,应对缝衔接,衔接处应吻合、顺直。

3)挑檐45°对称铺贴,滴水线槽预切割幕墙大角顺直。

4)阳角可采用定型L形石材安装或对缝衔接,对缝衔接时,留缝应均匀,大角应顺直。阴阳角与大面衔接要顺滑,接头要平顺。

5)石材幕墙板块之间留缝应均匀一致,密封胶的打注应饱满、密实、连续、均匀、无气泡,胶缝宽窄均匀一致,接头外观应顺滑。

6)石材幕墙与石材散水对缝铺贴、做工精细、浑然一体。

10. 管井、电井及设备房

(1)管井

1)管井内应提前进行综合排布,预留足够检修空间;管道应采用联合支架,宜采用装配式支架;管井内立管支架高度一致(图8-84);

2)管道与支架间应加隔离橡胶垫及橡胶管;

3)支架拐角处做45°对缝焊接,角钢支架做倒角处理;

4)套管应高度一致,环缝均匀;

5)管道系统、流向标识清晰;

6)创优项目建议管井内布置地漏和止水台;

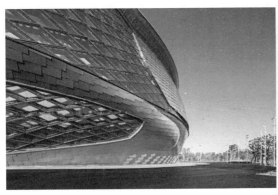 

图8-83 金属幕墙

图8-84 管井

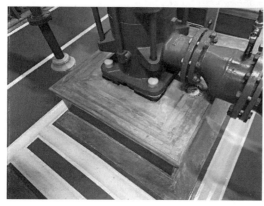

图8-85 水泵基础

7）管井内不宜做吊顶。

（2）水泵基础、泄水口周边集水沟布置

1）水泵基础设置时应成排成线，棱角分明，根据施工条件个性化处理，力求美观（图8-85）；

2）水泵基础、泄水口周边应设置排水沟并引至集水坑内；

3）排水沟沟底应处理光滑，坡向集水坑，沟底颜色应与地面颜色区分开，或在沟边涂刷、粘贴明显的警示色条，有条件的上方可用成品水箅子覆盖；

4）机电管线支架支墩严禁设置在排水沟内。

（3）检修口、检修梯

1）水泵房内检修口宜安装可开启的百叶或窗，并具有上锁功能；

2）水泵房检修口下部应设置检修爬梯，爬梯材质宜采用不锈钢或镀锌钢，并在下部设置防攀爬措施（图8-86）。

（4）管道支架及护墩

1）相同设备底部支架及护墩施工应做到成排成行，居中对称，表面光滑，同一

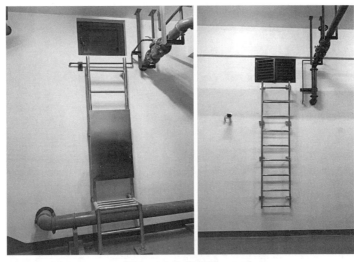

图8-86 检修爬梯

图8-87 管道支架及护墩做法

规格支架、护墩大小一致;

2)确定护墩的尺寸大小,墩高宜为50~120mm,长宽根据支架大小设计(图8-87)。

8.2.5 室外工程

1. 室外排水沟槽、汽车坡道

(1)室外排水沟盖板应与地面面层贴合紧密,沟边应顺直,平整度满足验收规范要求(图8-88)。

(2)汽车坡道(图8-89)

1)在地下坡道开始端设置一道挡水沟,再设置100~150mm高挡水坡(反坡),防止室外水漫进车道内;

2)如果是人防车库的坡道,挡水坡反坡的高度宜为250mm;当确有困难,出入

图8-88　室外排水沟盖板

图8-89　汽车坡道标识清晰、坡道顺直、排水流畅

口处设明沟并设防洪板时，高度可为150mm；

3）地下坡道孔口的两侧和端头应设挡水板，挡水板高于景观覆土高度300mm以上，长三角地区通常为500mm；

4）在坡道末端设置一道截水沟，可以将汽车带进的雨水排出。

2．沉降观测点

建筑物沉降观测点设置应符合设计要求，埋设应与结构相连接，不得连接在幕墙的钢架上，且平直牢固，测点应采用直径不小于16mm的不锈钢制作，标识醒目。竣工后应对观测数据进行沉降速率分析，最后100d沉降速率为0.01~0.04mm/d，表示已沉降稳定（图8-90）。

3．雨水、污水井

（1）砖砌井内壁抹灰，井盖刷防腐油漆；

（2）井盖设置合理、美观，石材地面建议采用不锈钢制作方形井盖框，井盖与石材对缝（图8-91）；

（3）污水井、雨水井内设导流槽，井内应设爬梯及防坠网。

图8-90 沉降观测点

图8-91 雨水、污水井

8.3 安装工程细部策划

安装工程施工质量、观感的提升，关键在于工程细部策划；工程细部策划应过程控制，一次成优，标准化实施；工程细部策划有助于节约工程成本，能让整个工程布置更加合理和美观；工程细部策划做到样板引路，持续改进，不断优化各个工序和方法[28]。

8.3.1 电气细部策划、质量控制

1. 变配电室配电屏安装

（1）配电屏安装整齐，漆层应完整无损，面漆应一致；

（2）双路供电的电气装置，核对相序，接线正确，接地可靠；

（3）送电位置正确，操作灵活，双电源切换动作正确；交接试验合格；

（4）配电室内整洁，电缆敷设整齐；绝缘地毯铺设到位，灯具安装正确（图8-92）。

图8-92　配电室

2．配电柜、箱安装

（1）箱体表面涂层完整、均匀，无污染，铭牌齐全（图8-93）；

（2）导线分色一致，成排导线平行、顺直、整齐；分回路绑扎牢固可靠，扎带间距均匀一致（图8-94）；

（3）每个设备和器具的端子接线不应多于两根线，不同截面的两根导线不得插接于一个端子内；导线与螺母之间应垫弹簧垫片，压接方向正确；

（4）导线连接时，不得断芯线，剥切绝缘层应注意剥切的长度，插接后能见芯线0.5~1mm为好；

（5）箱内设N排、PE排，N线、PE线经汇流排配出，标识清晰，导线入排顺直、美观；

（6）配电箱进出线开孔必须采用专用开孔器，与导管管径匹配，采用锁母固定且有护口，禁止侧面进出管线；

（7）做好标识，配电柜（箱）门背应有系统图；每个回路都应有明确的标识（图8-95）。

图8-93　配电柜、箱

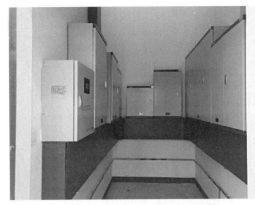

图8-94 箱体导线布置规范

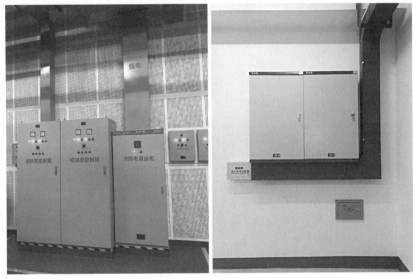

图8-95 配电柜标识清晰

3．配电柜、箱接线

（1）配电柜、箱内导线走向合理，绑扎牢固，接线正确，标识齐全（图8-96）；

（2）三相五线制供电回路中，配电柜内应分别设置零线（N）和保护接地线（PE）汇流排，零线和保护地线经汇流排配出；

（3）零线（N）和保护接地线（PE）排应用镀锡铜母排，各回路的零线（N）和保护接地线（PE）不得铰接，应按回路分别接于零排和保护接地线排上；

（4）线路敷设整洁，电线颜色严格按相位区分；

（5）配电箱内元器件排列整齐，回路标识清晰（图8-97）；

（6）二次回路接线规范，配电箱门背面应有系统图。

4．智能化控制柜、箱安装和接线

（1）智能化控制柜、箱排列整齐牢固，金属门框接地可靠（图8-98）；

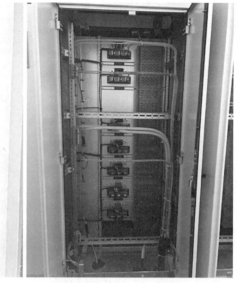

图8-96 配电柜线路规范

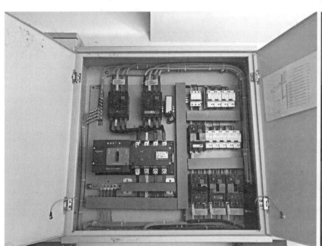
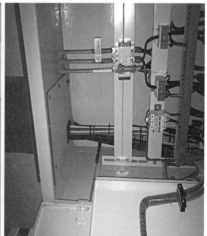

图8-97 配电箱内元器件排列整齐

图8-98 智能化控制柜、箱排列整齐

（2）模块排列有序，接线规范、整洁，永久性标识清晰（图8-99）；

（3）设备、软件安装，接口及系统调试，试运行合格。

5．电动机安装

（1）电动机安装牢固，螺栓及防松件齐全，不松动；防水防潮电气设备的接线入口及接线盒盖等应密封处理（图8-100）；

（2）电动机的外露可导电部位必须与保护接地可靠连接；连接线的截面积符合规范要求；

（3）低压电动机的绝缘电阻值不应小于0.5MΩ；

（4）动力金属软管连接器长度小于80cm，与钢管及电气设备连接处采用专用接头，接地跨接线规范；

（5）通电点动电机，其运转方向与机械标定方向一致；

图8-99　智能化控制柜接线规范

图8-100　电动机安装规范

（6）负荷试运行所有系统电机运行正常，各类联动控制功能达到设计要求；

（7）连续运转2h无异常，电动机运转正常，温度符合要求。

6．母线槽安装

（1）插接母线组装前应对每段的绝缘电阻值进行检测，采用1000V兆欧表遥测相间、相对地间的绝缘电阻值均应大于20MΩ；

（2）母线槽的金属外壳等外露导电部分应与保护导体可靠连接；每段母线槽的金属外壳间应连接可靠，且母线槽全长与保护导体可靠连接的地方不应少于3处；

（3）分子母线槽的金属外壳末端应与保护导体可靠连接；

（4）连接导体的材质、截面积应符合规范要求；

（5）悬挂安装母线吊架应有调整螺栓，支吊架间距应符合设计及规范要求；

（6）支吊架安装母线与横担之间应采取压板固定的方式，确保牢固不移动；

（7）母线槽跨越建筑物变形缝处，应设置补偿装置；母线槽直线长度超过80m，每50~60m宜设置伸缩节；

（8）母线槽段与段的连接口不应设置在穿越楼板或墙体处，垂直敷设支撑在楼板处应采用专用弹簧减振支撑，减振装置与母线垂直安装，其孔洞四周应设置高度50mm及以上的防水台，并有防火封堵措施（图8-101）。

7．电气桥架安装

（1）桥架支吊架选型正确，焊接饱满；桥架布置合理，排列整齐、横平竖直，支吊架间距符合设计及规范要求；桥架转弯处的弯曲半径不应小于桥架内电缆最小弯曲半径；

（2）桥架全长大于30m时，不应少于3处与保护导体可靠连接；起始端、中间和终点端均应可靠连接；强、弱电井桥架与接地干线不少于3处可靠连接（一层、中间层和顶层）；

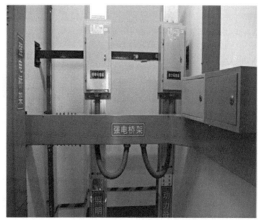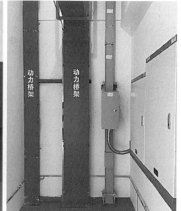

图8-101　母线槽

（3）非镀锌梯架连接板两端应跨接保护联结导体，保护联结导体的截面积应符合设计及规范要求（图8-102）；

（4）镀锌梯架连接板两端不跨接保护联结导体时，连接板每段不应少于2个有放松螺母或放松垫片的连接固定螺栓；

（5）桥架穿越墙面、楼面防火封堵严密，外壳可导电部分与接地母线可靠连接（图8-103）；

（6）电气桥架接地跨接，跨接铜导线截面积应不小于4mm^2，且应跨接在桥架连接处两端专用的螺栓孔；

（7）电气桥架过变形缝伸缩节安装，采用专用伸缩节固定，两端接地跨接到位。

8．导管敷设

（1）金属导管应与保护导体可靠连接（图8-104）；

（2）镀锌钢导管、可弯性金属导管和金属柔性导管不得熔焊连接；

（3）非镀锌钢导管采用螺纹连接时，连接处的两端应熔焊焊接保护联结导体；

（4）镀锌钢导管、可弯性金属导管和金属柔性导管连接处的两端，宜采用专用接地卡固定保护联结导体；

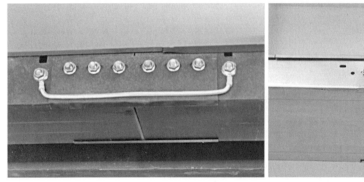
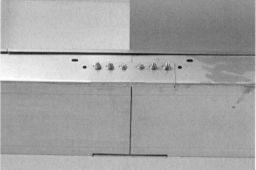

图8-102　桥架保护联结导体跨接

图8-103　防火封堵严密

图8-104　现场楼面导管敷设

图8-105　金属导管连接

（5）机械连接的金属导管，管与管、管与盒（箱）体的连接配件选用配套部件，其连接符合产品技术文件要求（图8-105）；

（6）金属导管与接线盒连接时，镀锌材质的连接端宜采用接地卡固定保护联结导体，专用接地卡固定的保护联结导体应为铜芯软线，截面积不小于4mm^2；

（7）金属导管与接线盒连接时，非镀锌材质的连接处应熔焊焊接保护联结导体，已熔焊焊接的保护联结导体宜为圆钢，直径不应小于6mm，搭接长度应为圆钢直径的6倍；

（8）其他材质的JDG、KBG电线管采用专用接头连接，专用接地卡固定的保护联结导体应为铜芯软线，截面积不小于4mm^2；PVC电线管采用专用接头、胶水粘结。

9．室外导管敷设

（1）埋地敷设的钢管，埋设深度应符合设计及规范要求，钢导管的壁厚应大于2mm；

（2）导管的管口应有防水弯，导管管口应设置在盒、箱内，应有防水封堵要求；

（3）导管的管口在穿入绝缘导线、电缆后应作密封防水处理（图8-106）。

图8-106 室外导管敷设

10．明配的电气导管敷设

（1）导管排列整齐，固定点间距均匀，安装牢固（图8-107）；

（2）在终端、弯头中点（柜、箱）等边缘的距离150~300mm范围内设置固定管卡，中间直线段固定管卡的最大间距应符合规范要求；

（3）明配电线管应采用地接线或过渡盒（箱），应选用明装盒（箱）；

（4）成排电线管排列整齐，管与管之间平行，弯曲半径一致，弧线流畅。

11．可弯曲金属导管及柔性导管敷设

（1）柔性导管与设备、器具连接时，柔性导管的长度在动力工程中不宜大于0.8m，在照明工程中不宜大于1.2m；

（2）金属软管与刚性导管采用专用接头连接；金属软管与电气设备采用专用模块接入，应安全可靠（图8-108）。

图8-107 电气导管明敷

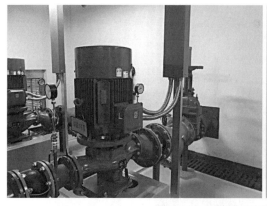

图8-108 可弯曲金属导管及柔性导管敷设

12. 电缆敷设

（1）电缆敷设前需进行外观检查和绝缘电阻测试；

（2）电缆敷设不得存在绞拧、铠装压扁、保护层断裂和表面严重划伤等缺陷；

（3）电缆敷设排列顺直、整齐，并宜少交叉；

（4）电缆弯曲部位的最小半径应符合设计及规范要求；

（5）电缆沟或电气竖井内垂直敷设，大于45°倾斜敷设的电缆应在每个支架上固定；

（6）梯架内大于45°倾斜敷设的电缆，每隔2m固定水平敷设的电缆，首尾两端、转弯两侧及每个5~10m处应设固定点（图8-109）；

（7）电缆出入电缆沟、电气竖井（建筑物、配电柜和箱）处，以及管子管口处等部位应采用防火、密封措施处理（图8-110）；

（8）三相或单相的交流单芯电缆，不得单独穿于钢导管内；电缆严禁在烟道、风道内明敷设；

（9）电缆的首端、末端和分支处应设标示牌，埋地电缆应设标示桩。

13. 矿物电缆敷设

（1）矿物电缆敷设前进行外观检查、电阻测试；

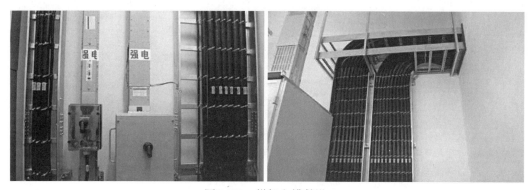

图8-109 梯架电缆敷设

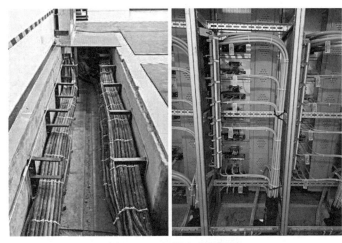

图8-110 电缆沟电缆敷设

（2）电缆敷设时，电缆端部应及时做好防潮处理，并应做好标识；

（3）电缆表面光滑，并无锈蚀、无裂纹、无变形、无凹凸等明显缺陷；

（4）矿物电缆大多是单芯，易在固定金具中产生涡流，在施工中尽量采用非金属固定绑扎，同时采用合理的电缆相序排列，使涡流最小；

（5）矿物电缆外包大多是钢质材料，硬度较高，应使用专用工具，以免造成损伤（图8-111）。

14．灯具安装

（1）灯具固定应牢固可靠，在砌体和混凝土结构上严禁使用木楔、尼龙塞或塑料塞固定（图8-112）；

（2）质量大于3kg的灯具，不允许安装在吊顶龙骨上，应固定在螺栓或预埋吊钩上；

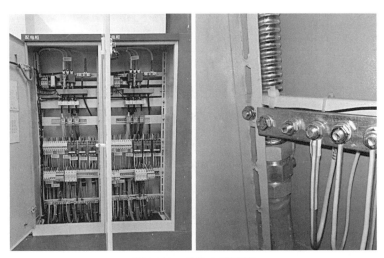

图8-111 矿物电缆敷设

图8-112 灯具安装牢固可靠

（3）质量大于10kg的灯具，固定装置及悬吊装置应按灯具重量的5倍，恒定均布荷载做强度试验，且持续时间不得少于15min；

（4）普通灯具的外露可导电部分必须采用铜芯软线与保护导体可靠连接，连接处应设置接地标识，铜芯软导线的截面积应与进入灯具的电源线截面积相同；

（5）灯具表面及其附件的高温部位靠近可燃物时，应采用隔热、散热等防火保护措施。

15. 景观照明灯具安装

（1）人行道等人员密集场所安装的落地式灯具，当无围挡防护时，灯具距地面高度应大于2.5m；

（2）灯具的连接件应采用热镀锌件，各部件规格符合设计及规范要求；

（3）灯具安装前检查是否完整，绝缘测试应符合要求；

（4）灯具应与基础固定牢固，地脚螺栓备帽齐全，接线盒应防水密封、完整到位；

（5）金属构架及金属保护管分别与保护导体采用焊接或螺栓连接，连接处应设置接地标识；

（6）试运行应满足设计要求。

16. 灯具安装重点控制

（1）灯具位置布局合理、美观，成排成线，间距一致；

（2）走廊灯具对称设置，排列整齐，照明、烟感和喷淋头在一条直线，且间距应符合设计及规范要求（图8-113）；

（3）会议室灯具安装应注意整体排版合理协调，注意监控、喷淋（烟感、舞台灯和音响）的综合布置（图8-114）；

（4）软管进灯盒，并用专用接头安装固定，接线端子、导线均不能外露，金属软管长度不大于1.2m；吊顶上灯具采用金属软管连接，并用专用接头与灯具固定，导线不应外露；

图8-113　灯具安装成排成线

图8-114　灯具安装整体美观协调

图8-115　配电房灯具安装

（5）无吊顶时灯具紧贴顶板安装，灯具应将接线盒遮盖，以保证灯具安装美观、牢固；

（6）高低压配电设备及裸母线的正上方不得安装灯具（图8-115）。

17．航空障碍标志灯安装

（1）航空障碍标志灯安装在建筑物或构筑物的最高部位；

（2）灯具安装在屋面接闪器保护范围外时，应设置接闪小针防护，且与屋面接闪器可靠连接（图8-116）。

18．泛光照明灯具安装

（1）泛光照明电器的布置应满足设计要求，与建筑物的形式、结构相结合；并能满足安全维护及装饰美观的要求（图8-117）；

（2）电气设备及灯具配件齐全，无损伤变形等缺陷，安装牢固；

（3）电缆保护管锁扣紧密、接头防水到位，弧形一致，接地跨接牢固可靠；

（4）试运行应满足设计要求。

19．开关、插座安装

（1）开关、插座方向正确，与墙面齐平、端正并垂直（图8-118）；

（2）并列开关标高一致，高差要小于1mm；同一场所开关控制有序不错位；

（3）单相三孔、三相四孔及三相五孔插座的保护接地线（PE线）应接在上孔；插座的保护接地端子不得与中性端子连接；同一场所的三相插座，其接线的相序应一致；

（4）保护接地线（PE线）在插座之间不得串联连接；

（5）相线与中性线（N线）不应利用插座本体的接线端子转接供电；

图8-116 航空障碍标志灯

图8-117 建筑室外照明

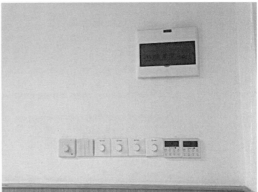

图8-118 开关、插座安装

（6）卫生间开关、插座应采用防水型，标高应符合设计及规范要求；

（7）小学、幼儿园非安全型插座标高1.8m，其他设施应符合设计及规范要求；

（8）室外开关、插座必须防水密封处理。

20．吊扇安装

（1）吊扇吊钩应在混凝土楼板内预埋或在梁上安装；

（2）吊扇吊钩直径不小于吊扇悬挂销钉的直径，且不得小于8mm；

（3）扇叶距地面一般为2.5～3m，与吊顶或顶板间距400～500mm为宜；

（4）吊杆垂直防松垫圈配件齐全，固定牢固；接线正确，接地跨接可靠（图8-119）；

（5）吊扇运转时扇叶平稳、不颤动，无异常声响。

21．变配电室及电气竖井内接地干线安装

（1）接地干线应与接地装置可靠连接（图8-120）；

（2）明敷室内接地干线支持件牢固可靠，支持件间距应均匀，扁钢支持件间距宜为500mm；圆形导体支持件间距宜为1000mm；弯曲部位宜为300～500mm；

（3）接地干线跨越建筑物变形缝，应设置补偿装置；

图8-119 吊扇安装稳定牢靠

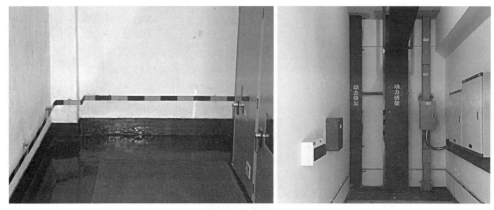

图8-120 变配电室及电气竖井内接地干线

（4）接地干线沿建筑物墙壁水平、垂直敷设时，与建筑物墙壁间距为10~20mm；

（5）接地干线全长或区间段及每个连接部位附近的表面，应涂以100~150mm宽度相等的黄色和绿色相间的条纹标识；

（6）变配电室、高压配电室的接地干线应焊接环通，接地干线上应设置不小于2个临时接地用的接地螺栓；

（7）接地干线沿建筑物墙壁水平敷设时，距地面高度250~300mm，注意不要遮挡插座；

（8）变配电室、高压配电室门口应设挡鼠板，高度不小于500mm，挡鼠板为金属材料时，应与接地干线可靠连接；

（9）电气竖井内接地干线首段、中间和末端，应与建筑物引下接地装置重复跨接。

22．防雷引下线及接闪器安装

（1）接闪器与防雷引下线采用焊接或卡接器连接，防雷引下线与接地装置采用焊接或螺栓连接（图8-121）；

图8-121 防雷引下线及接闪器

(2)接闪线和接闪带安装应平整顺直,固定支架间距应均匀,固定牢固;

(3)设计无要求时,固定支架高度不小于150mm,间距应符合规范要求;

(4)每个固定支架应能承受49N的垂直拉力;

(5)接闪线和接闪带在过建筑物变形缝的跨接处应有补偿措施;

(6)避雷带宜采用直径12mm以上热镀锌圆钢,安装横平竖直;采用上下搭接,搭接长度大于圆钢6D,采用双面焊接,焊接饱满并防腐处理,标识清晰;

(7)避雷带应设置在屋面建筑物的突出部位,屋脊、女儿墙的顶部;

(8)避雷针采用直径12mm以上热镀锌圆钢,避雷针应垂直安装牢固,避雷针尖距女儿墙及平屋面顶高度应大于300mm,间距应符合设计及规范要求,转角间距300~350mm;

(9)避雷带、避雷针连接处焊缝饱满,并有足够的机械强度,与引下线可靠焊接;

(10)女儿墙栏杆作为避雷带时,栏杆壁厚不小于2.5mm,防雷引下线焊接处应有明显接地标识;

(11)屋面金属设备高出接闪器需单独设置避雷针,避雷针高度需符合规范要求(图8-122)。

23.屋面金属部分接地跨接

(1)突出屋面的所有金属管道、金属构件及设备均应与避雷网可靠焊接连通(图8-123);

(2)金属透气帽应与防雷网可靠连接;

(3)铸铁透气管应与防雷引下线连接成一体;采用卡接时卡件与引下线直径匹配;

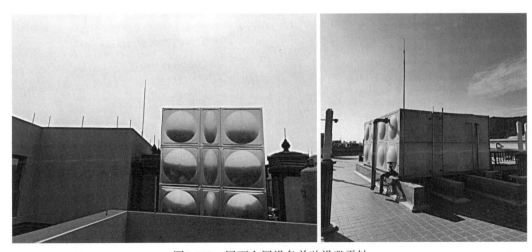

图8-122 屋面金属设备单独设避雷针

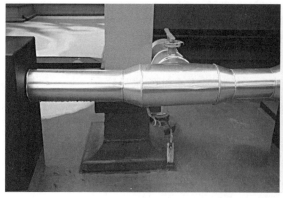 

图8-123 屋面金属管接地

（4）消防、给水管道应与防雷引下线连接成一体；采用卡接时卡件与引下线直径匹配；

（5）风机金属底座应与防雷引下线连接，风管软连接处应做好接地跨接线，并做好标识；

（6）金属爬梯应与防雷网可靠焊接；

（7）景观照明灯具应接地可靠，壳体设置专用接地螺栓，做好标识；

（8）消防水箱、空调等设备高度超出防雷系统保护范围，需设置单独避雷针，高度必须覆盖保护范围内（图8-124）。

24．建筑物等电位联结

（1）建筑物等电位联结干线应从接地装置有不少于2处连接的接地干线或总等电位箱引出，等电位联结干线或局部等电位箱间的连接线形成环形网路，环形网路应就近与等电位联结干线或局部等电位箱连接，支线间不应串联连接；

图8-124 屋面设备接地

（2）金属水管，输送可燃、爆炸气体或液体的金属管道，不得用作等电位联结导体；

（3）高档装修金属部件或零件应有专用接线螺栓与等电位联结支线连接，连接牢固可靠有防松配件，且有标识；

（4）等电位箱安装平整，端子排平直，预留螺栓间距一致；

（5）卫生间等电位盒引出线正确，端子安装牢固（图8-125）；

（6）幕墙的金属预埋件与等电位采用焊接或压接，压接时选用螺栓的截面积应不小于M10的截面积；

（7）通往室外的门及窗应与等电位系统连接；

（8）金属管道（给水排水、热力、煤气或天然气、油等金属管道）采用焊接或压接方式与等电位系统可靠连通；

（9）变配电室的铁栏杆、金属门应与等电位系统联结，并做好标识；

（10）等电位联结线的连接方式：焊接连接和螺栓连接；焊接连接一般用于永久性连接；螺栓连接一般用于需时常检查维修的场合；等电位联结线一般选用铜排或镀锌扁钢（图8-126）。

图8-125　卫生间等电位盒引出线正确

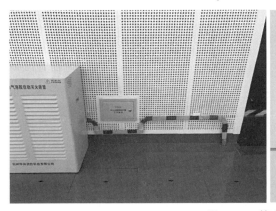
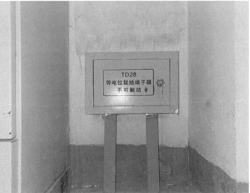

图8-126　等电位联结线

8.3.2 给水排水细部策划、质量控制

1．管道连接（螺纹加工）

（1）管道螺纹加工，套丝前应对管口进行倒角扩口（图8-127）；

（2）分2~3次切削，螺纹端正、不偏扣、不乱扣、光滑无毛刺；

（3）如有断丝或缺丝的，总长度不超过螺纹全扣数的10%；且在纵向上不得有断丝处相连；

（4）螺纹要有一定的锥度，试拧时松紧度适中。

2．管道连接（螺纹装配）

（1）管道沿丝扣方向缠绕密封材料、压紧，密封材料不得进入管道口内（图8-128）；

（2）管件连接拧紧，管道螺纹根部应外露出2~3扣螺纹；

 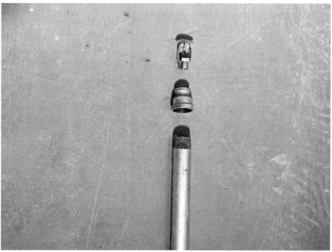

图8-127 管道螺纹加工

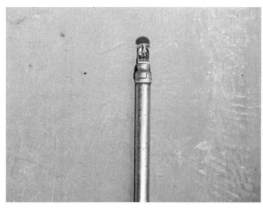 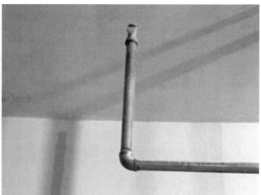

图8-128 管道螺纹装配

(3)管道外露密封材料应全部清除,外露部分应涂刷防锈漆做防腐处理;

(4)管道安装工具必须与管道匹配,禁止采用加力等方式强力连接。

3. 管道连接(沟槽加工)

(1)检查管口尺寸、圆度及质量,应满足沟槽制作的要求(图8-129);

(2)分次加工沟槽,并复测沟槽的宽度和深度等尺寸;

(3)沟槽加工不得损坏管子的镀锌层、内涂层;若破坏镀锌层应采用含锌油漆修复。

4. 管道连接(沟槽装配)

(1)清理管端,套上橡胶密封圈,装上卡箍,紧固螺栓(图8-130);

(2)沟槽两端管道中心线一致,沟槽安装方向(紧固螺栓位置)一致;

(3)直管段宜采用刚性接头,在管段上每4~5个连续的刚性接头间设置一个挠性接头;

(4)沟槽式管道系统附件的接口为法兰或螺纹时,应采用转换接头。

5. 管道连接(焊缝坡口)

(1)管壁厚度大于5mm的管口对接,应开坡口(图8-131);

图8-129 管道沟槽加工

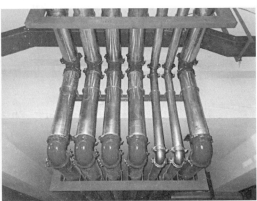

图8-130 管道沟槽装配

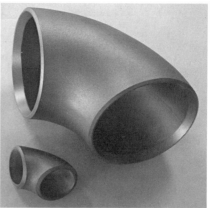

图8-131 管道坡口制作

（2）按规范要求，坡口一般为V形，坡口角度60°～70°，组对间隙2～3mm。

6．管道连接（组对）

（1）组对时对口应使管中心在一条直线上，对口间隙应符合要求（图8-132）；

（2）组对应做到内壁齐平，内壁错边量不宜超过壁厚的10%，且不大于2mm；外壁错边量不大于3mm。

7．管道连接（焊接）

（1）管道对口焊接时，焊缝宽度和高度应符合焊接技术要求，管材表面干净，无氧化皮、油污和锈蚀（图8-133）；

（2）不锈钢管焊接内部充氩气保护，焊接后对焊缝及热影响区进行酸洗、钝化处理；用冷水擦洗干净，最后用热水冲洗并擦干即可；

（3）紫铜管钎焊不得加热过度（650°～750°），清除焊接接头处残留的熔渣等杂物；清洗干净后在焊缝处涂上清漆，以防止锈蚀；

图8-132 管道组对连接

图8-133 管道焊接连接

（4）无缝钢管焊接后，二次镀锌不得用焊缝作编号，应采用钢印编号；

（5）焊缝外观检查无咬肉、夹渣、气孔、裂缝、飞溅等缺陷。

8．管道连接（法兰装配）

（1）配对法兰规格、型号相同；与法兰连接时应按其规格配对；

（2）法兰连接时同轴、平行，法兰面垂直管中心；

（3）紧固螺栓规格相同、方向一致，螺栓露出长度应符合规范要求（图8-134）；

（4）连接阀门时螺母安装在阀件内侧；

（5）法兰不得直接焊在弯管或弯头上，过墙管道法兰距墙间距不小于200mm。

9．支吊架（制作）

（1）切割：切割面应平整、光滑，采用机械钻孔；

（2）焊接：焊接饱满，无焊渣、欠焊、裂缝和咬肉等缺陷；

（3）防腐：表面除锈并涂刷一至二道防锈漆；

（4）细部：支架边缘直角部分倒角或打磨圆角；门型支架立杆与横担45°角焊接连接，垫木及卡件规格与管道匹配，吸顶或贴梁固定底脚部件尺寸标准化，转角处托

图8-134 管道法兰连接

架与管道中心线一致（图8-135）。

10. 支吊架（安装）

（1）挂梁、吸顶固定：支吊架尽可能固定梁、柱处；大口径和成排管线等荷载较大的综合支吊架避免吸顶安装膨胀螺栓；挂梁、吸顶固定部件应规格相同，安装方向统一（图8-136）；

（2）落地支架处理：泵房、机房和室外的地方，落地支架根部设置防水台处理；

（3）防腐处理：屋面、室外和潮湿场所支吊架防锈处理，螺栓外露丝牙采取防锈

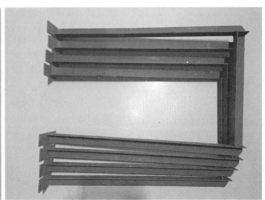

图8-135　管道支架

图8-136　管道支架安装

处理；

（4）承重支架：设置立管底部及管井中间部位，外墙悬空管道必须设置承重支架，必要时通过设计确定；

（5）设置部位：管道转角、阀门和卡箍（法兰）部位两端50~80cm，直线管道支吊架间距应符合设计及规范要求；

（6）支吊架挂梁三边、吸顶四边、贴墙面四边，须作油漆收口，宽度10mm。

11．卫生器具（安装）

（1）卫生器具应有出厂合格证，器具表面应平整、光滑，排水口尺寸正确；

（2）卫生器具的标高、朝向、间距、位置应正确，安装平整、垂直度偏差不超过3mm（图8-137）；

（3）地漏位置符合设计及规范要求，与装饰地面持平，排水应畅通（图8-138）；

（4）清扫口必须设置同层，位置符合设计及规范要求；

（5）给水配件完整无损，阀件、水嘴开关灵活，水箱按键动作正确；

（6）器具安装完成后做满水和通水试验（记录），无渗漏、通畅为合格；

（7）卫生间等电位连接规范、整齐，符合设计要求（图8-139）。

图8-137　卫生器具安装

图8-138　卫生间地漏

图8-139　卫生间等电位连接

12. 消防箱（栓）安装

（1）消火栓口距地高度1.1m，栓口朝外平整；

（2）栓口、消防按钮应在同一侧，且不应在消防门轴侧（图8-140）；

（3）消防箱箱体垂直度允许偏差3mm，安装完成后封闭多余孔洞及缝隙；

（4）消防箱门开启角度不小于120°；采用装饰材料的消防门应开启灵活、关闭到位；箱门外有明显标识；

（5）屋面试水消防箱（应防雨），压力表、排汽阀应安装在消防箱内；

（6）消防箱内水带、水枪到位，水带绑扎两道（图8-141）；

（7）墙壁式消防接合器离地高度700mm，离门、窗应大于2m，且不允许安装在玻璃幕墙下方；

图8-140　消防箱

图8-141 消防箱水带绑扎

图8-142 室外消火栓

（8）室外消火栓、消防接合器应有区别的永久性固定标识，并有分区标识（图8-142）。

13．消防喷淋头安装

（1）喷淋头居中安装（与装饰吊顶综合排布），与灯具、烟感和广播等成行成线，设备间距应符合设计及规范要求；

（2）喷淋头距顶板间距为75~150mm，距末端支吊架间距为300~750mm（图8-143）；

（3）喷淋头装饰罩应紧贴吊顶；大空间成排喷淋头安装成行成线；

（4）喷淋头距梁、风管、排水管和桥架间距应符合设计及规范要求；

（5）当梁、风管、排水管和综合桥架宽度大于1.2m时，增设的喷淋头应安装在其下方居中，支管延伸到底加支吊架固定（图8-144）。

14．设备减振设施（减振器、垫安装）

（1）橡胶减振垫应根据其许可荷载范围和竖向固有频率选用（图8-145）；

（2）对大型水泵，每一个支承点一般采用多层及每层多块的组合布置，各层减振

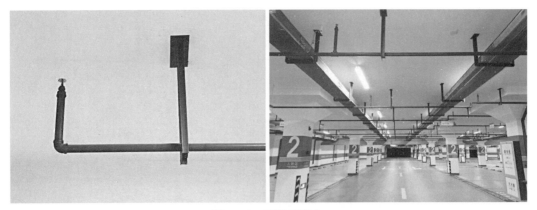

图8-143 消防喷淋头

图8-144 消防喷淋增设下喷头

图8-145 橡胶减振垫

垫之间用不小于4mm厚镀锌钢板隔开,并将减振垫与钢板粘结在一起;

（3）橡胶减振垫的边线不得超过惰性块的边线;

（4）橡胶减振垫单层布置,频率比不能满足要求时,可采用多层串联布置,但减振垫层数不宜多于5层；串联设置的各层橡胶隔振垫，其型号、块数、面积及橡胶硬度应完全一致；

（5）镀锌钢板的平面尺寸应比橡胶减振垫，每个端部大10mm；镀锌钢板上、下层粘结的橡胶减振垫应交错设置。

15. 设备减振设施（减振基座）

（1）在水泵机组底座下宜设置惰性块；当水泵机组底座的刚度和质量满足设计要求时，可不设惰性块，但应设置型钢基座（图8-146）；

（2）水泵机组在惰性块上的布置，应使水泵机组各附件的重心和惰性块的平面中心在一垂直线上；

（3）惰性块的长度应不小于水泵机组共用底座的长度，宽度应不小于水泵机组底座的宽度，且共用底座的地脚螺栓中心至惰性块边线不宜小于150mm；

（4）惰性块的质量应不小于水泵机组的总质量，一般宜为水泵机组总质量的1~1.5倍；

（5）惰性块与水泵机组底座的固定宜采用锚固方式，在惰性块上面预埋钢板、焊接螺栓。

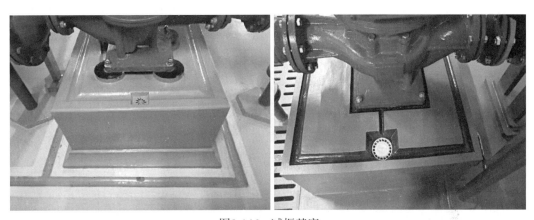

图8-146　减振基座

16. 管道（套管安装）

（1）套管规格应比管道直径大2档；

（2）安装在楼板内的套管，其顶部高出地面20mm；安装在卫生间及厨房内的套管应高出地面50mm，底部与楼板底面齐平；安装在墙壁内的套管，其两端与饰面齐平；

（3）穿过楼板的套管与管道之间的缝隙用阻燃密实材料和防水油膏填实，端面光滑；穿墙套管与管道之间的缝隙用阻燃密实材料填实，端面光滑；

（4）套管与穿越管道应同心；套管高出地面部位采用混凝土做挡水墩（图8-147）。

17. 防腐与绝热（油漆涂刷基面清理）

（1）用砂纸、钢丝刷等工具清除金属表面的污垢、锈蚀等；

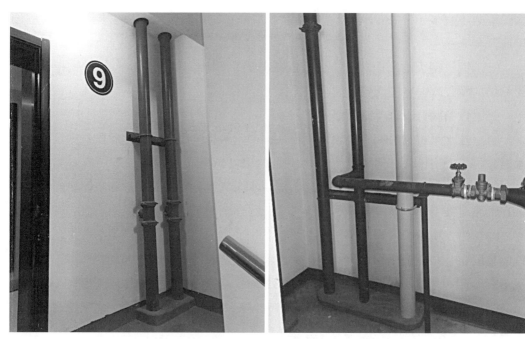

图8-147 套管安装

图8-148 油漆涂刷基面清理

（2）清除后的金属表面露出金属光泽，焊接处无焊渣、毛刺等（图8-148）。

18. 防腐与绝热（油漆涂刷要求）

（1）涂刷施工的环境温度宜在15～35℃，相对湿度80%以下；

（2）涂刷应分层进行，每层往复涂刷，纵横交错，并保持涂层均匀，无漏涂；

（3）一般底漆或防锈漆应刷一道或二道，面漆按设备用途、管内介质选择颜色；

（4）面漆涂刷表面应光滑无痕，颜色一致，无流淌、气泡、露底等现象；

（5）一般法兰、镀锌件不涂刷油漆，支吊架涂刷灰色面漆，做到管道、支架、阀门的颜色层次分明清晰（图8-149、图8-150）。

图8-149 管道油漆涂刷一

 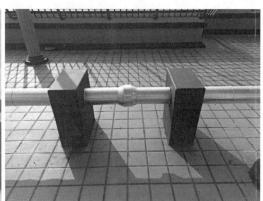

图8-150 管道油漆涂刷二

19．防腐与绝热（绝热、保护层）

（1）绝热层粘贴施工时，绝热材料与设备、管道、风管表面应粘贴牢固无空隙，接合缝相互粘贴密实；

（2）保冷管道上的裙座、支座、仪表管座等附件及冷冻水泵泵体应保冷施工；

（3）设备、管道金属保护层的环向、纵向接缝必须上搭下，水平管道的环向接缝应顺水搭接；

（4）保冷结构及露天或潮湿环境中的设备、管道金属保护层的搭接处应密封处理；

（5）管道金属保护层的纵向接缝，水平管道设置在中心线下方15°～45°处，垂直管道设置在管道背面处；

（6）圆形设备绝热层外径小于600mm时，封头可做成平盖式，大于600mm时应做成橘瓣式（图8-151）。

图8-151 绝热层橘瓣式做法

图8-152 管道保温绝热

20．防腐与绝热（部件绝热）

（1）阀门等部件按部件形状、尺寸裁剪绝热材料，然后粘贴或拼接（图8-152）；

（2）管道端部或有盲板的部位应绝热并密封；

（3）封头部位绝热时，将绝热材料按封头尺寸加工成扇形块进行粘贴或拼接；

（4）管道上观察孔、检测点、维修处的绝热，采用可拆卸式结构；

（5）补偿器的绝热应留有膨胀间隙，活动支座高度应大于绝热厚度。

8.3.3 通风管道细部策划、质量控制

1．风管（套管安装）

（1）风管穿越需要封闭的防火、防爆的墙体或楼板时，设不小于1.6mm厚的钢质预埋管或防护套管，风管与套管之间用不燃柔性材料封堵；

（2）外保温风管穿越封闭的墙体处设置套管。

2．风管角钢法兰

（1）法兰制作应保证法兰面平整、对角线长度相等、焊缝饱满（图8-153）；

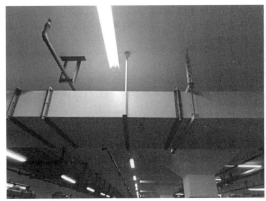

图8-153 风管角钢法兰

（2）法兰螺栓口或铆钉间距均匀且符合规范要求，法兰四角处设螺孔；

（3）法兰连接时螺栓方向一致、长度一致，螺栓材质与风管相对应；

（4）法兰紧固后应严密无泄漏，法兰面间隙均匀，垫片不得突入管内或突出法兰面；

（5）法兰连接后螺栓无锈蚀现象；

（6）中、低压系统风管法兰的螺栓及铆钉孔距不大于150mm，高压系统风管不得大于100mm。

3．风管薄钢板法兰

（1）法兰应与风管垂直、贴合紧密（图8-154）；

（2）风管法兰四角处内外侧涂抹密封胶封闭；

（3）法兰四角采用螺栓固定，中间用弹簧夹或顶丝卡，间距不大于150mm，外端距风管边缘不大于100mm。

4．风管安装

（1）风管安装时应及时进行支吊架的固定和调整，位置应正确，受力应均匀（图8-155）；

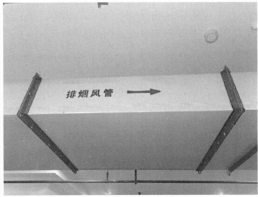

图8-154 风管薄钢板法兰

图8-155 地下室风管

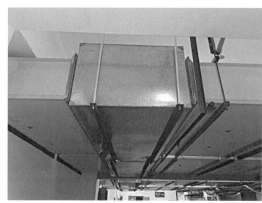 

图8-156 风管纵向接缝

（2）支吊架间距应符合规范规定，风管标高应符合设计要求；

（3）风管配件应单独设置支吊架，支吊架位置要错开系统风口、风阀、检试门和测定孔等部位（应大于200mm）；

（4）消声器、消声弯头应单独设置支吊架，不能让风管承受消声器、消声弯头的重量，有利于单独检查、拆卸、维修和更换；

（5）风管底部不宜设纵向接缝，风管配件的弯曲半径、圆弯头的节数、三通和四通的夹角等必须符合规范要求（图8-156）。

5．风机安装（室内风机）

（1）风机基座平整，各组减振器承受的荷载应均匀（排烟风机需设置钢质减振器）（图8-157）；

（2）风机软接头采用三防布，长度宜为200mm左右，出风口朝下45°、加角钢边框收口，并设置钢丝网防护；

（3）吊装风机按设计要求加减振器装置；固定风机的地脚螺栓，除应带有垫圈外，还应有放松装置；

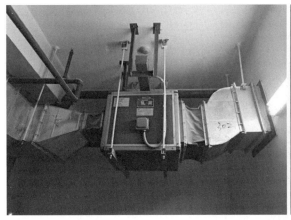 

图8-157 室内风机

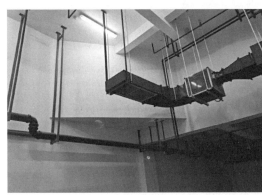 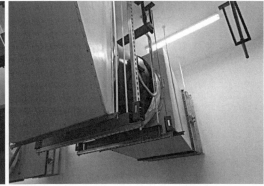

图8-158 吊式风机

（4）吊式风机需设独立抗震支架，必须符合设计及规范要求（图8-158）。

6．风机安装（室外风机）

（1）排烟风机减振应采用弹簧减振器；减振设施应外露（禁止埋设基础内），其振动符合设计要求；

（2）室外风机需做好防雨措施，传动装置外露部位及直通大气的进出风口，必须设置防护罩（网）；金属风管、支架均应可靠防雷跨接；

（3）风阀设置独立支架，风阀操作机构上部加防水罩，风管与风井连接处做好防水处理；

（4）室外风管落地支架（防锈、防腐）下部需做水泥墩防护（图8-159）。

7．防火阀、防晃支架安装

（1）防火阀长度大于630mm时，需单独设置支吊架；

（2）防火阀距墙不大于20cm，风管穿墙套管厚度不低于1.6mm（图8-160）；

（3）悬吊的风管应设置角钢防晃门字固定支架，防晃支架风管上部需设置压杆固定；

（4）风管长度超过20m时，每间隔15m需加一个防晃支架；

图8-159　室外风机

图8-160　风管穿墙套管

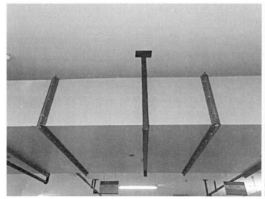 

图8-161　风管防晃支架

（5）风管末端防晃支架长度不应大于1.5m，防晃支架和抗震支架不得重叠安装（图8-161）。

8.3.4 安装工程细部策划（样板先行）

（1）安装工程样板先行，是快速提高施工人员技术、强化其能力的有效途径；也是统一标准，推进新方法、新工艺、新技术的捷径，更是保证工程质量的重要措施；

（2）安装工程样板先行，为大面积施工做好准备，是理论到实践的一个很好的过渡，实现一次成优，既节约时间，又节约了成本，是现场质量管理标准化的重要内容；

（3）安装工程样板先行，目的在于最大限度消除工程质量通病，有效促进工程质量整体水平提高；

（4）安装工程样板先行，最重要的还是抓好施工阶段的管理，只有高标准、严要求、精心组织和科学安排才能建造优良工程。

第9章 工程建设创新创优策划实施

9.1 策划目标及计划分解

创精品优质工程策划工作必须由项目经理亲自主持，项目总工全面组织，质保体系全程参与。施工策划确定项目施工的目标、措施和主要技术管理程序，同时制定施工分部分项工程的质量控制标准，为施工质量提供控制依据。

施工策划和施工组织设计将奠定整个工程创优的基础和大纲。它是集体智慧的结晶，融会贯通各层次技术管理人员的聪明才智和创优积极性。策划工作有总体策划、局部策划、阶段性策划、细部策划、分部策划、综合性策划等。总之，策划工作除了第一次总体策划，确立总目标、总方向、总要求，形成书面指导性文件外，其他策划工作应贯穿于工程始终，无非在规模、参加人员、覆盖范围上有所不同[29]。

在第一次策划会议之前，项目总工应有策划大纲，以便各层级技术管理人员在策划会议上做到有的放矢，例如讨论些什么问题，确立些什么目标（大小目标，如各分部分项工程达到什么水平），以便分别编写策划书中的哪些部分，最后汇总、审核、批准并形成文件。

9.2 工程建设质量创优过程实施与管理

9.2.1 工程创优质量管理要点

（1）重点掌握五个"要"：要严格执行国家的强制性标准，禁用国家明令禁止使用的材料和淘汰的产品；要制订切实可行的工序控制管理点，加强目标管理；要认真做好施工前的技术交底；要合理安排施工工艺和施工进度的衔接；要不断提高工人的技术操作水平，提高产品一次成活率。

（2）务必关注四个"须"：须选择技术能力强的施工班组，创高档次精品工程，也有人称之为创建建筑艺术，需要熟练工人的精雕细琢，工人的操作水平一定程度上左右细部甚至分部的档次；须保证样板的施工质量，创优工程首先体现在标准即质量结果的选定，要让管理人员理解这个标准，施工操作工人掌握其尺度，样板交底是最直观的办法；须取得建设单位、设计单位、专项分包的"共识"，设计材料的搭配要协调、大方，业主的定价要合理，专项分包单位不拖后腿，当然施工总承包要不断宣传、协调、沟通；须及时准确地编制好内业资料，要将工程资料的质量与工程质量放在同样的高度来认真对待，项目部对工程资料编制及整理的质量有严格的标准。

（3）关键做到三个"抓"：抓优质结构，结构是工程的骨架，也是创优的基础，结构可靠、准确，才会给装修阶段的创优提供条件；抓细部质量，可以申报省级优质评选的工程，大面的装修质量都应该是优秀的，比的就是细部的施工构思及最终效果；抓成品保护，工序间的相互保护，应杜绝装饰工程与安装工程相互污染，措施要有力，监督要到位。

9.2.2 工程创优实体质量控制要点

具体如表9-1所示。

工程创优实体质量控制要点　　　　　　　　　表9-1

序号	检查项目	检查内容
1	地基基础主体结构	（1）地下防水及防水混凝土裂缝控制； （2）混凝土结构各部位质量及变形、裂缝控制； （3）变形缝、抗震缝的设置与变形控制； （4）避难层、转换层、设备层、设备间及出屋顶房间结构质量； （5）砌体、隔断、围护等二次结构质量及与其他结构、建筑部件连接质量
2	地基基础主体结构（钢结构装配式）	（1）钢结构支座设置、安装，与钢构件连接质量，轴线、标高、变形（含使用期温度等变形）控制； （2）钢结构构件制作、安装质量及变形控制； （3）钢构件与其他建筑部件连接质量及变形控制； （4）钢结构节点栓接、焊接等安装质量； （5）钢结构整体变形及二次结构变形控制； （6）钢结构防腐、防火，各类涂层质量及保护； （7）耗能构件、屈曲约束构件、金属阻尼部件等安装质量； （8）压型钢板、叠合板、钢制平台、楼梯、栏杆等部件安装质量
3		（1）沉降观测点设置，室外回填及散水、台阶等沉降控制； （2）主体结构与附属工程（裙房、车道等）连接质量； （3）室外广场、道路及附属设施工质量
4	地基基础主体结构（混凝土结构）	（1）地下室防水混凝土裂缝控制，上部主体混凝土墙、梁、板、柱结构构件施工质量及温度、材料收缩变形情况； （2）沉降缝、伸缩缝、抗震缝的设置及构造，后浇带及施工缝构造； （3）吊顶内结构质量、楼板塑性收缩裂缝、防火封堵及龙骨构造（顶层必查）； （4）避难层、转换层、设备层、设备间结构质量； （5）二次结构质量控制，砌体与其他结构连接处裂缝控制； （6）PC构件节点安装平顺

续表

序号	检查项目		检查内容
5	地基基础主体结构（混凝土结构）		（1）钢结构（网桁架屋盖）支座、锚栓安装轴线、标高偏差、挠度变形（含使用期温度等变形）控制； （2）压型钢板、钢平台、钢梯、钢栏杆等安装质量； （3）其他钢构件安装质量
6			（1）沉降观测及观测点设置； （2）主体结构与附属工程（裙房、车道等）连接质量； （3）室内外回填土、室外台阶踏步及散水沉降裂缝控制； （4）室外广场、道路及附属设施施工质量
7	屋面工程		（1）屋面（突出屋面结构）策划及排布情况、排水组织、防水构造、防水效果，保护层效果，变形缝、女儿墙压顶栏板处理，不同标准的大、小屋面在细部做法要求上的一致性； （2）金属、挂瓦等屋面安装，虹吸雨水口、天沟、天窗防排水等构造措施及效果； （3）爬梯、栏杆等安全措施； （4）细部（排水口、排汽孔、滴水线、雨罩、泛水、过桥、上人孔、台阶构造等）
8	室外装饰装修工程		（1）外墙面排布、平整度与垂直度、阴阳角的方正； （2）外墙面的色差、空鼓、变形、渗漏、开裂控制； （3）细部（分格缝、变形缝、滴水、胶缝、嵌缝、不同材料的分色等）处理； （4）幕墙与主体结构连接等安装质量； （5）幕墙层间防火封修等防火构造
9	室内装饰装修工程	墙面	（1）墙面的排布、块料挂（贴）牢固性及色差；墙面平整度、阴阳角方正、顺直、分色； （2）块料饰面缝宽控制、嵌缝质量，以及不同材料交界面等
10		顶棚吊顶	（1）块材排布、墙顶阴角处理、裂缝控制等； （2）吊顶末端设施排布，吊顶内洞口封堵，吊筋、龙骨构造、平整度及变形
11		地面	（1）地面排布、分格缝设置、高差、色差、缝宽、直线度、镶边、踢脚线等质量状况； （2）整体地面平整度，空鼓、开裂控制； （3）石材打磨、泛碱、色差控制
12		门窗工程	（1）外门窗位置、开启方向、角度、泄水孔及限位安全措施、窗台坡度、坡向、高度及周边打胶； （2）内门窗位置、开启方向、下缝、五金安装； （3）防火门开启方向； （4）门窗的严密性、牢固性等，以及与周围界面的细部处理； （5）卫生间等涉水房间门下防潮处理
13		细部	（1）墙面与地面交界处，管道穿墙、穿楼板处，变形缝处，卷帘门等不同颜色、不同材料、不同专业的分界、分格、分色处理； （2）各种设备末端、线盒、插座、开关、灯具、卫生器具、地漏、检查口等布置的协调性

续表

序号	检查项目	检查内容	
14	室内装饰装修工程	楼梯间	（1）楼梯栏杆高度、间距、牢固性（含超宽楼梯栏杆的设置）； （2）踏步高度、宽度、防滑、滴水、挡水、踢脚；楼梯净宽、净高； （3）玻璃栏板的构造及安全措施
15		管井、电井及设备房	（1）有排水要求的地面排水坡度及防水效果； （2）墙、顶、地面、设备基础及管根精细程度与防火封堵； （3）检修门门槛及室内地坪标高控制
16		厨卫间、阳台等涉水房间	（1）块材排布，末端设施与装饰面层的协调性； （2）有水房间地面相邻高差控制； （3）排水坡度、洗手盆、地漏、支架等处细部控制； （4）通风及防水、防滑效果
17		无障碍设施	（1）出入口、无障碍停车位等无障碍设施； （2）无障碍电梯、卫生间等无障碍设施
18	给水排水及采暖工程	设备及连接管道	（1）水泵等设备布置、安装固定及运行； （2）设备基础设置、减隔振、水平限位； （3）设备配管（包括异径管、软接头等）； （4）各种阀门、阀件安装及排布，仪器仪表的量程及精度等级； （5）设备、管道有组织排水
19		管道及支吊架	（1）管道排布、间距、垂直度、坡度，安装的整体牢固性（整体刚度）； （2）支吊架制作、安装，防晃、滑动、固定、承重及综合支架设置； （3）管道接口的严密性，跨越变形缝的补偿； （4）排水管道检查口、清扫口、地漏的设置及水封高度； （5）UPVC管的阻火圈、伸缩节等管件的设置； （6）套管安装及防火封堵，出屋面通气管高度及根部处理
20		卫生器具及供暖设施	（1）卫生器具排布及安装； （2）卫生器具及部件连接的严密性； （3）分户计量表、散热器安装； （4）供暖入口装置，集、分水器设置及安装
21		消防设施及消防组件	（1）消火栓箱安装及箱内器件配备； （2）室外消火栓及水泵接合器安装； （3）喷头安装、排布，末端试水装置安装； （4）消防报警阀组，警铃、水流指示器安装； （5）消防水炮、气体灭火系统安装
22		防腐、保温、标识	（1）设备、管道、支吊架防腐、面漆； （2）设备、管道保温、绝热； （3）设备、管道的标识

续表

序号	检查项目		检查内容
23	通风与空调工程	设备及连接管道	（1）空调机组、冷热源等设备的布置、安装固定及运行； （2）设备基础设置、减振隔振、水平限位； （3）设备配管（包括风管、软连接等）； （4）各种阀门、阀件安装及排布，仪器仪表的量程及精度等级； （5）设备、管道有组织排水
24		风管、空调水管道及支吊架	（1）风管及部件制作、安装； （2）空调水管道排布、间距、垂直度、坡度，安装的整体牢固性（整体刚度）； （3）支吊架制作、安装、防晃、滑动、固定、承重及综合支架设置； （4）风管及空调水管道接口的严密性，跨越变形缝的补偿； （5）套管设置及防火封堵
25		风口、阀件及配件	（1）送、回风口安装、排布； （2）风管加固、导流片设置； （3）风阀、静压箱、过滤器、消声器等安装
26		送排风及防排烟设施	（1）送排风、防排烟设备安装； （2）送排风、防排烟风管连接及固定； （3）防火阀设置、安装； （4）送排风口、防排烟口布置安装
27		防腐、绝热、标识	（1）设备、风管、管道、支吊架防腐、面漆； （2）设备、风管、管道的保温、绝热； （3）设备、风管、管道标识
28	电气工程	变配电设备	（1）变压器、高低压配电柜、配电箱安装位置（标高）、垂直度、盘面的平整度、操作便利等； （2）盘、箱、柜配线的相序、线色、压接，进出线孔洞的封堵、护口等； （3）箱柜内线缆排布、绑扎、标识、系统图等； （4）变配电室检修接地点、型钢基础接地、等电位箱； （5）柴油发电机组安装、固定，储油间的防爆、排风等设施，以及机组、油箱、金属油管的接地
29		梯架、托盘、槽盒、母线槽	（1）梯架、托盘、槽盒、母线槽安装、连接，水平度、垂直度以及标识、专用附配件的使用等； （2）伸缩补偿装置，穿越结构墙板的防火封堵； （3）金属梯架、托盘、槽盒、母线槽的支吊架、防晃支架的安装位置、间距、牢固性，以及接地和跨接接地
30		电缆、导线、导管	（1）电缆、导线、导管的敷设、固定、标识；电缆头制作、安装，铜接线端子的搪锡； （2）槽盒内线缆的排列、绑扎、挂牌，以及填充率； （3）电缆沟内电缆的敷设、固定、支架及接地； （4）明配管、金属软管的敷设及接地； （5）电源管管口的封堵、重复接地

续表

序号	检查项目		检查内容
31	电气工程	灯具、开关、插座	(1) 普通灯具安装、排列，与装饰吊顶的协调性； (2) 专用灯具（疏散指示、安全出口、无影灯、水底灯等）、户外灯具（泛光灯、庭院灯、草坪灯等）、风扇、吊扇的安装，以及金属外壳的接地； (3) 开关安装、控制，以及同一场所标高、通断位置； (4) 插座的接线、相序，接地的无串联连接； (5) 木质、软包墙面开关，插座的防火封堵
32		防雷、接地及等电位	(1) 接闪器（避雷网、避雷针）安装、固定、支架间距，引下线、接地测试点设置及接地标识； (2) 屋面外露金属构件、幕墙金属龙骨、金属外门窗、金属外栏杆的接地； (3) 垂直、水平敷设的接地干线固定、搭接、色标； (4) 各种电动设备的金属外壳接地，防爆间等特殊场所管线的接地； (5) 等电位联接接地
33	智能与电梯工程	智能化设备	(1) 机柜、机架的安装、布局、垂直度、平整度； (2) 机柜内设备安装、接线，线缆布放、固定等； (3) 信号反馈、系统灵敏度、安全及运行
		梯架、托盘、槽盒、导管安装及线缆敷设	(1) 梯架、托盘、槽盒安装、连接，水平度、垂直度、标识、专用附配件、金属外壳接地； (2) 伸缩补偿装置，穿越结构墙板的防火封堵； (3) 支吊架、防晃支架的安装、间距以及牢固性； (4) 线缆敷设、编号、固定、标识； (5) 明配管、塑料软管、金属软管敷设及接地； (6) 槽盒内线缆的排列、绑扎、标识以及填充率等
34		末端设备安装	(1) 探测器、摄像头、信息插座、控制模块、控制按钮等的安装、排列，与装饰装修的协调性； (2) 仪器仪表的排布、安装、接线
35		接地及防静电接地	(1) 接地干线敷设、标识； (2) 中控室（消防控制室、安防控制室等）等电位联接、防静电地板的接地等
36		电梯安装及运行	(1) 曳引机、液压机、自动扶梯运行平稳度，控制柜安装、接线、接地；金属槽盒敷设及接地；机房专用工具、通风设施的配置； (2) 电梯门、层门、轿厢门、地坎之间的间距； (3) 电梯的平层、显示、呼叫、信号反馈； (4) 轿厢内照明、通风、使用标识； (5) 残疾人电梯轿厢内无障碍设施（扶手及盲文）

9.2.3 创优过程和要求

1. 前期准备

此阶段指工程开工前后约一个月时间,项目部要做好以下几项工作:

(1)做好宣传工作

做好项目部参建人员的宣传、动员工作。项目部要通过各种会议、交底的机会,向项目部全体参建人员明确工程的创优目标和创优计划,宣布各种激励措施,激发参建员工的积极性和创造力。

(2)做好技术准备工作

通过前期的资料收集整理分析及学习,编制项目所需的各种施工文件,认真研究施工图纸和施工方案,编制"四新"推广应用计划。针对工程的难点、关键点成立相应的QC小组,编制攻关计划;另外就工程中可能出现的质量通病,编制相应的预防措施。

2. 工程创优管理要求

(1)对于工程的施工,积极推广应用"四新"技术以及住房和城乡建设部推广的"10项新技术",强化过程质量控制,对主要材料进货严格执行"四验"(验规格、品种、质量、数量)、"三把关"制度(材料供应人员把关,质量、试验人员把关,施工操作者把关),检验应当有书面记录和专人签字,杜绝不合格的材料进入现场。对涉及工程安全、功能的有关材料,应按各专业工程质量验收规范规定进行复验,并应经监理工程师检查认可。

(2)高标准、严要求,做好工程质量安全管理。

①项目部将质量目标进行分解,建立各级质量责任制,并具体落实到每个职能部门及个人。

②项目部编制详细的项目质量管理计划,对于施工技术关键要制订出具体、有针对性的质量控制措施。

③加大检查力度。各工序应按施工技术标准进行质量控制,每道工序完成后,应进行检查;相关各专业工种之间,应进行交接检验,并形成记录,未经监理工程师检查认可,不得进入下道工序施工。为确保创优目标的实现,工程项目将增大检查监督力度,以保证工程质量在受控状态下进行,企业总部、项目部、各专业、项目质检员应安排合理期限定期检查。检查应按照质量控制点进行,上道工序不合格,下道工序不能接受,要严格工序报验制度。

④坚持持证上岗制度。为提高分部(子分部)、分项工程等施工管理的科学性、严肃性,项目管理人员、特殊工种作业人员都要持有效证件上岗,对无证或证件不合格人员,要坚决清退或培训合格后持证上岗。对此,企业总部将加大检查、指导、协

调力度。另外，对专职资料员、质量员要在岗位中进行培训，使其明确各项创优要求，并按要求工作。

⑤坚持不懈地加强与建设、设计单位联系，不断强化他们的精品意识，保证甲供设备、主材、设计作品等符合创优要求。

⑥坚持"安全第一、预防为主"的方针，自始至终坚持职业健康安全、环境教育，坚持现场职业健康安全和强化作业层的管理，做好安全防护，做好企业形象标识，做好现场标准化、文明施工管理，杜绝事故的发生。

⑦做好最后收尾阶段的细部处理，局部细节不能疏漏，特别是工程外观质量，这是复查的重点之一，如明管支架的美观、设备与管线的连接等。

⑧在工程竣工验收和保修期初，加强对有关职能人员的领导，他们是这项工作的关键，他们的工作质量有时直接反映了总承包单位的对外形象，一方面要参加各类验收、检查、评优工作，捕捉质量特色，征求领导、专家意见，积极协助有关单位形成有效的原始记录；另一方面在工程交付之时，指导使用单位（用户）自觉地保护好工程产品，按照制定的成品保护计划与要求实施；尽力为用户服务，并形成用户对工程质量的评价资料。

9.3　工程建设技术创新过程实施与管理

9.3.1　工程建设技术创新过程实施策略

项目部在施工中应积极推广应用"建筑业10项新技术"。在提高质量、保证工期的前提下，积极推广应用新技术，进行技术攻关及创新。建立新技术应用管理体系，从组织上保证了新技术推广应用的实施，同时将新技术应用项目进行分解，落实到班组责任到人，并在新技术应用过程中及时进行检查、验收和把关，通过"方案优化、对比分析、过程监控、效果评价"使新技术的推广与应用在工程项目管理中利益最大化，推动各项目标的顺利实现。

1．全过程策划

新技术的推广与应用在实施前进行全方面策划。根据合同约定、工程特点、管理目标、环保要求等，对工程科技推广与应用情况进行综合分析，在方案优化、工艺标准、成本分析等方面进行对比，确定工程推广应用新技术计划。

2．全员参与

项目技术负责人组织全员参与，构成项目科技推广与应用活动的组织模式。制定岗位职责，使各项工作质量均得到保证。科技推广与应用给项目带来良好的社会、经济效益的同时，员工的知识水平、业务能力也可以得到相应提高。

3．物资配合

工程项目的物资主要是指物资材料、设备、机具的分供方和施工分包商。一方面企业针对项目的重要性、复杂性和工程技术特点及难点，确保物资材料、设备、机具的投入，保证工程需要；另一方面企业技术部门和采购部门向项目提供经过评审的合格物资分供方、合格的施工分包商，供项目选择，此项措施以确保新技术推广与应用的效果。

4．管理措施

（1）合约管理

自工程招标开始，将科技推广与应用的内容融入商务活动中，以合同的方式约束分包及分供方在该项目实施过程中进行科技推广与应用的范围、责任。在科技推广应用得以保证的同时，可以实现合同双方利益的互赢。

（2）设计协调

设计协调是总承包技术管理的核心内容。考虑到各工程专业承包商和材料设备供应商多等特点，项目组建之初应成立深化设计组，其职责主要是完善施工图、负责对各专业承包商提供的详图进行审核，消除或最大限度减少设计上的错、漏、碰、缺，可以保证各专业间的配套与衔接，各专业的同步与交圈。

（3）总结、提高与改进

项目管理人员认真实施每一项科技推广项目，分阶段及时对科技项目进行总结、归纳，对存在的不足制定改进措施。

9.3.2 工程建设技术创新可持续发展

遵循"科技是第一生产力"的原则，要勇于创新，大胆应用，并结合现代化科学管理，在建设工程施工生产中广泛应用新技术、新工艺、新产品、新材料"四新"成果，充分发挥科技在施工生产中的先导、保障作用。有效地促进生产力的提高，降低工程成本，减轻工人的操作强度，提高工人的操作水平和工程质量，满足房屋的结构功能和使用功能，在施工中把先进工艺和施工方法、先进技术应用到工程上去大力推广新材料、新工艺、新技术，确保项目工期、质量，并降低成本。同时，为不断推进建筑业技术进步，加大建筑业推广优秀适用新技术的力度，对建筑业新技术内容也应加以调整和补充，不断适应新的生产力发展要求，实现企业的可持续发展。

1．节约土地

（1）施工现场的临时设施建设禁止使用黏土砖；

（2）土方开挖施工采取优秀的技术措施，减少土方的开挖量，最大限度减少对土地的扰动。

2．节能

（1）优先使用国家、行业推荐的节能、高效、环保的施工设备和机具，如选用变频技术的节能施工设备等。

（2）冬季采用集中供暖，减少粉尘排放。冬季用塑料布将窗户密封，减少室内热量流失。

（3）施工现场机械设备管理应满足下列要求：

1）施工机械设备应建立按时保养、保修、检验制度；

2）施工机械选用高效节能电动机；

3）合理安排工序，提高各种机械的使用率和满载率。

（4）实行用电计量管理，严格控制施工阶段的用电量。必须装设电表，生活区与施工区分别计量。用电电源处应设置明显的节约用电标识，同时施工现场应建立照明运行维护和管理制度，及时收集用电资料，提高节电率。施工现场分别设定生产、生活、办公和施工设备的用电控制指标，定期进行计量、核算、对比分析，并有预防和纠正措施。

（5）充分利用太阳能，现场淋浴设置太阳能淋浴，减少用电量。

（6）建立施工机械设备管理制度，开展用电、用油计量，完善设备档案，及时做好维修保养工作，使机械设备保持低耗、高效状态。选择功率与负载相匹配的机械设备，避免大功率施工机械设备低负载长时间运行。机电安装采用节电型机械设备，如逆变式电焊机和能耗低、效率高的手持式电动工具等，以利节电。

3．节水

（1）实行用水计量管理，严格控制施工阶段的用水量。施工用水必须装设水表，生活区与施工区分别计量；及时收集施工现场的用水资料，提高节水率。

（2）施工现场生产、生活用水使用节水型生活用水器具，在水源处应设置明显的节约用水标识。

（3）施工现场设置废水回收设施，对废水进行回收后循环利用。

（4）施工工艺采取节水措施，墙体采用混凝土养护剂或喷水养护，节约施工用水。

4．节约材料与资源利用

（1）选用绿色材料，积极推广新材料、新工艺，促进材料的合理使用，节省实际施工材料消耗量；

（2）施工现场实行限额领料，统计分析实际施工材料消耗量与预算材料的消耗量，有针对性地制定并实施关键点控制措施，提高节材率；钢筋损耗率宜高于预算量的2.5%，混凝土实际使用量宜高于图纸预算量；

（3）根据施工进度、材料周转时间、库存情况等制定采购计划，并合理确定采购数量，避免采购过多，造成积压或浪费；

（4）施工现场应建立可回收再利用物资清单，制定并实施可回收废料的回收管理办法；

（5）材料运输工具适宜，装卸方法得当，防止损坏和洒落，根据施工现场情况就近卸货，避免和减少二次搬运；

（6）贴面类材料在施工前，应进行总体排版策划，减少非整块材的数量；

（7）对周转材料进行保养维护，维护其质量状态，延长使用寿命；按照材料存放要求进行材料装卸和临时保管，避免因现场存放条件不合理而导致浪费；选用耐用、维护与拆卸方便的周转材料；

（8）优先选用制作、装、拆除一体化的专业队伍进行模板工程施工，模板应以节约自然资源为原则，推广使用定型刚模、钢框竹模、竹胶板。施工前应对模板工程方案进行优化。

5．绿色施工

公司成立绿色施工领导小组，由公司经理组织生产经理、总工程师、材料经理和安全负责人，负责对各项目部绿色施工的领导工作。项目部由项目经理负责组织绿色施工领导班子，组织项目进行绿色施工。

对项目施工材料的选用、场地临设布置、绿化美化环境、安全文明施工管理等各项措施进行审核，确保项目合理使用绿色材料，做好对废旧资源的回收和再利用；控制施工扬尘、渣土遗撒、声光排放和施工噪声等扰民现象；绿化美化环境，减少对周围居民生活的影响，增强社会安定团结，与建设单位共建协调的文明社会。

（1）随着改革的发展，新知识、新技术的不断产生，装饰行业中也在不断引入和更新绿色施工技术，如智能化办公楼办公设备、电子门锁、打卡器、宽带信息数据线等的安装，局部电气自动化的热水器的安装。

（2）运用计算机信息管理技术加强项目计划网络、工程成本、材料管理、施工方案编制、预算及文件与合同的管理，使原来繁复、琐碎的管理工作变得简单有序，利用计算机辅助施工项目管理，提高工作效率和工作质量。为了交流和推广建筑装饰行业新技术、新工艺、新材料、新设备的应用成果，将在工程实践中增加对新型材料和环保材料的应用。

（3）利用电子计算机及优秀的施工管理软件对工程的施工进度计划进行跟踪控制，均可取得优良的经济效益。

（4）预埋铁件采用大磁铁查找，以避免找寻预埋铁件时乱凿。

（5）积极选用屋面防水新技术，做好节点处理。

（6）在检查其他工序质量的同时，特别重视对各个基层质量的检验与验收。

6．工艺创新

（1）由项目部总工程师全面负责项目的施工技术管理，项目经理部设置工程技术部，负责制定施工方案，编制施工工艺，及时解决施工中出现的问题，以方案指导施工，防止出现返工现象而影响工期。

（2）实行图纸会审制度，在工程开工前由项目总工程师组织有关技术人员进行设计图纸会审，并及时向建设和监理工程师指出施工图纸、技术规范和其他技术文件中的错误和不足之处，使工程能顺利进行。

（3）采用新技术、新工艺，尽量压缩工序时间，安排好工序衔接，统一调度指挥，使工程有条不紊地施工。

（4）实行技术交底制度，施工技术人员在施工前认真做好详细的技术交底。

（5）施工时采用计算机进行网络管理，确保关键线路上的工序按计划进行，若有滞后，立即采取措施予以弥补。计算机的硬件和软件应满足工地管理的需要，符合业主统一的管理规定。

（6）推行全面质量管理，开展群众性的QC小组活动，在施工中制定全面质量管理、工作规划，超前探索和解决施工中的疑难问题，消除质量通病。

（7）采用现代化技术设备

工程实施中，将运用高精度的仪器，采用优秀的检测手段，控制施工的每个环节。

（8）建立完善的技术管理体系

按照实施性施工组织设计确定的施工程序，精心组织流水线平行作业，控制每道工序，狠抓工序衔接，实行施工技术、测量、试验、计量技术资料全过程的标准化管理，做到技术标准、质量标准、管理标准相统一。

（9）妥善保管好有关工程进度、质量检验、障碍物拆除以及所有影响工程的原始记录和照片。

（10）按照监理工程师和业主的技术要求，利用人才优势，发挥技术专长，实行规范化、程序化、标准化施工作业，在现场树立典型示范作业面，为创优质工程奠定坚实的技术基础工作。

7．装配式建筑

（1）健全技术支撑体系。聚集和整合行业资源，组建建筑产业现代化技术创新联盟，引导相关单位重点开展建筑产业现代化技术体系研究，包括BIM技术、高层建筑大型构件吊装技术、连接节点防裂防渗技术、安装工艺技术、现场施工工法、减振隔振等技术。积极推进预制内外墙板、预制阳台板、预制楼梯、预制预应力等构件以及集成部品部件的使用，完善适合未来发展需要的优质高效技术体系。支持有关行业协会和企业参与地方标准制定，鼓励制定部品部件设计、生产和施工工艺等企业标准和团体标准，促进关键技术和成熟技术研究成果转化为标准规范。制订发布装配式预制构配件及部件市场参考价格，以及装配式建设工程造价计价办法，逐步建立完善覆盖设计、生产、施工、验收和使用维护全过程的装配式建筑技术标准体系。

（2）创新建筑设计。推广通用化、模数化、标准化设计方式，统筹建筑结构、机电设备、装配式施工、装饰装修，实现装配式建筑一体化集成设计。鼓励设计单位与科研院所、高校等联合开发装配式建筑设计技术和通用设计软件。以协同设计为突破口，推行BIM（建筑信息模型）技术，通过逐步建立的全过程管理信息系统，形成协同工作机制，优化深化设计，实现对装配式建筑建设全过程的指导和服务。

（3）优化部品生产。鼓励有条件的企业建设集科研、制造、示范和人才培养于一体的预制构配件及部品生产、钢结构等装配式建筑基地。引导建筑行业部品部件生产企业合理布局，培育一批技术优秀、专业配套、管理规范的骨干企业和生产基地，建立以标准部品为基础的专业化、规模化、信息化生产体系，逐步实现主要结构构件的标准化生产和市场化销售。建立部品部件质量验收机制，确保产品质量。

（4）提升装配施工水平。大力推广铝模板、钢模板等。

9.4　工程建设全过程资料制作

9.4.1　工程资料总体要求

（1）工程资料应在工程建设过程中同步形成，真实、有效地反映工程建设情况和实体质量。工程资料应字迹清楚，图表、印章清晰，内容完整，签字盖章手续完备。

（2）工程资料内容应填写正确，各工种、各工序之间的时间顺序和逻辑关系应符合设计图纸、现行相关标准和规范的规定。

（3）工程资料应使用原件，项目资料员应按照资料归档要求，收集、准备足够数量的资料原件，包括因工程销号、创优申报、验收备案、工程结算、存档等需提供的原件。当无法提供原件，需使用复印件时，应加盖复印件提供单位的公章，注明复印日期，并由经手人签字。

（4）各项资料中的工程名称、建筑面积等相关信息须与规划、施工许可证等一致。有变更时，应有齐全有效的变更手续。资料中的单位名称、相关人员签名必须与经批准备案的质保体系人员一致，防止误签、代签。同时要检查监理、设计、勘察、建设单位的人员签名，也应按质保体系，具备相应资格，以免签字无效。当各单位的质保体系相关人员发生变更时，应办理变更申请，提交监督机构备案，并注意变更时间节点，防止误签、代签。由监督机构参加的各项验收记录、验收方案等五方责任主体验收人员应由项目负责人签名，且应与质保体系相符。

（5）工程资料应进行编号，施工资料可按照分部分类，对相同表格、相同检查项目、按形成时间顺序编号。资料编号应及时填写，专用表格的编号应填写在表格右上角的编号栏中，非专用表格应在资料右上角适当位置注明资料编号。

（6）资料完成后应及时分类整理、汇总，每项资料均要编制汇总表。汇总表应简洁明了，能体现关键信息，且便于查找。

（7）组卷应遵循自然形成规律，保持卷内文件、资料内在联系。可按照资料类别分为：前期资料、施工管理资料、施工物资资料、施工记录文件、施工试验记录及检测文件、施工质量验收文件、竣工验收文件、竣工图8类，也可将施工技术资料按分部工程组卷，专业分包工程可单独组卷。一卷资料较多时可分为多册，同类别的资料作为一册。资料组卷应编制封面、目录，建立三级目录，包括总目录、卷目录、册目录。组卷原则是：资料目录清晰，组卷科学合理，查找方便快捷。

9.4.2 全过程工程资料制作内容

1．前期资料

工程前期资料包括但不限于：工程立项审批文件；建设用地批准书、建设用地规划许可证、土地使用证明文件及其附件（含用地呈报表、一书一方案、土地划拨决定书等过程文件）、规划放样文件（含定位图、±0.000检测等）、工程招标投标文件、中标通知书；建设工程规划许可证、施工许可证；勘察合同、设计合同、监理合同、建筑施工合同及专业分包合同；设计方案审查意见、施工图（含节能）设计文件审查报告及审核合格备案书、岩土工程勘察报告、有关行政主管部门（消防、人防、环保、环评、交警、交评、绿化、卫生、职业病防治、防雷等）批准文件或取得的有关协议；工程质量安全监督手续、建设、设计、勘察、施工、监理机构项目负责人和现场管理人员的基本信息，法定代表人授权书、工程质量终身责任承诺书等报建报批文件。

项目部应安排专人及时办理、收集、审核项目前期资料，工程各项手续应齐全，符合法定建设程序。

2．施工管理资料

施工管理资料包括但不限于以下资料：开工报告、竣工报告、施工现场质量管理检查记录、桩基交工验收记录、中间结构验收记录、图纸会审、设计变更及洽商记录、单位及人员资质报验、施工组织设计及各类专项施工方案、技术交底记录、施工日记、幕墙设计计算书等。

（1）项目部应及时收集报验工程各相关方（包括：总承包、各分包、检测试验、租赁、供应商等）的营业执照、资质证书、安全生产许可证及相关人员证书，并关注其有效性。当发生人员变更时必须及时办理变更手续，当质安保体系备案表内人员发生变更时，应及时到质安监督站备案，并与相关资料的签字资格相符合。

（2）施工组织设计、各类专项施工方案编制审核手续应齐全，施工前报监理审查通过，签字人员具备相应资格，盖章手续齐全。

（3）各分部分项工程实施前有技术交底记录，内容与工程实际相符，具有针对性，能指导施工，签字手续齐全，签字人员资格相符。

（4）项目部应指定专人做好每天的施工日记。施工日记应按单位工程从开工到竣工连续记录，且应按时、真实、详细。内容应包括：日期、天气、气温；施工部位、施工内容及完成情况；质量检查、隐蔽工程验收情况；混凝土浇捣及试块留置情况；材料进场验收情况；设计变更、交底、会议等。

3．施工物资资料

施工物资资料包括：原材料、半成品、成品及设备的质量证明文件，性能检验报告、进场检验记录及进场复验报告，压力容器及设备制造许可证及许可内容附件等资料的有效抄件，消防系统的材料、设备、部件等应具有符合国家有关认证、检验规定的标识及证明文件，饮用水系统的管材、设备等应有卫生许可证；进口产品应具有商检合格证明。

工程中使用的所有材料必须满足设计要求和相关规范规定，注意核对质量证明文件信息是否正确、型号规格与设计是否相符，不符合的须立即退场处理。所有用于工程实体中的材料必须严格履行报验手续，并将材料报审表与合格证等质量证明文件存放在一起。

施工物资质量证明文件应齐全，且具有可追溯性。钢材抄件和厂家质保单均须收集，钢材抄件的数量、机械性能、化学成分应与质保单原件对应，且符合相应标准规定，应禁止同一张质保单同一批号重复使用。抄件内容应清晰、完整，注明工程名称、规格、数量、抄件人、抄件日期等，加盖经销商印章。钢筋进场验收要填写钢筋进场外观检查记录。

设备进场后，工程建设企业应会同监理、建设单位相关人员进行开箱检查，做好设备开箱检查记录。

需进场复试的各类原材料、试块试件的取样送检要及时，并做好送检台账。收取试验报告单时应及时检校委托单位、试验数值、部位等内容，发现问题及时处置。

需进场复试的原材料应包括但不限于：钢材、水泥、防水材料、砖（砌块）预拌砂浆、砂、石、外加剂；装配式建筑结构用灌浆料；预应力筋、锚具、夹具和连接器；钢结构用钢材、焊材、防火涂料、高强度大六角头螺栓连接副、扭剪型高强度螺栓连接副；装饰装修用门窗、玻璃、人造木板、花岗石、面砖；幕墙用铝塑板、石材、玻璃、结构胶、密封胶；散热器、供暖系统保温材料、通风与空调工程绝热材料、风机盘管机组、低压配电系统电线电缆；节能工程材料等。

4．施工记录文件

施工记录文件包括但不限于：隐蔽工程验收记录、工程定位测量记录、地基验槽记录、技术复核记录、试打桩记录、桩基施工记录、桩位偏差记录、混凝土浇捣申请、混凝土交接检验记录、混凝土施工记录、大体积混凝土养护测温记录、地下室防水效果检查记录、装配式结构施工记录、大型构件吊装记录、钢结构施工记录、柱脚轴线及标高实测记录、钢结构焊接施工记录、钢结构焊缝外观质量检查记录、焊钉的焊接质量检查记录、钢结构扭剪型高强度螺栓施工质量检查记录、高强度螺栓连接终拧扭矩检查记录、钢结构预拼装施工记录、钢结构构件吊装记录、预应力筋张拉记录、建筑物垂直度、标高观测记录、沉降观测记录、建筑物通风（烟）道检查记录；设备基础验核记录、设备安装记录、管道保温施工记录、防火阀安装记录、风口消声器安装记录、风管系统安装检查记录、风管制作检查记录；开关、插座、风扇安装记录，电缆桥架安装记录，成套配电柜、照明箱安装记录等。

隐蔽工程验收记录中施工依据除填写相应施工图号外，如有设计变更的，应注明变更联系单的编号和条款。各项施工记录内容尽量详细、全面、真实地反映施工质量，尤其是一些主要数据，应符合设计及施工工艺要求，能用简图直观说明的应附简图。

5．施工试验记录及检测文件

（1）建筑与结构

钢筋焊接试验报告、钢筋焊接机械连接试验报告；混凝土抗压强度试验报告及评定、（标养、同条件）混凝土抗渗试验报告、砂浆抗压强度试验报告及评定、桩基检测报告、地基承载力检验报告、土工击实试验报告、回填土试验报告、混凝土配合比单、混凝土碱总量、氯离子含量计算书；结构实体混凝土强度验收记录、结构实体钢筋保护层厚度验收记录、后置埋件拉拔试验报告；超声波探伤报告、探伤记录、钢构件射线探伤报告、磁粉探伤报告、高强度螺栓抗滑移系数检测报告、钢结构焊接工艺评定文件及焊接工艺指导书、网架节点承载力试验报告、钢结构防火涂料厚度检测报告、钢结构防腐涂料厚度检测报告、钢结构金属屋面系统抗风揭性能试验报告；屋面雨后或淋水试验记录、有防水要求的地面蓄水试验记录；幕墙双组分硅酮结构胶混匀性及拉断试验报告、幕墙的抗风压性能、空气渗透性能、雨水渗透性能及平面内变形性能检测报告、幕墙防雷接地电阻测试记录、幕墙淋水试验记录；外门窗的抗风压性能、空气渗透性能和雨水渗透性能检测报告；外墙饰面砖样板粘结强度试验报告；墙体节能工程保温板材与基层粘结强度现场拉拔试验报告、外墙保温浆料同条件养护试件试验报告、外墙节能构造现场实体检验报告；围护结构现场实体检验报告、外门窗气密性现场实体检验报告、供暖节能工程、通风与空调节能工程、配电与照明节能工程的系统节能性能检验报告；民用建筑项目竣工能效测评报告；室内环境检测报告。

1）在钢筋工程焊接开工之前，参与该项工程施焊的焊工必须进行现场条件下的焊接工艺试验，经试验合格后，方准焊接生产。每种牌号、每种规格钢筋焊接至少做一组工艺试件。在焊接过程中，如果钢筋牌号、直径发生变更，应同样进行焊接工艺试验。钢筋焊接试件要及时取样送检，焊接报告合格方可进入下道工序进行封模或浇捣混凝土。

2）施工过程质量检测试验项目、主要检测试验参数应按相关标准、设计文件、合同要求和施工质量控制的要求确定，可按照《建筑工程检测试验技术管理规范》JGJ 190-2010表4.2.2的规定确定。

3）工程桩应进行承载力和桩身质量检验。检测数量、检测方法和检测结果应满足设计要求和《建筑基桩检测技术规范》JGJ 106规定。创优工程桩身完整性应全数检测，检测结果应符合《建筑工程施工质量评价标准》GB/T 50375-2016第5.1.2条要求，不能出现Ⅲ类桩，同时要控制Ⅰ、Ⅱ类桩的数量，桩身完整性一次检测95%及以上达到Ⅰ类桩，其余达到Ⅱ类桩时为一档，取100%标准分值。

（2）给水排水及供暖工程

包括：排水管道灌（通）水试验记录、排水管道通球试验记录、雨水排水管道灌水及通水试验；管道、设备强度严密性试验记录，阀门强度及严密性试验记录，管道吹污冲洗试验记录，管道消毒记录；补偿器预拉伸（预压缩）记录；消火栓试射试验记录、消火栓系统联动试验记录；自动喷水灭火系统闭式喷头水压试验记录、自动喷水灭火系统报警阀水压试验记录、自动喷水灭火系统联动试验记录；卫生器具通水、满水试验记录；辅助设备满水试验记录、安全附件安装检查记录、锅炉烘炉试验记录、锅炉煮炉试验记录、锅炉试运行记录、安全阀调试定压记录；水泵试运转记录、设备试运行及系统调试记录；生活给水水质检测报告；建筑消防设施检测报告。

（3）建筑电气工程

包括：接地电阻测试记录、电缆敷设及绝缘电阻测试记录、电线绝缘电阻测试记录、电气器具绝缘电阻测试记录、照明全负荷通电试运行记录、漏电保护模拟动作试验记录、双电源自动切换试验记录、低压电气动力设备试运行记录、低压电气交接试验记录、建筑物等电位联结导通性测试记录、电机试运转记录、大型照明灯具承载试验记录、防雷装置检测报告、平均照度和照明功率密度检测报告。

（4）智能建筑工程

包括：绝缘电阻测试记录；火灾探测器报警功能逐只测试记录；火灾自动报警系统调试记录；火灾自动报警及消防联动系统调试记录；火灾自动报警及消防联动系统检测报告（检测单位）；智能建筑各系统调试记录、系统试运行记录、系统检测报告（检测单位出具）；中控室值班记录。

（5）通风与空调工程

包括：补偿器预拉伸（预压缩）记录；管道、设备水压试验记录；管道冲洗试验记录；绝热材料点燃试验记录；凝结水系统充水试验记录；阀门强度及严密性试验记录；风机盘管强度及严密性试验记录；空调系统冷媒管道气压试验记录；制冷设备充注制冷剂检漏试验记录；安全阀调试定压记录；风管系统强度和严密性试验记录；补偿器预拉伸（预压缩）记录；水泵试运转记录、风机试运转记录、设备单机试运转及调试记录；制冷机组、单元式空调机组试运转记录；空调系统非设计满负荷条件下联合试运转及调试记录；防排烟系统功能试验、性能试验、防火阀启闭联合试运行及调试记录；通风空调系统无生产负荷联合试运转记录；通风与空调系统节能性能检测报告。

(6) 电梯工程

包括：土建交接测量记录；绝缘电阻测试记录、接地电阻测试记录；轿厢平层准确度测量记录；电气装置检查记录；电梯安全装置检测记录；电梯整机功能检测记录；电梯主要功能检测记录；电梯负荷运行试验记录；电梯噪声测试记录；安装、调试、试运行记录；电梯检测报告（检测单位出具）。

6．施工质量验收文件

施工质量验收文件包括：检验批验收记录、分项工程质量验收记录、子分部工程质量验收记录、分部工程质量验收记录。

7．竣工验收文件

竣工验收文件包括但不限于：单位工程质量竣工验收记录、质量控制资料核查记录、安全和功能检验资料核查及主要功能抽查记录、观感质量检查记录；分户验收汇总表、分户验收记录；勘察单位工程质量检查报告、设计单位工程质量检查报告、监理单位工程质量评估报告、工程建设企业工程竣工报告、工程竣工验收报告；工程竣工验收会议纪要、竣工验收总结；房屋建筑工程质量保证书、住宅质量保证书、住宅使用说明书；建设工程质量竣工验收意见书；建设工程竣工验收备案表；规划、消防、环保、民防、防雷、档案等部门出具的验收文件或意见。

各项竣工验收文件应齐全有效，结论明确，验收结果合格，符合建设程序。

8．竣工图

竣工图包括各专业竣工图。项目部应编制足够数量的竣工图，以满足竣工各项验收及资料归档要求，竣工图应与现场实际相符。竣工图目录与图纸名称应一致。图纸会审记录、设计变更联系单等应按要求在对应竣工图上修改，不能粘贴。变更内容超过30%的竣工图应重新出图。所有竣工图应加盖竣工图章，签字、编制日期应齐全。

第10章 工程典型案例

10.1 运河亚运公园项目

10.1.1 工程概况

运河亚运公园项目（体育馆、全民健身中心）坐落于杭州市申花单元内，东至学院北路、西至丰潭路、南至申花路、北至留祥路，是浙江省首座集体育馆、公园、运动场、商业配套于一体的综合性城市体育项目，杭州市主城区内最大的新建亚运设施（图10-1）。体育馆、全民健身中心为运河亚运公园的核心建筑，为6928座甲级大型体育馆，将承办第19届亚运会乒乓球、霹雳舞赛事项目，成为比赛和训练场馆，杭州亚运会12个新建场馆之一。

体育馆：地上3层、地下1层，建筑高度35.0m；框架结构，空间网格钢结构屋盖。

全民健身中心：地上2层，建筑高度11.195m，框架结构。

工程于2019年7月25日开工建设，2021年4月26日竣工验收完成。

工程建设前期依法完成了立项、规划、环评、用地、施工图审查、施工许可等手续，并依法完成了节能、消防、规划、环评、档案等专项验收及竣工验收备案。

图10-1 全景图

10.1.2 工程特点与难点

1. 工程特点

体育馆形体以良渚玉文化和杭州油纸伞为灵感，整体呈鹅卵形变化，造型新颖。表皮由双曲面鱼鳞玻璃和黄铜色金属幕墙组成，呈现"玉琮"的质感，将历史和文化凝练于建筑之中。寓意以亚运为载体，讲好杭州故事，传播中国文化（图10-2）。

图10-2 体育馆"玉琮"形体

全民健身中心以起伏坡地为造型特征，绿化覆盖与公园环境有机融合，完美契合杭州亚运绿色办会理念。

场馆实践"亚运的、全民的"理念，集"竞赛、健身、休闲"等功能于一体，以一馆多用设计实现办赛与惠民的协同共建，是一座高标准的现代体育综合体建筑。

2. 工程难点

难点1：高大异形的空间结构

场馆平面尺寸大（体育馆：122.232m×112.359m；全民健身中心：120.300m×169.200m），空间高，形体不规则，下倾上曲式结构使测量放样精度控制难度大；同时有40处超高（最高处为26.74m），38处超限结构（最大梁截面600mm×2950mm），以及圆弧看台、矩形斜柱等异形结构，使支模架搭设和施工精度控制难度高。

通过采取设计优化、空间建模与三维测量技术的结合进行精确放样、定型化模板支架、严控施工过程等措施，解决了高、大、异形结构的施工难题（图10-3）。

难点2：建筑结构一体化集成幕墙

体育馆不规则双曲空间由表层鱼鳞状玻璃和铝板幕墙、曲面衍变斜交钢网格支

图10-3 高大异形的空间结构

撑、室内曲弧饰面等一体化集成,极度不规则,结构复杂,安装定位难,工艺要求高。

采用BIM技术定位各构件节点信息,实现精准安装,使建筑结构一体化集成幕墙兼顾安全、经济、美观要求,成为工程建设行业"好经验,好做法"最佳案例(图10-4)。

图10-4 建筑结构一体化集成幕墙

难点3：超大跨度空间钢网架屋盖

体育馆正交正方四角锥椭圆形屋盖，平板网架最大跨度90m，用钢量561.2t；采用裸顶设计，螺栓球和焊接球混合节点，其相贯节点复杂，钢结构外观效果要求高，装配式施工精度控制难度大。

通过创新钢结构精准拼装、分段吊装并同步卸载、施工仿真分析等新技术，保证了安装精度和施工安全（图10-5）。

图10-5　超大跨度空间钢网架屋盖

难点4：多专业系统协同施工

工程工期紧，亚组委要求必须在2021年9月投入使用；工程定位高，EPC总承包同时涉及建筑、机电、竞技专业配套等20项专业系统，多专业多指令交叉施工，协调管理难度大。

通过应用BIM技术及智慧工地信息化管理平台，使各单位有机组成共同体进行集中统一领导，有效解决协同施工难题，保证工期与质量（图10-6）。

10.1.3　新技术应用和技术创新

工程共推广应用了《建筑业10项新技术（2017版）》中的9大项23子项（表10-1），获得11项国家专利、2项软件著作，创新2项省级工法，发表期刊论文15篇，总结

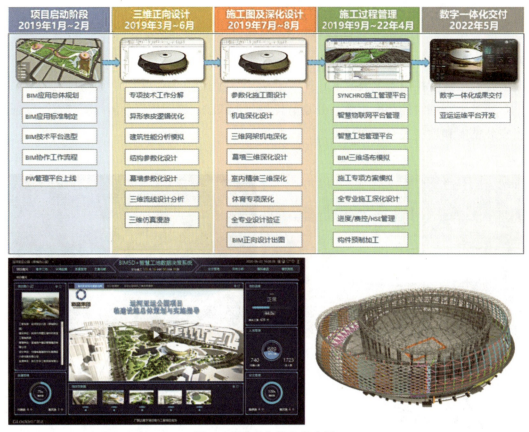

图10-6 数字与信息化应用

1项全国QC成果,全面应用BIM技术,并获得6项全国BIM大奖,通过浙江省建筑业新技术应用示范工程验收,效果显著(表10-2)。针对项目重难点施工,立项《运河亚运公园项目施工关键技术》科研课题,形成项目建设成套技术体系,荣获浙江省建设科学技术奖三等奖。

应用《建筑业10项新技术(2017版)》汇总表　　表10-1

序号	新技术项目	子项项目	应用部位
1	1地基基础和地下空间工程技术	1.6装配式支护结构施工技术	基坑围护
2	2钢筋与混凝土技术	2.5混凝土裂缝控制技术	基础、主体
		2.7高强钢筋应用技术	基础、主体
		2.8高强钢筋直螺纹连接技术	基础、主体
3	3模板脚手架技术	3.1销键型脚手架及支模架	主体结构

续表

序号	新技术项目	子项项目	应用部位
4	5钢结构技术	5.2钢结构深化设计与物联网应用技术	钢结构
		5.4钢结构虚拟预拼装技术	钢结构
		5.7钢结构防腐防火技术	钢结构
		5.8钢与混凝土组合结构应用技术	基础、主体
5	6机电安装工程技术	6.1基于BIM的管线综合技术	安装工程
		6.6薄壁金属管道新型连接安装施工技术	安装工程
		6.10机电消声减振综合施工技术	安装工程
6	7绿色施工技术	7.1封闭降水及水收集综合利用技术	全过程
		7.2建筑垃圾减量化与资源化利用技术	全过程
		7.3施工现场太阳能、空气能利用技术	全过程
		7.4施工扬尘控制技术	全过程
		7.5施工噪声控制技术	全过程
		7.7工具式定型化临时设施技术	全过程
7	8防水技术与围护结构节能	8.5种植屋面防水施工技术	室外工程
		8.9高性能门窗技术	门窗工程
8	9抗震、加固与监测技术	9.6深基坑施工监测技术	基础
9	10信息化技术	10.1基于BIM的现场施工管理信息技术	全过程
		10.7基于物联网的劳务管理信息技术	全过程

实用新型专利、软著证书、工法、QC成果汇总表　　表10-2

序号	专利名称
1	一种干粉砂浆搅拌站防护棚
2	高大钢筋混凝土梁纵向施工缝结构
3	一种体育馆看台底板施工用支撑体系
4	一种河流围堰导流的施工装置
5	一种阳极氧化铝板饰面装饰施工用安装装置
6	混凝土现浇楼板平整度控制装置
7	建筑施工用深基坑内部支撑机构及装置

续表

序号	专利名称
8	一种体育馆稳定式钢混凝结构
9	混凝土施工检测温度传感器
10	曲面清水混凝土模板的支撑装置

序号	软著证书名称
1	BIM技术在体育馆项目中控本提质管理平台V1.0
2	BIM技术在体育馆项目进度控制管理系统V1.0

序号	自主创新技术
1	"一种球冠形钢屋盖及曲面斜交网格墙体结构施工技术及应用"登记为浙江省科技成果
2	《运河亚运公园项目施工关键技术》荣获浙江省建设科学技术奖三等奖

序号	工法名称
1	干混砂浆搅拌筒组合型钢防尘防护棚施工工法
2	全拆式防水隔断型钢筋加工棚施工工法

序号	QC课题成果	
1	干粉砂浆罐防护装置研制	2019年度杭州市建筑工程QC小组优秀成果一等奖 2020年浙江省工程建设优秀质量管理小组 2020年度全国工程建设质量管理小组活动二等奖
2	活动房基础创新	2019年度杭州市建筑工程QC小组优秀成果奖 2020年浙江省工程建设优秀质量管理小组活动成果一等奖
3	提高大截面梁施工缝一次成型合格率	2020年度杭州市建筑工程QC小组优秀成果三等奖

10.1.4 绿色建造

整个建筑秉承节能减排、资源回用、智能高效的原则，是一座现代低碳、节能、环保的绿色体育建筑。

1. 节能环保

采用了自然采光、LED智慧照明、低辐射镀膜玻璃、空气源热泵、智能空调系统和导光筒等多项节能措施和环境友好材料（图10-7），成为浙江首个三星级绿色建筑体育场馆（表10-3）。

节能环保主要应用内容　　　　　　　　表10-3

序号	项目名称	主要应用内容
1	自然采光	体育馆屋顶采光窗、外立面大面积低辐射镀膜Low-E玻璃幕墙
		全民健身中心导光筒、下沉式庭院
2	自然通风	玻璃幕墙设置通风窗
3	建筑遮阳	玻璃幕墙铝合金遮阳板、白色PTFE透光膜板
4	建筑节能	岩棉保温板、挤塑聚苯板、隔热铝合金玻璃
		结合节能灯具及照明自控技术，卫生间采用节水型水嘴、节水型便器系统
		数字式集中监测控制系统，节能电梯、自动扶梯采用变频节能控制模式
		新型冷冻机房，空调冷、热水循环泵变频控制
		变风量新风系统、系统排风热回收系统
5	低碳环保	公共空间使用成品装修材料、吸声板吊顶，机房采用隔声门
		雨水回用系统、节水灌溉技术
		设置CO_2监控装置、组合式空气处理机

图10-7　低辐射镀膜玻璃与导光筒应用

2．绿色施工

施工过程中全面推行绿色施工，通过场地绿化、用电控制、三维场布、废材利用、雨水回收等"四节一环保"措施（图10-8），实现了绿色施工，获得"浙江省建筑业绿色施工示范工程"（表10-4）。

绿色施工主要做法及措施 表10-4

序号	项目	主要做法及措施
1	节地	设备配件、装饰材料工厂化加工，分阶段布置
		使用BIM软件统筹设计各类管线
2	节水	设置雨废水收集箱，采用雨水回收利用技术
		覆盖保水养护膜
		卫生洁具采用节水型水嘴、节水型便器
3	节能	临时设施安装LED照明灯具、节能型空调
		节电型机械设备、大型设备加强维护，降低能耗
		分区分表计量，进行核算比对
4	节料	工具式定型化设施等周转材料
		高强钢筋、直螺纹钢筋机械连接及成品装饰材料
		废料综合再利用
5	环保	建立垃圾分类处理台账，建筑垃圾再利用
		现场内设定污染监控设备，采用喷雾降尘措施
		绿化与硬化相结合
		使用成品装修材料，机房采用密闭窗、隔声门、吸声墙

图10-8 绿色施工

10.1.5 工程质量情况

项目以"精品优质工程"为质量创优目标,构建质量创优管理体系,开展全面质量管理,通过强化制度保障,健全创优保障体系,指导创优施工。秉承"过程精品"理念,开工前编制各类创优实施方案,坚持"先谋后施""样板引路""绿色施工",加强"科技创新、技术先行""QC攻关"和"BIM技术"应用等多措施并举,严格过程管控,实施标准化管理,实现质量一次成优,铸造精品工程(图10-9)。

图10-9 多措施并举

1. 地基与基础

工程桩采用(ϕ600、ϕ700)钻孔灌注桩,总数1608根。桩身完整性经全数检测,1562根Ⅰ类桩占比97.10%,无Ⅲ、Ⅳ类桩(图10-10)。桩基承载力经检测满足设计要求。筏板基础混凝土振捣密实,结构无裂缝和变形,回填土无沉陷,整体坚实可靠。

建筑设82个沉降观测点,委托第三方监测,经累计观测,最后100d沉降速率0.002mm/100d(表10-5),沉降均匀、稳定(图10-11)。

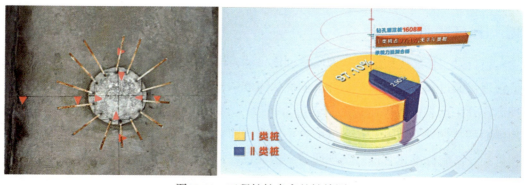

图10-10 工程桩桩身完整性检测

建筑物沉降观测汇总一览表　　　　　表10-5

建筑区域	设置点数	累计次数	首次观测时间	最近观测时间	最大值（mm）	最小值（mm）	沉降差（mm）
体育馆	58	20	2019-12-14	2022-7-25	8.65	7.45	1.20
全民健身中心	24	20	2019-12-14	2022-7-25	7.56	6.49	1.07

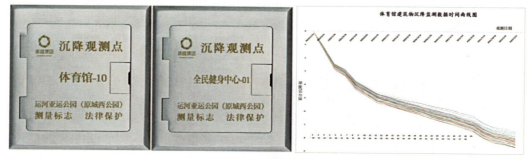

图10-11 沉降已稳定

2．主体结构

3.88万t钢筋原材料、1268组钢筋接头复检全部合格，现浇结构混凝土内实外光，截面尺寸精确，实体质量检测满足要求。加气砌块施工规范，砌体平整、灰缝砂浆饱满。钢结构总用钢量为4335t，7600m焊缝（4700m一级焊缝，2900m二级焊缝），经探伤检测全部合格（图10-12）。

结构质量获浙江省优质结构工程奖和中国钢结构金奖。

3．装饰装修工程

（1）外立面幕墙（表10-6）

体育馆外立面幕墙主要包括：叠合阳极氧化铝板金属幕墙系统、鱼鳞斜交网格玻璃幕墙系统、玻璃幕墙系统、屋面檐口装饰铝板。

图10-12 主体结构过程质量控制

全民健身中心外立面幕墙主要包括：玻璃幕墙系统、GRC幕墙系统。

幕墙设计参数一览表　　　　　　　　　　　表10-6

	幕墙类型	设计要求
体育馆	叠合阳极氧化铝板金属幕墙系统	3mm厚铝单板（仿铜色氧化板） 3mm厚穿孔铝单板（仿铜色氧化板）
	鱼鳞斜交网格玻璃幕墙系统	8mm+1.9mmPVB+8Low-E+12A+8mm+1.9mmPVB+8mm超白钢化
	玻璃幕墙系统	（8mm+1.52mmPVB+8Low-E）+12A+12mm钢化夹胶中空玻璃
	屋面檐口装饰铝板	3mm厚单层铝板
全民健身中心	玻璃幕墙系统	6mm+1.52mmPVB+6mm+12A+6mm/8mm钢化中空夹层玻璃
	GRC幕墙系统	15mm厚GRC

幕墙四性检测、硅丽结构胶相融性和剥离试验、拉拔试验强度均符合要求，经淋水试验无渗漏。

（2）室内装饰

室内精装修全部选用环保材料，各项检测符合规范要求，甲醛释放量检测、石材放射性检测合格率100%（表10-7）。装饰排版美观、构造合理，基层结合牢固，面层精细美观（图10-13）。室内环境质量符合Ⅱ类民用建筑工程标准要求，达到第19届亚运会场馆建筑室内空气污染控制标准。

室内精装修主要材料汇总表　　　　　表10-7

室内装修部位	装修使用材料
吊顶	合金钢板、纸面石膏板、真石抗菌板、铝方通、GRG玻璃纤维石膏增强板、内墙乳胶漆、陶瓷薄板
地面	石材、地砖、水泥基自流平、无机磨石、实木运动地板
内墙面	内墙乳胶漆、大理石、翻面砖、特式玻璃、铝单板、无机涂料、GRG玻璃纤维石膏增强板
楼梯间	花岗石板、水泥砂浆抹面
细部	不锈钢栏杆、扶手
门窗	铝合金节能窗、钢制防火门、实木门、玻璃门、卷帘门

图10-13　室内装饰装修

4．屋面工程

屋面防水等级一级。体育馆为铝铁锰合金直立锁边金属屋面；整个金属屋面经抗风揭试验检测合格（表10-8）。

全民健身中心为绿化种植屋顶；防水卷材质保资料齐全，复试结果合格。坡向正确，防水处理得当，使用至今无渗漏。

屋面设计情况汇总表 表10-8

屋面类型	设计要求
铝铁锰合金直立锁边金属屋面	1.0mm厚直立锁边气碳喷涂铝铁锰合金屋面板 40mm厚岩棉与下层错缝铺设 1.5mm厚防水卷材 80mm厚保温岩棉 0.8mm厚镀铝锌压型钢承板 100mm厚吸声玻璃丝棉 0.7mm厚穿孔镀铝锌压型钢底板
绿化种植屋面	>500mm厚种植土 聚酯无纺布滤水层、20mm厚PVC排水凸板 50mm厚C20细石混凝土内配$\phi4@150\times150$钢筋网 厚型聚乙烯薄膜 4mm厚聚酯胎体自粘聚合物耐根穿刺自粘防水卷材 1.5mm厚喷涂橡胶沥青防水涂料 20mm厚1:3水泥砂浆找平 40mm/60mm挤塑聚苯保温板 20mm厚1:3水泥砂浆找平，30mm厚页岩陶粒混凝土找坡2%

5．建筑节能

各类节能材料经检测均合格，节能措施严格按要求落实，经各项系统检测，节能效果达到设计要求，整个建筑节能环保（表10-9）。工程获三星级绿色建筑设计标识认证。

建筑节能设计情况 表10-9

节能部位	节能设计要求
墙体保温	无机轻集料保温砂浆Ⅱ型、蒸压砂加气混凝土砌块、岩棉板、吸声棉
门窗	隔热金属型材多腔密封窗框+中空Low-E玻璃（6mm+12A+6mm、6mm+12A+6mm+1.52PVB+6mm）外窗
屋面	（40mm/60mm/80mm厚、B_1级）挤塑聚苯板保温、（40mm/50mm/80mm）岩棉板、（100mm）吸声棉
其他	排风热回收系统、雨水回用系统、节水灌溉技术、节能灯具、节能电梯、高效节水器具、采光导光筒

6. 建筑给水排水

本工程设生活、污废水、雨水系统；给水管道敷设顺直，连接紧密，无渗漏现象。室内排水管道连接牢固，经灌水和通球试验，合格率100%。给水排水系统用材合理，生活给水管经水压、冲洗试验和消毒，末端水质检测合格（表10-10）。

给水排水管道材料使用情况　　　　　　　　表10-10

系统名称	使用材料情况
给水系统	生活给水管采用钢塑复合管； 室内热水管采用304型薄壁不锈钢管，冷水管均为PPR管； 消防管采用热浸镀锌钢管
排水系统	金属屋面采用虹吸式雨水排水系统； 种植屋面采用有组织重力流排水系统； 雨水管采用PVC-U排水管，卡箍连接； 污、废水管采用PVC排水管

消防工程按要求设立防火分区，配备有消火栓系统、火灾自动报警系统，自动喷水灭火工程按照规范设置。消防系统经联合调试，通过消防检测和专项验收（图10-14）。

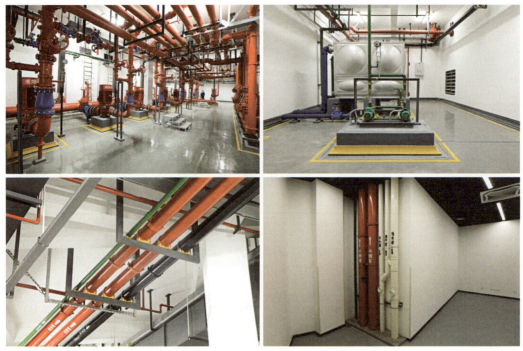

图10-14　消防、给水排水管道敷设美观

7. 通风与空调

通风与空调包括空调、新风系统、送排风系统和防排烟系统等（表10-11）。

通风与空调设计情况 表10-11

系统名称	使用材料情况	
空调系统	多联式空调（热泵）机组	机组设置于屋面
	电机驱动的蒸气压缩循环冷水（热泵）机组	机组设置于地下室。 冷源：采用水冷离心机组搭配水冷螺杆机组，供其空调使用。 热源：采用真空热水机组，机组设置在地下一层锅炉房内
通风系统	卫生间、配电房、变电所设置通风系统。 地下汽车库设置排风兼排烟系统	

运营房间单独设置变冷媒多联分体空调系统，馆内观众区全空气系统设双风机系统。风管及水管保温采用橡塑海绵材料，设备安装规范，风管支吊架安装牢固，经检测各项指标均符合设计要求，系统运行平稳（图10-15）。

图10-15 通风与空调

8. 建筑电气

建筑电气包括220V/380V配电系统、照明系统和避雷接地等内容（表10-12）。

建筑电气设计情况一览表　　　　　　　　表10-12

系统名称	设计说明
变配电	体育馆1号：22台中置柜KYN28-12，低压柜35台，变压器4台； 体育馆2号：4台环网柜SM6，21台低压柜GCK，变压器2台； 全民健身中心3号：4台环网柜RM6，14台低压柜GCK，变压器2台
电力配电	低压配电系统采用放射式和树干式相结合的方式； 主要负荷采用双回路供电
照明系统	一般照明、体育照明、应急照明
防雷接地	防雷等级二类，接闪器采用建筑金属屋面，屋面与金属网架电气连接

100台高低压配电柜、361个配电箱布设合理，接地可靠，柜内母线标志清晰，盘面标牌齐全。电缆桥架、封闭母线安装牢固，跨接规范，室内房间灯具开关均试验合格，达到安全使用功能要求。防雷设施经检测合格（图10-16）。

图10-16　建筑电气规范化安装

9. 建筑弱电智能化

建筑弱电智能化包含火灾自动报警及联动、电视、电话和宽带网信息的综合布线系统；楼宇设备自控、安全防范、会议系统、大屏幕显示、智能门禁管理等系统。各系统安装符合规范要求，智能化通信、监控、信息系统机柜安装平稳，信号通畅，各系统运行稳定（图10-17）。

图10-17　各系统运行稳定

设备集成管理、安保监控系统、比赛专用等20大智能子系统高度集成（表10-13），调试合格，运行可靠。

智能化系统各子系统一览表　　　　　　　　表10-13

设备管理系统	信息设施系统	比赛专用系统
建筑设备监控系统	综合布线系统	场地扩声系统
安全技术防范系统 （包含视频安防监控系统、入侵报警系统、出入口控制系统、电子巡查系统）	语音通信系统	LED大屏幕显示系统
	信息网络系统	电动升旗系统
	移动通信系统	标准时钟系统
	有线电视系统	计时记分及现场成绩处理系统
	数字会议系统	电视转播系统
	信息显示引导系统	比赛中央监控系统
	能耗计量系统	售检票系统

10．电梯工程

安装的12台客梯和2台自动扶梯运行平稳，平层精确，制动可靠，安装调试均一次成功，经检测各项性能指标均合格（图10-18）。

图10-18　电梯运行平稳

11．资料管理情况

工程共计10个分部工程，56个子分部、262个分项、3864个检验批，均一次性通过验收（表10-14）。技术资料做到分类整理，按序排列，内容真实、有效，可追溯性强。

工程分部分项情况表　　　　　　　表10-14

序号	分部工程名称	子分部数量	分项数量	检验批	验收结论
1	地基与基础	4	9	1829	全部合格
2	主体结构	3	17	578	全部合格
3	装饰装修	11	28	215	全部合格
4	建筑屋面	5	15	217	全部合格
5	建筑给水、排水及采暖	3	14	88	全部合格
6	建筑电气	7	46	375	全部合格
7	通风与空调	4	34	103	全部合格
8	建筑节能	4	8	50	全部合格
9	智能建筑	13	77	271	全部合格
10	电梯	2	14	138	全部合格

10.1.6　工程质量特色和亮点

运河亚运公园项目（体育馆、全民健身中心）总建筑面积58395.04m^2，为6928座的甲级大型体育馆公共建筑工程（图10-19）。

铝锰镁金属屋面曲面流畅，直立锁扣紧密，防水性好；抗风夹具排列有序，安装牢固（图10-20）。

体育馆菱形玻璃幕墙弧形衍变自然、金属幕墙盖叠有序，表面肌理交相辉映，赋予建筑动感（图10-21）。

图10-19　工程竣工全景

图10-20　体育馆金属屋面

玻璃幕墙拼接平整牢固、胶缝均匀饱满（图10-22）。

空间视野通透，运动木地板整体铺贴平整，赛事大厅中央斗屏清晰锐利；看台座椅色彩鲜明、错落有致（图10-23）。

铝方通吊顶排列有序、安装平顺，造型简洁大气（图10-24）。

33m高双曲面椭球型装饰内筒构造合理，仿竹木纹面层精细美观（图10-25）。

衍变曲斜钢网格结构安装精准、弧形流畅（图10-26）。

室内吊顶平顺、灯具成线，墙面弧度均匀顺直，踢脚线与墙面一致（图10-27）。

卫生间隔断安装牢固，地面排水顺畅，无渗漏（图10-28）。

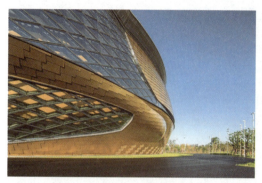

图10-21　体育馆幕墙

图10-22　全民健身中心幕墙

图10-23　体育馆场馆大厅

图10-24　全民健身中心公共大厅

图10-25　体育馆装饰内墙

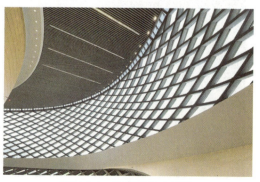

图10-26　体育馆斜交网格

卫生洁具居中设置、排列一致（图10-29）。

无障碍设施安装稳固齐全，标识规范（图10-30）。

环氧地坪平整耐磨，墙柱踢脚线做工精细、分色鲜明；四周排水沟顺直，整个地下室洁净干燥无渗漏（图10-31）。

设备排列整齐，标识清晰（图10-32）。

机房设备安装牢固，接地可靠，减振有效，运行平稳（图10-33）。

设备基础线条顺直美观，棱角分明，泵体安装规范（图10-34）。

管道金属包管严密、制作精细，标识清晰（图10-35）。

图10-27　体育馆功能区通道

图10-28　无障碍卫生间一

图10-29　卫生间

图10-30　无障碍卫生间二

图10-31　地下停车库

图10-32　空调机房

管道穿墙根部设置装饰圈，施工规范精细（图10-36）。

馆体空间基于良渚玉文化"玉琮"造型，呈鹅卵形变化，造型新颖独特（图10-37）。

泛光多级幻彩智控，璀璨夜景霞映拱墅（图10-38）。

图10-33　冷冻机房

图10-34　消防泵房

图10-35　设备管道

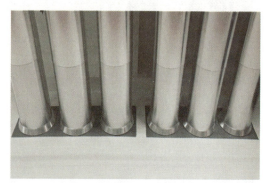

图10-36　管道穿墙根部

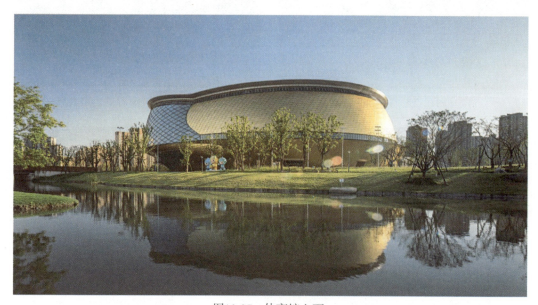

图10-37　体育馆立面

图10-38 体育馆泛光照明

10.2 运河中央公园项目

10.2.1 工程概况

杭州运河中央公园（二期）项目实行EPC总承包模式，地处杭州市拱墅区桥西单元，东至十字港河、北至严家桥路、西南至西塘河。项目由1200座通用剧院、400座多功能小型剧院及其他管理用房组成，建筑形体从大运河提取了精髓"水"，该元素代表了流动能量、动力与思想。

项目以提升拱墅区文化软实力、推动文化消费升级为主要目标，回应市民新的需求，实现公众参与性、开放性的渴求，将城市设计、公共空间、内外功能协同综合考虑，形成一个多元共享的文化综合体（图10-39）。

工程由浙江新盛建设集团有限公司施工、浙江之江工程项目管理有限公司监理、浙江省建筑设计研究院设计及EPC总承包、杭州市拱墅区建设工程质量安全监督站监督。工程为框架剪力墙结构，占地面积为94326m²，总建筑面积为69871m²，地下二层、局部三层、地上四层。其中地下停车库及配套用房50522m²，地上管理配套用房（剧院）19349m²。建筑物防水等级为屋面防水等级一级，公园管理配套用房（剧

图10-39　项目全景图

院)地下室防水设计等级为一级,北侧停车库地下室防水等级为二级。设计使用年限为50年。

本工程于2018年4月13日开工,2021年5月28日通过竣工验收,现已完成竣工备案验收。

10.2.2　工程实体质量亮点做法

1. 主体结构

(1) 结构工程

在结构工程施工过程中,严格按照设计文件及施工规范要求制作、绑扎钢筋,配置模板,并认真做好焊接试验、技术复核、隐蔽工程验收、技术交底工作,各项原材料复试、试块强度经评定均符合设计及规范要求。采取钢筋间距放线定位、梁边线定位放线等控制措施,既确保混凝土工程表面平整,几何尺寸正确,棱角平直,也保证各道施工工序观感质量良好,铸就精品(图10-40)。

(2) 砌体工程

本工程填充墙采用MU10烧结页岩多孔砖、蒸压加气块砖砌筑,施工前对砌筑墙体用CAD、Revit软件进行排版深化,对原材料复试、砂浆强度进行评定均符合设计要求及规范规定,施工过程中,由专人对砌筑过程进行经常性检查,确保砌体成品观感质量良好(图10-41)。

图10-40 混凝土内实外光

图10-41 砌体工程

(3) 钢结构工程

主舞台、观众厅屋面采用钢桁架结构形式，主舞台屋面高度为31.40m，重量达到190t，采用液压整体提升方式；观众厅屋面跨度33.60m，高度22.90m，采用塔式起重机胎架支撑，分段散装。其中液压整体提升为本工程亮点之一，桁架提升之前，主桁架及其之间的连系钢梁全部在支撑胎架上拼装、焊接完成，焊缝检测合格后，在屋顶周边安装液压提升平台，将提升吊点与钢结构屋面进行固定，固定后项目部对液压提升系统进行全方面调试，调试完毕进行试提升，确保提升过程的安全。正式提升时，项目部将每次提升高度控制在1m范围并全面检查、测量配合观测，整体提升至设计标高后，对各吊点进行微调、安装补杆，安装结束后同步卸载并将液压提升设施拆除。

钢结构施工完毕，整体稳定、美观，构件焊缝饱满，定位安装准确，防火涂料厚度均匀，观感质量良好（图10-42）。

2．幕墙工程

(1) 双曲面镂空烤瓷铝板幕墙

双曲面镂空烤瓷铝板幕墙分为A、B、C、D、E共5幅，总面积14000m²。此幕墙分项工程利用BIM技术配合现场加工与安装，加工及安装控制点坐标共23055个，超过20000件不同规格的钢管杆件及钢板焊接件、钢件加工角度共15185个。共有孔单元7085个，每个单元造型均各不相同、独一无二，加工精度要求高，造型复杂，施工难度大。考虑钢架加工过程产生的焊接变形、现场吊装变形以及施工误差对整体效果产生的偏差问题，钢架施工完成后采取三维扫描技术，依据点云数据重新建模，对前期焊接变形和施工误差进行纠偏（图10-43）。

（2）超高性能混凝土（UHPC）浮雕板幕墙

超高性能混凝土（UHPC）浮雕板幕墙具备天然矿物材料的表观效果和质地，能承受侵蚀、化学腐蚀、火灾或恶劣天气条件等环境压力。本工程UHPC板应用面积为2200m^2，板面为凹凸水波纹纹理。为了满足上下板块纹理衔接通顺自然的建筑效果要求，板块加工依据现场龙骨数据单独建模定制模板，每块板均为定制唯一的模板，此外，板块挂点为加工厂预埋定位，对现场安装精度要求极高（图10-44）。

（3）玻璃幕墙

本工程玻璃幕墙面积为8086m^2，龙骨采用精致钢立柱，含46根大跨度立柱（500mm×35mm厚钢板与200mm×70mm×15mm×15mm矩形直角钢焊接打磨而成），单根精致钢立柱最大长度为22m，施工过程中采用BIM技术配合定位安装，通过对该施工技术的运用，铸就了建筑的蜿蜒流水造型，形成了一个优美的建筑形态（图10-45）。

图10-42　钢结构工程

图10-43　双曲面镂空烤瓷铝板幕墙

图10-44 超高性能混凝土（UHPC）浮雕板幕墙

图10-45 玻璃幕墙

3．装饰装修工程

（1）波浪形铝方通

本工程中庭波浪形铝方通吊顶由于每条方通起伏程度及安装高度各不相同，高度在15～20m之间，增大了生产及施工安装难度。为了达到安装精准并且最终呈现出最理想的设计效果，现场按照最终确定版Rhino模型对每条（每段）铝方通两端进行三维坐标点位的提取，并按照图纸点位落实到现场进行板块定位安装。安装完成的铝方通格栅吊顶，为整体添加了时尚、简约化的现代气息（图10-46）。

（2）金磨石地面

本工程中庭及部分走道区域使用环氧磨石，共分为三种颜色地面拼色，地顶相呼应。由于中庭区域面积较大，为防止大面积环氧磨石后期热胀冷缩导致开裂，提前在地铺图上绘制出伸缩缝位置。环氧磨石地面基层采用特制防开裂速强找平层，并切割出伸缩缝位置，在找平层上将调配好的抗裂抑制膜均匀地刮在地上，同时满铺防裂纤维层；设置伸缩缝分割条，将骨料和环氧树脂按比例调配完成均匀地摊铺在地面上，同时每摊铺一小块用红外线测量其平整度，采用纯手工摊铺确保质量。待地面固化干燥进行粗磨、中磨、清洗晾干、补浆（封闭养护后4h施工）、养护（48h以上）、细磨等六道工序，完成后做表面亮光处理（图10-47）。

（3）造型GRG板

本工程应用造型GRG板于观众厅、中庭墙柱面及吊顶，首先现场以轴线为基准对观众厅、中庭墙柱面（旋扭渐变柱）及吊顶进行完成面放线，同时以施工蓝图、施工现场三维扫描及放线数据为基础对观众厅内、中庭GRG板进行Rhino翻模，经过对模型做碰撞分析反复调整，从而保证现场施工的最理想化状态。

Rhino模型最终调整确认完成后对GRG板进行板块分割、板块编号及板块三维坐标提取，现场施工根据Rhino模型提取三维坐标，对每一块对应编号的板块定位上墙（图10-48）。

图10-46　波浪形铝方通

图10-47　金磨石地面

图10-48　造型GRG板

（4）GRG表面木纹膜贴皮、白色亮光氟碳漆

本工程木纹膜贴面应用于观众厅GRG天花墙面，白色亮光氟碳漆应用于中庭GRG柱面，由于木纹膜粘贴及白色亮光氟碳漆对GRG表面的平整度要求极高，现场对GRG表面使用原材料多次进行填补、打磨至表面光滑平整无凹凸且肉眼未见两板块之间接缝位置，满足木纹膜粘贴及白色亮光氟碳漆施工要求，确保最终实现设计效果（图10-49）。

（5）卫生间地砖

卫生间地砖对缝铺贴、表面平整，感应式水龙头与各台盆居中布置，安装牢固，标高及距墙尺寸一致；无障碍设施齐全，安装牢固（图10-50）。

图10-49 造型GRG板饰面

图10-50 卫生间地砖

4. 屋面工程

剧院屋面为上人屋面及上人种植屋面，屋面坡向正确，排水通畅，无渗漏；屋面设备安装布局合理，安装准确牢固，排列有序，接地可靠；屋顶防雷带线条顺直，安装牢固；屋顶透气孔排列整齐，造型美观（图10-51）。

5. 安装工程

本工程设生活、污废水、雨水系统；给水管道敷设顺直，连接紧密，无渗漏现象。室内排水管道连接牢固，经灌水和通球试验，合格率100%。生活给水管经水压、冲洗试验和消毒，末端水质检测合格。消防工程按要求设立防火分区，配备有消火栓系统、火灾自动报警系统（图10-52）。

图10-51 屋面工程

图10-52 消火栓

（1）消防水泵

本工程在安装消防水泵前仔细检查了水泵的各项有关资料，如出厂合格证、生产日期、产品规格型号以及产品安装和使用说明书。根据设计要求，对水泵的基础进行外型尺寸及其定位尺寸的核对，并对基础进行了清理。基础的坐标位置（纵、横轴线的允许偏差≤±20mm；预留地脚螺栓孔壁的垂直度允许偏差≤±10mm）依据规范设置正确，基础外观平整。水泵与电机的连接，其轴向倾斜度≤±0.8mm，径向位移≤±0.1mm，符合规范要求。根据找正平整需要，平稳放置垫铁，位置正确，接触紧密，每组垫铁为三块。经检查无松动现象后，用电焊对垫铁的两侧进行层间点焊固定。地脚螺栓安装经专人采用工具检查螺母均拧紧，螺栓露出螺母2~3牙。水泵的吸水管每台单独连接，吸水管水平管段经检查未有气囊和漏气现象。吸水管上的控制阀门在水泵稳固的基础上再进行安装。水泵的出水管设置了止回阀、压力表、供试验和检查使用的放水阀。泵组汇总的出水管上也设置了压力表和泄压阀；压力表与缓冲装置之间安装了旋塞，压力表的量程为工作压力的2~2.5倍（图10-53）。

图10-53　消防水泵

（2）高效型电动螺杆式风冷热泵机组

通风与空调包括空调新风系统、送排风系统和防排烟系统等。本工程门厅、观众厅、舞台、排练厅等大空间场所采用卧式或吊顶式空气处理机在单独空调机房内对房间内空气进行过滤、冷却、加热处理；观众厅池座和楼座空调送风采用座椅下送风系统，每个座位设座椅下送风柱；舞台空调回风采用舞台底部回风，经回风管接入组合式空调机。项目设备安装规范，风管支吊架安装牢固，经检测各项指标均符合设计要求，系统运行平稳。

本工程空调冷热源采用高效型电动螺杆式风冷热泵机组，机组设置于屋顶共4台，机组单台制冷量为996kW，单台制热量为930kW；夏季供回水温度为7~12℃，冬季供回水温度为40~45℃。在机组进场后项目部由专人检查箱体外形有无损伤，核实箱号，在开箱时由顶板开启，开箱后根据清单清点机组、出厂附件以及所附的技术资料。机组吊装前,根据底座螺孔及底座的外形尺寸放线放出平面布置图所注各设备基础中心间的关系尺寸及设备安装地点的纵、横基准线,并将减振垫布置完成,准备工作完毕后,利用吊车将机组吊装上位到规定位置后进行微调下放(图10-54)。

6. 电梯工程

电梯运行平稳准确、制动可靠(图10-55)。

图10-54　高效型电动螺杆式风冷热泵机组

图10-55　电梯工程

7. 泛光照明

泛光照明与幕墙一体化设计，见光不见灯，光效色温稳定，视觉体验舒适；多级幻彩调控，璀璨夜景霞映拱墅（图10-56）。

图10-56 电梯工程

10.3 华东师范大学附属杭州学校

10.3.1 工程概况

华东师范大学附属杭州学校位于杭州市拱墅区学院北路以东、婴儿港河以北，是一所由小学教学单元、中学教学单元、综合楼、中央学习街、风雨操场及地下停车库组成，以教育、办公、文化、停车为一体的综合性大型教育公建工程。工程总建筑面积98379m^2，其中地上建筑面积53133m^2，地下建筑面积45246m^2，建筑物最高为23.95m。学校共设78班，其中42班中学、36班小学，容积率1.0，建筑密度25%，绿地率35.50%；根据浙江省《九年制义务教育普通学校建设标准》，为一类学校标准规模建设，设计新颖、造型美观、装饰考究，极具动感与活力。

（1）本工程结构类型为框架结构，建筑结构安全等级二级，地下室防水等级二级，屋面防水等级一级，建筑耐火等级一级，抗震设防烈度为7度，设计使用年限50年。

(2)工程于2017年9月25日开工,2019年5月27日竣工。

(3)主楼:1号~7号楼采用装配式钢筋混凝土框架结构,8号风雨操场采用钢框架结构。

(4)桩基:采用预应力混凝土管桩基础,直径500mm、600mm,共2700根。

(5)砌体:地下室采用烧结页岩多孔砖,主楼以蒸压砂加砌块为主。

(6)屋面防水:采用二道防水设防(3mm厚自粘聚酯胎高聚物改性沥青防水卷材,其中一道为耐根穿刺)。

(7)装饰:外墙装饰主要是外墙涂料、仿面砖真石漆及铝板;室内装饰主要为地面:地胶板、花岗石、实木地板、运动地板等;墙面:涂料、面砖、吸声板等等;顶面:铝扣板、铝网、石膏板吊顶、吸声板等,地下室车库地面为环氧树脂地坪;阳台栏杆采用不锈钢及玻璃栏杆。

(8)节能:外墙主要采用35mm厚无机轻集料保温砂浆I型(内),屋面采用60mm厚挤塑聚苯板保温,外门窗采用隔热铝合金型材,双层中空玻璃。

10.3.2 工程开竣工时间

本项目开工日期为2017年9月25日,竣工日期为2019年5月27日。

10.3.3 工程创优特色

(1)本工程为集教育、办公、文化、停车为一体的综合性大型教育公建工程,设计新颖、造型美观、装饰考究,极具动感与活力,工程的规模及其他自身条件均符合评选的范围和条件。

(2)工程为EPC总承包管理模式,有利于整个项目的统筹规划和协同运作,可以有效解决设计与施工的衔接问题,顺利解决施工方案中的实用性、技术性、安全性之间的矛盾,能够最大限度地发挥工程项目管理各方优势,实现工程项目管理的各项目标。

(3)工程的重点与难点:工程科技含量高,1号~7号楼采用桁架钢筋混凝土叠合板、预制混凝土叠合梁、装配式混凝土楼梯,装配整体式混凝土结构预制率不低于20%;8号楼风雨操场采用钢框架结构、钢筋桁架组合楼板、钢网架、装配整体式钢结构;4号楼外墙为多曲面箱形铝板;地下报告厅为大跨度钢筋混凝土结构。

(4)安装工程设备及管线繁多,排列布置难度大,地下室进出管道及线路较多,施工前需要进行管线综合布置,地下室管道、线路、桥架等定位要求做到布置合理,排列整齐美观,既符合规范要求又便于施工和检修。

(5)QC质量管理专项小组情况

项目部成立了QC质量管理专项小组,有效解决了工程施工中的多项难点任务。特别是《提高预制装配式构件吊装效率》《预制装配式屋面透气孔创新》两项课题,有效地发挥指导和管理施工的作用，并获得了杭州市建筑工程QC小组活动优秀成果奖和一等奖。

10.3.4 工程管理实施情况

（1）成立创优领导小组

为确保工程质量目标的实现，项目部自开工就成立了由项目经理任组长，公司主要负责人参与指导的指挥部。领导小组的主要职责：协调各方关系，决策创优的大体方针、总体思想；对内部重大技术攻关，制定创"西湖杯""钱江杯""国家优质工程奖"等优质精品工程的内控标准、细部特色做法；对外协调各级政府及各级建筑业协会的关系。

各分项施工严格按照设计图纸和有关技术要求进行，施工质量符合国家现行工程质量标准，并执行有关操作工艺和施工工艺，随时接受业主代表及监理人员的检查检验。

公司以建设优质工程、创造品质生活为使命，以优质工程质量保证工程进度。通过建立项目质量保证体系，对整个工程实行严格的质量控制，同时为加强对项目的质量管理，项目经理部设立项目经理、技术负责人、施工员、安全员、质量员、观砌、木工翻样、钢筋翻样、材料员等岗位，其中班组质量员由班组长兼任，并落实到人，有效地保证质量。

（2）做好创优夺杯的筹划和目标管理工作

一切从筹划入手，创优夺杯筹划工作是工程质量管理的重点和关键，通过筹划先行，预见性地发现问题，开展合理化建议，帮助项目部定下管理方向和实施方法，最终达到创优夺杯的目标。

项目部自进场之日起就开始宣传、教育和传输，确保创"西湖杯""钱江杯""国家优质工程奖"的质量目标深入人心，为创优夺杯打下良好的思想基础。建立了有效的工程质量保证体系，落实各级人员的质量责任制，通过签订多项责任状，进行责任目标逐级分解，从项目经理、生产管理人员到生产班组均有创优目标和实施计划，做到责任到人，措施落实。

（3）施工过程中的质量控制

在施工过程中，项目部严格按照公司"三合一"管理体系，严格执行现行国家施工验收规范及企业标准的要求。

主要从以下几方面进行质量控制：

1）推动公司质量标准在工程建设中的实际应用，选择合格的劳务分包方进行施工操作。

2）建立施工现场质量检查制度，强化工序交接制度，推行专职质量员跟踪、旁站检查工作方式,有检查、有记录、有整改、有落实。

3)建立质量把关责任人制度,加强技术复核,隐蔽工程验收,上道工序未经检查验收合格,不得进入下道工序施工。装饰工程,坚持先做样板房,后实施。施工中分块分人负责,穿插施工,加强质量监督和协调。相关责任人分别把好技术交底关、材料进场关、样板领路关、成品保护关。

4)严格控制原材料、半成品质量。本工程各类材料,都必须具有出厂合格证和检测报告。在主体施工过程中,重点控制了"二材、二块"主要材料的质量,装修过程中则重点控制了装修材料、水暖管件、阀门、电气、防水、门窗材料的进场使用。

5)加强技术档案、资料的管理,并能按照规定要求做好各项技术资料的收集、整理和管理工作,做到工程技术资料与工程进度同步,切实反映工程真实面貌。

6)根据工程安全与工程检验的新标准要求,加强对混凝土结构实体的检验,同步做好钢筋保护层和同条件养护试块的检查工作。对屋面防水试验、厨卫间蓄水试验、地下室防水效果检查、外窗的防水试验、建筑物垂直度测量、建筑物沉降测量等均按要求做了测试并做好记录,质量均达到创优标准。

10.3.5 工程技术难点与新技术推广应用情况

(1)工程技术难点

工程科技含量高,1号~7号楼采用桁架钢筋混凝土叠合板、预制混凝土叠合梁、装配式混凝土楼梯,装配整体式混凝土结构预制率不低于20%;8号楼风雨操场采用钢框架结构、钢筋桁架组合楼板、钢网架、装配整体式钢结构;装饰装修品种规格形式多样,特别是吊顶与墙面,吊顶主要包括:石膏板吊顶、铝扣板吊顶、金属网吊顶、穿孔石膏板吊顶、矿棉板吊顶、铝格栅吊顶、玻纤浮板吊顶、张拉膜顶、木丝吸声板吊顶、GRG吊顶、木纹铝板等;墙面主要包括:海吉布、软包皮革、木丝吸声板、抽槽吸声板、布艺、壁纸、木纹装饰贴膜、聚酯纤维吸声板、穿孔铝板、清水混凝土漆、软木板、硅瓷板、马赛克、玻化砖等,相应的工艺工序也比较复杂;4号楼外墙为多曲面箱形铝板幕墙;地下报告厅为大跨度结构,吊顶、墙面、地面台阶均为扇弧形装饰面。

针对工程特点,以BIM技术为蓝本,采用设计、施工BIM模型创建技术,以先进的信息技术对项目施工过程进行科学、严格的管理、控制和优化。

(2)新技术推广应用情况

本工程积极采用《建筑业10项新技术(2017版)》10大项18小项(表10-15),为创优工作的评选增添重要的砝码。通过新工艺、新技术、新材料的应用,加强了自主创新能力,切实提高了工程的实体质量,通过浙江省建筑业新技术应用示范工程验收。

"建筑业10项新技术"应用情况表 表10-15

项次	项目名称	项目内容	应用部位	应用效果
1	地基基础和地下空间工程技术	1.6复合土钉墙支护技术	围护	施工简便、经济合理、综合性能突出
2	混凝土技术	2.6混凝土裂缝控制技术	地下室	提高混凝土抗裂性能
		2.8预制混凝土装配整体式结构施工技术	主体结构	施工速度快、质量易于控制、节省材料、降低工程造价
3	钢筋及预应力技术	3.1高强钢筋应用技术	基础与主体结构	产品质量稳定,钢筋综合性能好
		3.3大直径钢筋直螺纹连接技术		保证钢筋连接质量,节约材料
4	模板及脚手架技术	4.9插接式钢管脚手架及支撑架技术	基础与主体结构	确保施工安全,保证结构质量,节省材料租赁费
5	钢结构技术	5.5钢与混凝土组合结构技术	主体结构	施工简便、提高承载力
6	机电安装工程技术	6.1管线综合布置技术	全过程	有效布置各种专业管线施工顺序,布线(管)合理,整齐美观
7	绿色施工技术	7.2施工过程水回收利用技术	全过程	降低工程成本,节约水资源
		7.3预拌砂浆技术	砌体墙面	提高环境质量,降低粉尘排放,施工质量稳定
		7.9铝合金窗断桥技术	门窗及玻璃幕墙	有效阻止室内外热能传递,减少能量损失,节能
		7.10太阳能与建筑一体化应用技术	全过程	节约能耗,美观实用,促进太阳能的应用
8	防水技术	8.7聚氨酯防水涂料施工技术	地下室	提高防水性能
9	抗震加固与检测技术	9.7深基坑施工监测技术	基坑	提供基坑变形数据,确保地下室施工安全
10	信息化应用技术	10.1虚拟仿真施工技术	全过程	实现施工过程的仿真模拟以及施工关键工艺的可视化过程展示
		10.3施工现场远程监控管路及工程远程验收技术	全过程	通过信息化手段实现对工程的监控和管理
		10.4工程量自动计算技术	全过程	应用BIM技术,实现工程量自动汇总和输出,不但数据完整、齐全,而且效率高
		10.8塔式起重机安全监控管理系统应用技术	全过程	杜绝塔式起重机违章作业和超载,确保塔式起重机作业安全

在施工管理中,项目部严格执行公司"三合一"的管理体系标准,高标准、严要求,并在施工细节上注重创精品,求亮求新。在质监、建设、勘察、设计、监理等部门、单位的配合指导下,项目部克服了工程施工中的各种困难,科学、有序地完成了各项施工任务。

在质量管理上,针对工程中的重点施工部位和施工难点,项目部制订落实各项质量预控措施。针对质量通病编制专项预控方案作施工指导;对采用的新材料、新工艺、新技术制订样板引路方针,待样板施工成功并掌握可靠技术措施后方可进行正式施工。

项目部成立了浙江省绿色施工专项小组,始终倡导绿色施工改善施工环境,切实解决了创建绿色施工中遇到的种种疑难问题,保证了民工兄弟的良好工作、生活环境;不仅较好地完成了项目部制定的计划,同时也为共同创造绿色城市、和谐社会献出了自己的一分力量。

在保证工程高质量施工的同时,工程项目部还严格按照《建筑施工安全检查标准》JGJ 59和浙江省及杭州市相关安全生产、文明施工条例组织现场施工,为工程创优夺杯创造了一个清洁、有序的施工环境。

10.3.6 施工过程中的质量控制

(1)结构工程

在结构工程施工过程中,严格按照设计要求进行,确保钢筋的尺寸、形状、规格等设计及规范符合要求。并认真做好焊接试验、技术复核、隐蔽工程验收、技术交底工作,各项原材料复试、试块强度经评定均符合设计要求及施工规范规定。采取钢筋间距放线定位、梁边线定位放线等控制措施,既确保混凝土工程表面平整,几何尺寸正确,棱角平直,也保证各道施工工序观感质量良好,实现过程精品(图10-57)。

8号楼风雨操场采用钢框架结构、钢筋桁架组合楼板、钢网架、装配整体式钢结构,进场材料质保资料齐全,经复试均符合要求,现场安装位置、轴线尺寸、标高、垂直度等均符合要求(图10-58)。

1号~7号楼采用桁架钢筋混凝土叠合板、预制混凝土叠合梁、装配式混凝土楼梯,装配整体式混凝土结构预制率不低于20%,获杭州市装配式示范工程及浙江省工

图10-57 结构工程施工

图10-58 预制构件进场验收

图10-59 砌体结构

业化示范项目。

本工程砌体均采用蒸压轻质砂加气混凝土砌块、页岩空心砖，砌筑砌体材料品种、规格、质量均符合设计及规范要求，采用干粉砂浆及专用胶粘剂砌筑。填充墙拉结筋经拉拔试验全部符合要求。砌筑前，先弹出轴线位置，立好皮数杆，以保证砌体灰缝厚度。砌体组砌方法正确，上下错接，内外搭砌，成型的墙体垂直，水平灰缝密实，均匀，饱满，墙面平整（图10-59）。

（2）装饰工程

装饰工程施工过程中，本着为用户着想的宗旨，在确保安全和使用功能的前提下，特别注意细部的处理，有策划、有措施，不仅做到精致细腻，更具创新。

工程外立面上部以质感涂料为主，灰色金属漆点缀，下部为水泡水涂料，线条分隔清晰，胶缝均匀一致。顶棚主要应用矿棉板、铝型材网、网架、木丝吸声板、穿孔石膏板等多种形式（图10-60～图10-66）。

楼地面工程主要由地胶板、抛光砖、木地板组成，基层牢固、铺设平整、接缝顺直（图10-67～图10-71）。

图10-60 外立面铝板造型三角形曲面、线条弧形美观

图10-61 中学教学楼立面

图10-62 风雨操场立面

图10-63 综合楼立面

图10-64 中央学习街立面

图10-65 下沉庭院

图10-66 操场跑道

图10-67　地下室出入口

图10-68　地下室停车库

图10-69　报告厅

图10-70　地下室餐厅

图10-71　报告厅舞台、餐厅、座椅、灯光设置美观

顶棚主要运用矿棉板、铝型材网、网架、木丝吸声板、穿孔石膏板等多种形式（图10-72～图10-77）。

楼梯面层主要有橡木直拼板与花岗石两种，楼梯宽度与栏杆高度满足设计及规范要求。公共部位装饰形式多样，美观、实用，石材铺贴牢固，色泽衔接好，纹理均匀细致（图10-78～图10-89）。

图10-72 综合楼大厅顶棚

图10-73 体育馆架空层顶棚

图10-74 报告厅顶棚一

图10-75 报告厅顶棚二

图10-76 学习街教室

图10-77 会议室顶棚

图10-78 综合楼楼梯

图10-79 教学楼楼梯

图10-80　综合楼大厅

图10-81　微格教室

图10-82　会议室

图10-83　综合楼活动空间

图10-84　宣泄室

图10-85　声乐教室

图10-86　电梯前室

图10-87　公共卫生间

图10-88　普通教室

图10-89　琴房

（3）屋面工程

在屋面工程施工前，我们专门编制了专项施工方案，用于屋面工程施工的具体指导。在确保屋面万无一"湿"的前提下努力提高屋面的观感质量，如屋顶沿女儿墙一圈设置滴水线，有效防止雨水在梁底积垢；刚性防水层分仓缝采用水泥砂浆清水压光粉刷，屋面面层涂刷配色，美观整洁；屋面雨水管定制花岗石接水簸箕；屋面透气孔及消防管立脚采用手工混凝土装饰，使得整个屋面观感既美观、新颖，又简洁、大方。

屋面坡向正确，排水流畅；不锈钢透气孔和排汽管水泥砂浆装饰柱排列整齐、美观，广场砖铺贴灰缝顺直，伸缩缝设置合理；整个屋面经风雨考验未发现渗漏（图10-90）。

图10-90　屋面工程

（4）安装工程

安装施工中对原材料进行严格检验，并做好隐蔽工程及检验批验收，确保施工质量。所有消火栓、灯具、烟感、桥架等成排成线，居中协调，规整美观（图10-91）。安装设备排布整齐统一，面板平整，标高一致，标识清晰，编号正确，操作方便。

图10-91　安装工程

10.3.7　节能工程

本工程外墙采用35mm厚无机轻集料内保温体系；外门窗采用灰色断桥隔热铝合金型材，玻璃采用Low-E中空玻璃6mm+12A+6mm；屋面采用60mm厚挤塑聚苯板保温；灯具光源采用节能灯泡。

经杭州绿色空间室内环境检测有限公司对工程外门窗气密性检测、外墙和屋面热阻及传热系数现场检测，其性能和质量均达到相关标准和规范要求。

10.3.8 获奖荣誉及社会效益

工程先后荣获浙江省钱江杯优质工程奖、优秀设计奖、全国安全生产标准化工地、第四届"科创杯"中国BIM技术作品大赛三等奖等，共计30多项奖项荣誉。项目使用至今，结构安全可靠，系统运行良好，取得了良好的社会和经济效益，用户非常满意。

（1）质量奖项（表10-16）

质量奖项统计表　　　　　　　　　　　　　　　　表10-16

序号	获得奖项	获得荣誉
1	2018年下半年度杭州市建设工程"西湖杯"	结构优质奖
2	2019年度杭州市建设工程"西湖杯"	建筑工程奖
3	2020年度浙江省建设工程"钱江杯"	优质工程
4	2021年度国家优质工程奖	优质工程

（2）安全文明奖（表10-17）

安全文明奖统计表　　　　　　　　　　　　　　　　表10-17

序号	奖项名称
1	全市建设工地安全文明施工精细化管理比学互看大比武"优胜工地"
2	杭州市建筑工程安全文明施工标准化样板工地
3	浙江省建筑安全文明施工标准化工地参选工地
4	全国范围组织学习交流的建筑工程项目施工安全生产标准化工地

（3）QC课题成果（表10-18）

QC课题成果统计表　　　　　　　　　　　　　　　　表10-18

序号	QC课题名称	获得荣誉
1	提高预制装配式构件吊装效率	2017年度杭州市建筑工程QC小组活动优秀成果奖
2	预制装配式屋面透气孔创新	2017年度杭州市建筑工程QC小组优秀成果一等奖
		2018年度浙江省工程建设优秀质量管理小组

（4）专利成果（表10-19）

专利成果统计表　　　　　　　　　　　　　表10-19

序号	专利名称
1	一种施工切割除尘风道装置
2	一种预制构件与保温层组合的排汽孔装置
3	一种施工现场轮扣式安全围护栏杆
4	一种自锁式装配式构件的钢筋连接装置
5	一种室内交叉水平管道固定结构
6	一种冲洗混凝土输送管的污水收集装置

（5）省级工法（表10-20）

省级工法统计表　　　　　　　　　　　　　表10-20

序号	工法名称
1	预制装配式框架结构叠合梁板施工工法
2	U字增强型可调层高进出料平台施工工法
3	活动板房预制拼装基础施工工法
4	坑中坑围护型钢混凝土复合板桩施工工法

（6）示范工程、BIM及其他奖项（表10-21）

示范工程、BIM及其他奖项统计表　　　　　　表10-21

序号	奖项名称
1	杭州市装配式建筑示范项目
2	浙江省建筑工业化示范项目
3	杭州市十佳民工学校
4	浙江省建筑业绿色施工示范工程
5	浙江省建筑业新技术运用示范工程
6	杭州市建筑业新技术运用示范工程
7	浙江省工程建设优秀质量管理小组
8	浙江省首届"建工杯"BIM应用大赛施工深化组铜奖

续表

序号	奖项名称
9	浙江省首届"建工杯"BIM应用大赛设计组优秀奖
10	浙江省首届"之江杯"建筑企业BIM应用大赛一等奖
11	第四届"科创杯"中国BIM技术作品展示会大赛三等奖
12	浙江省优质工程优秀设计奖

10.4 其他优质工程

1. 大关单元GS0501-06地块（原大关单元长乐区块R22-C01地块）36班九年一贯制学校及社会停车场项目

本项目位于杭州市拱墅区长乐路以西，丽水路以东，锦兰公寓以北。总建筑面积60205m², 地下2层、地上1~5层，框架剪力墙结构体系，采用装配式建筑建造方式。包含教学综合楼（5F）、看台（1F）、门卫室（1F）、学校地下室及地下二层社会停车场等其他附属用房（图10-92）。

图10-92　项目全景图

工程于2017年3月28日开工，2019年6月28日竣工。工程荣获浙江省建筑施工安全生产标准化管理优良工地、浙江省建筑业绿色施工示范工程、浙江省建设工程钱江杯奖（优质工程）、华东地区优质工程奖。

工程特点及亮点：

1）设计理念：卖鱼桥小学文汇校区的设计摆脱了以往校园中楼与楼、建筑与环境之间的割裂感，更加注重整体性和功能性。在突出"以学为中心"的同时，也营造一种"家"的感觉（图10-93）。

2）地下室管线BIM深化优化，管道、桥架排列整齐、横平竖直，流向准确，接口牢固，标识清晰（图10-94）。

3）外墙采用高弹浮雕涂料、窗下墙清水漆涂料、学校主入口曲面彩色夯混凝土墙等，使整个建筑层次感分明（图10-95）。

4）本工程采用装配整体式混凝土结构，质量易于控制，减少现场湿作业，低碳环保（图10-96）。

图10-93　项目全景图

图10-94 地下室管线综合效果图

图10-95 立面图

图10-96 预制构件安装

5）体育馆篮球场、健身室、地板排版合理、铺贴拼缝严密，平顺一致；吊顶布置合理、安装牢固，灯具成排成线（图10-97）。

项目使用至今，结构安全可靠，各系统及设备运行良好，取得了良好的社会和经济效益，用户非常满意。给在校师生们提供了良好的生活环境和学习氛围，进一步提升了拱墅区基础教育水平，改善了周边居民生活环境。

2．运河新城（拱墅区范围）A-R21-08地块农转非居民拆迁安置房（原拱墅区康桥单元R21-09地块农转非居民拆迁安置房）

本项目位于杭州市拱墅区丽水北路与郁世门街交叉口，总建筑面积262799.7m²，地上建筑面积94649m²，地下建筑面积168150.7m²，由12幢27～29层住宅单体、1～3层配套公建用房和二层地下室组成。工程于2018年9月28日开工，2022年6月22日竣工，2022年6月28日备案。由浙江工业大学工程设计集团有限公司EPC总承包、浙江新盛建设集团有限公司施工总承包（图10-98）。

图10-97　室内装饰装修

图10-98　项目完成效果图

工程质量特色及亮点列举：

1）地下车库入口钢化玻璃顶棚设置合理，汽车坡道防滑线条清晰、美观实用（图10-99）。

图10-99　地下车库入口

2）BIM技术的运用，加强对本工程的事前控制，确保质量安全关，进行场布策划、基坑围护、管线综合排布、BIM工程样板、动画模拟、施工信息录入等（图10-100）。

3）立面内实外美、轮廓清晰、棱角方正、几何尺寸准确；上部采用反射隔热涂料，下部为花岗石，线条分隔清晰，胶缝均匀（图10-101）。

4）屋面不锈钢透气孔高度一致，排序成线，排汽管造型别致、做工精致、持久耐用，各节点细部做工精细、别致（图10-102）。

运河新城（拱墅区范围）A-R21-08地块农转非居民拆迁安置房（原拱墅区康桥单元R21-09地块农转非居民拆迁安置房），在质监、建设、总承包、设计、勘察、监理及集团公司的监督和指导下顺利完成，工程施工中，项目部积极贯彻落实上级管理部门的要求和布置开展各项工作，始终虚心接受各级部门和单位对质量、安全、文明工作的监督管理，做到了安全生产无事故，竣工至今，屋面、卫生间、地下室等均无渗水和积水现象发生，工程各系统及设备运作良好，各方面均能满足使用功能的要求（图10-103）。

图10-100　BIM场布策划

图10-101　立面分隔清晰

图10-102 屋面做工精致

图10-103 项目完成效果图

参考文献

[1] 中华人民共和国住房和城乡建设部. 建设工程分类标准GB/T 50841—2013. 北京. 中国计划出版社，2013.

[2] 赵峰，王要武，金玲，等. 2022年建筑业发展统计分析[J]. 工程管理学报，2023，37（1）：1-6.

[3] 周芸芸. 以色列理工学院创新创业教育研究[D]. 广州：华南理工大学，2019.

[4] 李攀，宣峰，王强. 科研项目创新性定义与类型分析[J]. 科技管理研究，2022，42（12）：158-162.

[5] 刘军峰. 企业自主技术创新与个体创新的互动机理研究[D]. 西安：西安石油学院，2009.

[6] 娜迪热·麦麦提敏，李季刚. 高质量发展视角下高新技术企业科技金融投入效率研究[J]. 金融理论与教学，2021（2）：8-16.

[7] 魏进平，高欣颖，魏娜. 新时代"创新发展理念"的核心要义[J]. 井冈山大学学报（社会科学版），2022，43（2）：51-61.

[8] 李彦，史宝玉. 企业人才资源开发的几点思考[J]. 理论观察，2004（1）：73-74.

[9] 王友良. Z公司企业文化建设研究[D]. 西安：西安科技大学，2013.

[10] 王宏. 企业文化对企业发展的作用[J]. 价值工程，2014，33（15）：183-184.

[11] 周洁. 对企业文化在企业发展中的重要性探讨[J]. 企业改革与管理，2016（6）：153.

[12] 王革. 当前国有企业文化建设存在的几个问题及对策[J]. 中外企业文化，2005（8）：22-24.

[13] 李景炼. 建筑施工技术的发展分析[J]. 科技创新与应用，2014，4（22）：218.

[14] 石芳娟，王章豹. 科技人才创新个性品质刍议[J]. 科技与管理，2007（4）：114-117.

[15] 毛志兵. 科技创新引领行业进入高质量发展新时代[J]. 建设机械技术与管理，2021，34（3）：45-50.

[16] 牛敏照，牛怡霖. 工程项目管理中企业知识管理应用研究[J]. 现代商贸工业，2009，21（24）：32-33.

[17] 曾继红. 省属国有大中型建筑企业集团实施战略转型与商业模式创新研究[J]. 经济师，2019（2）：280-281，283.

[18] 韩宇. 鲁班奖工程质量管理控制与决策分析[J]. 建筑工程技术与设计, 2016（2）: 455.

[19] 杨瑞英. 建筑工程施工技术全过程控制与管理[J]. 四川建材, 2021, 47（5）: 195-196.

[20] 陈滨津, 于鑫, 李鑫, 等. 基于BIM技术的施工工艺管理平台研究及应用[J]. 土木建筑工程信息技术, 2018, 10（4）: 76-83.

[21] 陈景辉. 门诊住院楼质量创优的策划与控制[J]. 建筑, 2013（13）: 63-65.

[22] 闫沛颖. 建筑电气施工技术要点及质量控制策略[J]. 中国建筑金属结构, 2023（3）: 166-168.

[23] 王宝申, 杨健康, 朱晓锋. 绿色施工中存在的问题及对策[J]. 施工技术, 2009, 38（6）: 101-104.

[24] 陈火炎, 赵波, 方东升. 争创工程鲁班奖, 追求建筑高品质[J]. 施工技术, 2007, 36（B03）: 21.

[25] 周新华. 土建施工中的质量管理措施研究[J]. 科技创新与应用, 2015（34）: 269.

[26] 韩翔雨, 张伟, 韩传刚, 等. 浅析创优项目安装工程细部节点策划[J]. 中国建筑金属结构, 2020（8）: 70-71.

[27] 令狐延, 李爱明, 马慧勇, 等. 西安市幸福林带鲁班奖创优的12345工作法[J]. 工程管理学报, 2021, 35（2）: 137-141.

[28] 李淑京. 浅谈建筑施工企业的工程质量创优[J]. 建材与装饰, 2015（28）: 179.

[29] 王欢. 土木工程管理施工过程质量控制对策[J]. 居舍, 2022（10）: 123-126.

后记

2024年春，这部以浙江新盛集团为蓝本针对工程建设企业创新创优的书籍总算可以展现到各位读者面前，书中内容凝聚着几代新盛人的宝贵经验和智慧，展现了新盛人"建心者·筑天下"的匠心胸怀。今日完成《工程建设企业创新创优实践与探索》这部书撰稿，已是深夜时分，心中不禁几多感慨，思绪万千。回首这段经历，我们有着无数个日夜的努力与付出，这本书的撰写过程，既是我们深入工程建筑行业不断学习和探索的过程，也是我们对创新创优理念的热忱表达和崇高致敬。

浙江新盛建设集团有限公司创建于1969年，是浙江省总承包试点企业。成立五十多年来，始终坚守"诚信守诺、质量创优"的企业根基，高度重视科技创新和质量管理工作，树立"每建必优"的建设质量追求，不断高标准推进技术质量管理"精益化"，相继获得"全国优秀工程建设企业""全国建筑业AAA级信用企业""全国工程建设质量管理优秀企业"等上百项荣誉。本着"技术为先、管理为重"，争创优质工程，创出了"全国用户满意工程""中国建设工程鲁班奖（国家优质工程）""国家优质工程奖""华东杯""全国建设工程项目施工安全生产标准化工地"等各类奖项一百余项，赢得了客户和社会各界的高度认可。在企业追求高质量发展过程中，整理编著一部围绕工程建设企业创新创优书籍的设想始于2020年，那时我们刚创建完成第一个国家优质工程项目。2022年随着浙江新盛集团第一个鲁班奖工程诞生，这一设想越发迫切和强烈。高质量发展的时代呼唤已使工程建设领域创新创优成为推动企业和行业发展的核心动力。这正是我们撰写本书的目的，希望在总结分享企业的实践经验中提升自我，也启发更多的工程建设者加深理解创新创优的内涵，并在实际工作中加以应用。

2023年春，我把这一想法向杭州结构与地基处理研究会秘书长、拱墅区建管中心正高工、拱墅区城改办副主任陈旭伟请教，陈主任作为一名杭州市担当作为好干部，经常深入辖区政府投资项目一线，先后在运河亚运公园、运河中央公园、华师大九年一贯制附校等项目建设中提供疑难问题的专业指导，对这些项目工程建设整体情况比较了解。他首先肯定了我们出书这一想法，并建设性提出了工程建设企业创新创优探索和工程建设实践两大篇章的总体架构思路，这一指导为我们编撰之路指明了方向，大大提振了我们把这本书写好的信心和决心。我们在本书中深入挖掘了工程建设企业的创新创优基因，探讨了工程建设企业在创新创优方面的企业文化建设和工程实践，涉及了企业文化、技术、管理等诸多方面，并介绍了工程建设企业如何通过创新创优实践，不断提升自身的核心竞争力，在激烈的市场竞争中持续发展。我们尽可能地收集和整理了各种具有代表性的案例，希望通过这些案例，展现出创新创优在工程建设中的实际成效和综合价值。

我们也深知，工程建设企业的创新创优实践是一个复杂多元的主题，其内涵和外延都在不断地发展和深化。本书虽然汇聚了我们的实践思考和价值取向，但仍然难以涵盖应有的门类和细节。我们期待每一位读者，在阅读此书后，提出宝贵意见，并在自己的工作实践中不断创优创新。

在此，我想对那些在百忙之中参与本书编撰的员工表示感谢，是他们的付出与努力，让这本书从无到有，从浅到深。他们的专业素养和无私奉献，是我们完成这项工作的坚实基石。同时，我还要向所有为本书完成提供帮助的朋友们表示由衷的谢意和感激，尤其铭感陈主任对本书的全程指导，正是大家的鼎力相助与坚定支持，才让此书得以圆满呈现。我也要向那些在工程建设项目中默默努力付出的建设者们说声感谢，是你们的努力，推动了行业的进步。另外，也以此书向所有参与浙江新盛集团发展建设的家人们致敬，向浙江新盛集团建设五十五周年献礼，虽不能勒石为纪，但期以此"心香永续燃，传承无绝期"。

最后，我们希望此书能够成为工程建设企业在创新创优道路上的良伴，也希望通过本书，能够激发出更多的创新创优的火花，共同推动工程建设行业的繁荣和发展。

书中难免有不足和遗漏之处，敬请读者指正。

赵国民

2024年7月18日